UN SIGLO DE AUTOS ARGENTINOS

UN SIGLO DE AUTOS ARGENTINOS

De los pioneros a la producción seriada

Gustavo Feder

MOTORLIBROS

Lenguaje claro
editora

Un siglo de autos argentinos. De los pioneros a la producción seriada
Primera edición, febrero de 2018

Lenguaje claro Editora
Portugal 2951, (B1606EFA) Carapachay,
provincia de Buenos Aires, Argentina
www.lenguajeclaro.com
info@lenguajeclaro.com

Puesta en página: Diana González
Diseño de tapa: Gustavo Feder

Feder, Gustavo
Un siglo de autos argentinos : de los pioneros a la producción seriada / Gustavo Feder. - 1a ed. - Carapachay : Lenguaje claro Editora, 2018.
294 p. ; 23 x 15 cm.

ISBN 978-987-3764-29-5

1. Automóviles Antiguos. 2. Historia Argentina. I. Título.
CDD 338.476292

Boldt Impresores, Pinzón 925 (C1161ADA), Ciudad de Buenos Aires, Argentina.

Hecho el depósito que dispone la ley 11.723.
Impreso en Argentina. Printed in Argentina.

ÍNDICE

Presentación 11

Prólogo 13

1 | Producción artesanal y semiindustrial 17
Argentina del Centenario: inmigración, población y desarrollo industrial 18
El parque automotor a fines del siglo diecinueve y principios del veinte 21
Los pioneros en Argentina 28
Celestino Salgado y la construcción del primer auto en suelo argentino 29
Manuel Iglesias y el primer auto totalmente argentino 30
Anasagasti, la primera producción seriada 36
Bibliografía consultada para el capítulo 1 60
Clasificación de los modelos según tipo de carrocería 61

2 | Producción semiindustrial de entreguerras 63
Los Salones del Automóvil 65
Producción semiindustrial con desarrollo local 71
Hispano Argentina Fábrica de Automóviles 72
Motor Criollo 77
Camiones, ómnibus y vehículos militares 78
Política de posventa 79
Los autos: prototipos de lujo, veloces y con motor diésel 80
PBT, Auto Popular Argentino 83
Otros motores 86
Producción de armas 86
El final 87

Fábrica Argentina de Automóviles CC ... 88
Prototipos de avanzada ... 94
Yruam ... 94
Peona ... 97
Ñandú ... 99
Las marcas norteamericanas ... 102
Ford Motor Argentina ... 103
Dodge Brothers y Chrysler Corporation ... 108
General Motors Argentina ... 111
La industria carrocera ... 119
Fortunato Francone ... 121
José Argentieri ... 123
Mauricio Montanelli ... 124
Gerónimo Gnecco ... 125
El colectivo porteño ... 127
Bibliografía consultada para el capítulo 2 ... 150
Medidas de potencia ... 151

3 | Inicios de la producción seriada ... 152
Autoar, primera radicación extranjera ... 153
Autoar rural, pick up y furgón ... 159
El Grand Prix ... 160
Autoar Panamericano ... 162
El NSU Prinz ... 162
Cisitalia Argentina ... 164
Cisitalia 750 y 850 ... 166
Cisitalia Rural y Furgón ... 166
Mercedes-Benz Argentina ... 166
IAME. El Estado empresario industrial ... 175
Consorcio Industrial para la Producción Automotriz Argentina (CIPA) ... 180
Institec Justicialista ... 180
Rastrojero ... 184
Rastrojero diésel ... 187
La rural que no fue ... 190
Justicialista Sport ... 190
Prototipos con motor modular V8 ... 194

Ómnibus 196
Dirección Nacional de Fabricaciones e Investigaciones Aeronáuticas (DINFIA) 196
Graciela Wartburg 198
Prototipo pick up plástico 199
Dinborg 199
Borgward Isabella 201
Borgward B-611 202
Industrias Kaiser Argentina (IKA) 204
Constitución de Industrias Kaiser Argentina S. A. 209
Ubicación de la planta 211
Interdicción y rehabilitación 214
Aviones Lockheed-Kaiser Argentina 217
Producción de autopartes: Industria Latinoamericana de Accesorios S.A. (ILASA) y Transax 218
Productos industriales 220
Nace el Jeep argentino 220
Estanciera 225
Kaiser Carabela 230
Bibliografía consultada para el capítulo 3 244

4 | Iniciativas privadas nacionales 246
RYCSA 247
Mitzi B40 250
S 500 Gilda y C 500 Gauchito 253
Talleres Especializados Reparaciones Autos y Motores (TERAM) 255
Libertador 257
Porsche TERAM Puntero 258
Caballero 260
Kombi P-70 260
Piccolo 260
Biguá 261
Casa Fehling 261
Fábrica Integral de Vehículos Argentinos (FIVA) 263
Industria Argentina de Micro Automóviles (IAMA) 264
Joseso 265

El Joseso monovolumen 265
Prototipos argentinos 268
Aerocar 268
Buyatti Ingeniería Automotriz 270
Nueva Argentina 272
Sport Rocchetto 274
Suton 900 276
Fuentes consultadas para el capítulo 4 288

Epílogo 289

Agradecimientos 291

Presentación

A comienzos de 2014 publiqué las páginas iniciales de *Coche Argentino. Todos los autos argentinos desde 1900* (www.cocheargentino.com.ar). Al poco tiempo, uno de los primeros lectores del sitio me indicó que había uno similar al mío (*Autohistoria,* creado unos meses antes) y me recomendaba su visita. Así comenzó el intercambio de correos electrónicos con Gustavo Feder, seguido por el envío y reenvío de información e imágenes.

A Gustavo lo conocí en una exposición de autos argentinos organizada en la Universidad de La Matanza por quienes poco tiempo después formarían el Club IAME, del cual ambos fuimos socios fundadores. Desde entonces, empezamos a recorrer juntos este camino que es la historia de nuestros autos.

El recordado gran periodista Federico Kirbus se interesó inmediatamente en ambos sitios y comenzó a compartir sus archivos. Nos hizo partícipes de sus reuniones sociales del primer martes de cada mes en un restaurante del barrio de Belgrano, donde compartimos la mesa y las vivencias de un selecto grupo de personalidades vinculadas al automóvil, llegando incluso a legarnos en guarda parte de su invaluable biblioteca, poco tiempo antes de su partida.

Con Gustavo Feder, no solamente divulgamos la información que compartimos; además, a partir de 2010, junto al Rotary Club de Francisco Álvarez, somos los organizadores de Expo Auto Argentino, exposición de vehículos históricos fabricados en el país.

Gustavo Feder es un investigador infatigable que recorrió bibliotecas, hemerotecas y museos en busca de información y realizó cuantiosas entrevistas con los protagonistas del apasionante mundo del automóvil argentino. Después de muchas horas dedicadas a escanear, fotografiar y recopilar datos nos presenta un excelente trabajo de investigación que nos relata cronológicamente los acontecimientos vinculados a la industria automotriz argentina.

En Argentina se ha escrito bastante con referencia al espíritu de esta obra, se han publicado historias de marcas y modelos en particular, como así también grandes crónicas de la historia del automovilismo deportivo, pero no en forma integral como lo encara Gustavo Feder. En su exhaustiva investigación, Gustavo no sólo nos muestra el aspecto técnico de los autos y su producción, sino que abarca además un concepto más general y enmarca los acontecimientos en el contexto social, económico y político de cada etapa.

La tarea de recopilar información de más de un siglo de historia, clasificarla para luego agruparla y editarla, no es para nada sencilla y rápida, sobre todo con la rigurosidad tanto técnica como cronológica con que se encaró este trabajo seriamente documentado. Esta tarea no queda terminada aquí, la constante búsqueda de información hace que siempre aparezca un nuevo dato o documento que obliga a revisar lo realizado y actualizarlo. La gran cantidad de material acumulado lleva al autor a dividir su trabajo en, por lo menos, dos partes. En esta primera recorre la mitad inicial del siglo veinte, desde la introducción del automóvil en Argentina, pasando por la construcción artesanal y semiindustrial, hasta el establecimiento de las primeras fábricas automotrices con capacidad de producción seriada durante la década de 1950.

Un siglo de autos argentinos. De los pioneros a la producción seriada es para mí un trabajo original, nunca antes abarcado con tanta precisión. Creo que los lectores apasionados no sólo de los autos sino también de su historia, y por qué no de la historia en general, encontrarán una obra de lectura accesible con mucha información que, seguramente, se convertirá en material de consulta permanente.

Como los trabajos anteriores de Gustavo Feder, este libro será muy bien recibido por un público ávido de conocimientos. Los apasionados de la historia de los autos –sobre todo, de los nuestros– celebramos la publicación de este libro y aguardamos con ansias su continuación.

José Luis Murgo
Editor de www.cocheargentino.com.ar
Diciembre de 2017

Prólogo

Argentina pertenece al reducido lote de países productores de automóviles. Son poco más de cuarenta naciones que, con mayor o menor contenido local y con diversos volúmenes de producción, integran en plantas industriales establecidas en sus territorios unidades automotrices completas. Esta pertenencia no es reciente. Forma parte de un largo proceso que echó tempranas raíces al comenzar el siglo veinte.

Aunque pueda sorprender a un desprevenido lector, Argentina posee el privilegio de ser uno de los países pioneros en la construcción de automóviles. Y más aún: fue uno de los primeros que vio circular por sus caminos un ejemplar de esta singular invención, una de las más influyentes de la humanidad.

Precozmente arribado, el automóvil padeció la inmediata incomprensión de sus contemporáneos, quienes lo rechazaban tanto desde prejuicios de clase como por su peligrosidad para desplazarse en un entorno que no ofrecía una infraestructura acorde para albergarlo. Y mientras algunos batallaban por convencer a una sociedad conservadora sobre las bondades y utilidad de este novel medio de transporte, otros, mucho más osados, se atrevían a construirlos.

Cuando muchas de las grandes marcas que hoy abarrotan con sus modelos las calles y rutas argentinas no habían nacido, algunos pioneros armaron los primeros automóviles criollos. El automóvil argentino era una extraña realidad que sorprendía a propios y extraños y que desafiaba con su sola presencia la lógica del modelo económico agroexportador vigente, que priorizaba la explotación primaria y relegaba la producción industrial.

La obra de estos pioneros no fue homogénea. En ellos se advertían notorias diferencias de origen, formación e intención, pero los hermanaba la voluntad, el sacrificio y una actitud lírica y hasta heroica en un contexto claramente desfavorable o indiferente. Son historias de vidas cruzadas y fundidas con la propia realización individual.

Replicando lo que acontecía en los países más desarrollados, la construcción de automóviles en Argentina se ramificó en dos grandes vertientes: por un lado, estaban quienes se limitaban a piezas únicas de uso personal y construcción artesanal; por otro, los que intentaron constituirse en verdaderos industriales con una producción en serie de gran escala.

Luego de la Primera Guerra Mundial, el automóvil fue definitivamente aceptado y una explosiva demanda convirtió a la Argentina en el séptimo mercado mundial. Consolidado como incuestionable medio de transporte, su presencia estimuló la aparición de una importante industria autopartista orientada tanto al mercado de reposición como a la provisión de las pocas plantas de montaje establecidas.

La fabricación de automóviles en Argentina dibujó una curva ondulada. Inevitablemente condicionada al contexto histórico en el que intentaba desarrollarse, fue cruzada por los oscilantes vaivenes políticos y económicos que, por momentos, estimularon su evolución y, por otros, amenazaron con extinguirla. Como actividad productiva, no escapa al debate acerca del rol de Argentina en la economía mundial, atrapada en la falsa antinomia campo-industria. ¿Acaso existe un rol natural asignado a cada país por sus circunstancias geográficas y naturales? ¿O en realidad son los hombres y las mujeres que habitan en un determinado territorio quienes deciden cuál es el rol que quieren asignarse a sí mismos y a la sociedad a la que pertenecen? ¿Debemos orientarnos a la fabricación de complejos bienes industriales o limitarnos a la extracción y exportación de productos primarios?

En muy pocas décadas, Argentina mostró su capacidad para fabricar autos, pero ¿debe hacerlo? La pregunta nació con la propia actividad y su definitiva respuesta, aún pendiente, evidencia la dificultad de los argentinos para alcanzar mínimos niveles de consenso sobre el tipo de país que queremos. Los movimientos pendulares entre procesos de apertura y proteccionismo y la discusión sobre la asignación de recursos entre el Estado y el sector privado determinaron la inestabilidad de su producción.

A pesar de todo, en sus primeros cincuenta años de vida, la industria automotriz ejerció el rol dual de testigo y protagonista de nuestra historia. Debió enfrentarse a un sinnúmero de prejuicios ideológicos, restricciones tecnológicas, de materias primas y de energía, pero se abrió camino en el marco del incipiente proceso de sustitución de importaciones. A partir de diversas formas de propiedad, tanto estatal como privada o mixta, con la participación del capital extranjero y del empresariado nacional aportó modelos inéditos adaptados a los factores tecnológicos, productivos y sociales del país. Aplicó exitosamente innovadoras tecnologías. Supo adecuar productos extranjeros a las condiciones locales. Contribuyó al desarrollo social y económico a partir de la creación de miles de puestos de trabajo en forma directa e indirecta. Estimuló el desarrollo de una compleja industria autopartista que se integró a su producción. Por su complejidad y especificidad, demandó mano de obra calificada y la constitución de instituciones de formación profesional de nivel secundario y terciario.

Este volumen forma parte de una obra cronológicamente más extensa que tiene la intención de reflejar la evolución histórica de la industria automotriz en Argentina. En él abordaremos la etapa formativa de una actividad desarrollada a lo largo de un sinuoso período histórico de poco más de medio siglo. Etapa signada por grandes restricciones y un enorme voluntarismo que permitió dar a luz las primeras y precarias realizaciones que sirvieron de musa inspiradora al proceso industrial, complejo e integrado, que montaba sus cimientos al promediar la centuria y edificaba la antesala necesaria de la madurez productiva que llegaría en las décadas siguientes.

GUSTAVO FEDER

A los nueve días del mes de mayo de 2017

1 | Producción artesanal y semiindustrial

La segunda mitad del siglo diecinueve se caracterizó por la consolidación del ciclo de gobiernos constitucionales iniciados con la presidencia de Bartolomé Mitre en 1862 y por la definición del rol de la economía argentina en el contexto económico mundial.

Los fuertes debates parlamentarios de mediados de la década del setenta en torno al modelo productivo del país, entre los sectores que sostenían un libre comercio sin restricciones y quienes oponían a esta visión un esquema proteccionista que diera valor agregado a la producción nacional, fueron el antecedente de la creación del Club Industrial Argentino en septiembre de 1879. En su constitución no todos eran verdaderos industriales, prevalecía un importante grupo de hacendados, artesanos y profesionales que aportaban a la discusión intelectual respecto al rol de la industria. A pesar de una temprana escisión por divergencias internas y la creación del Centro Industrial un año mas tarde, la necesidad de defender intereses comunes llevó a la unificación de ambos grupos en 1887, que, de esta manera, dieron nacimiento a la Unión Industrial Argentina, integrada en sus orígenes por 870 socios.

La década de 1880 marcó el inicio de un nuevo perfil productivo y económico argentino orientado principalmente hacia las actividades agrícola-ganaderas, en especial la producción de cereales y carnes. Fue decisiva en este desarrollo la aparición de las nuevas tecnologías, a partir de los experimentos del ingeniero francés Louis Abel Charles Tellier que lograron el enfriamiento de las carnes que antes se salaban, lo que permitió su exportación en excelente estado de conservación. Consecuencia de estos desarrollos fue el nacimiento de la poderosa industria del frigorífico en reemplazo de los anticuados saladeros. En poco tiempo se establecieron un grupo de empresas extranjeras, especialmente inglesas y norteamericanas, que monopolizaron esta actividad, tanto en el abastecimiento del mercado local como en los grandes saldos destinados a la exportación. Durante los cincuenta años que duró este período, hasta la crisis de 1929, el *boom* de la exportación ganadera elevó exponencialmente los volúmenes de carne vacuna enfriada enviada al exterior, pasando de 1.495 toneladas entre 1880 y 1889 a 402.182 entre 1925 y 1929.

De esta manera, se consolidó un modelo productivo agroexportador caracterizado por una actividad económica que exportaba productos primarios con poco valor agregado, particularmente materias primas y alimentos, e importaba productos industrializados. El principal mercado de exportación fue Gran Bretaña, de donde a su vez provenían la mayoría de las manufacturas extranjeras y las inversiones de capital en obras de infraestructura, servicios y empréstitos. Hacia 1910, el comercio exterior con Gran Bretaña representaba el treinta por ciento del total. Este esquema, fuertemente deficitario durante la década de 1880, revirtió su signo a partir de la siguiente y se consolidó con 17 años consecutivos de saldo comercial favorable entre 1894 y 1910. Estos saldos no sólo se destinaron a la importación de bienes, sino también para hacer frente a los servicios de la abultada y creciente deuda externa.

Argentina del Centenario: inmigración, población y desarrollo industrial

Según el censo de 1895, la población argentina era de cuatro millones con una fuerte corriente inmigratoria que sostenía el dinámico crecimiento demográfico. Esta inmigración se orientó originalmente hacia las actividades agrícolas, pero la falta de tenencia de la tierra y las duras condiciones para su arrendamiento fueron desplazando muchos contingentes hacia la ciudad. En 1914, el setenta por ciento de los productores agrícolas de la provincia de Buenos Aires eran arrendatarios. Del millón y medio de inmigrantes arribados al país en el último cuarto del siglo diecinueve, doscientos mil eran obreros.

El primer censo industrial de 1895 mostró la existencia en el país de un poco más de 23 mil industrias que ocupaban alrededor de doscientas mil personas y empleaban una fuerza motriz de sesenta mil caballos de fuerza (hp). De la información suministrada se desprende que los principales establecimientos estaban orientados a la actividad alimenticia llegando su número a cinco mil, es decir, un 22 por ciento del total. Le seguían en cantidad de establecimientos los siguientes rubros: vestido y tocador, construcciones, muebles, metales y anexos y artísticas de ornato.[1]

De los 19 mil propietarios, el 85 por ciento era de nacionalidad extranjera, porcentaje que llegaba a 90 si sólo se consideran las industrias de la ciudad de Buenos Aires y regiones costeras. Lo mismo ocurría con los trabajadores, siendo extranjeros las dos terceras partes del total.

En todos los casos, el nivel de elaboración y transformación de las materias primas empleadas era muy reducido, al igual que la mecanización y equipamiento utilizados en los procesos productivos. Dentro del esquema agroexportador en el que se encontraba la economía del país, era natural que pudiesen desarrollarse las industrias alimenticias y la pequeña industria de consumo (calzado, muebles, ropa, etcétera) debido a que éstas no ofrecían competencia a nuestro principal socio comercial y proveedor de artículos manufacturados, Inglaterra.

En 1908 se realizó el segundo censo industrial, que marcó un notable avance tanto en establecimientos como en personal empleado. El total de industrias alcanzaba 32 mil con 329.500 personas empleadas. El aumento más importante fue en el empleo de la fuerza motriz, que pasó a 229.700 hp, lo que demuestra que, a principio de siglo, los talleres empezaron a tomar una fisonomía

[1] En Adolfo Dorfman, *Historia de la industria argentina.*

más industrial, con técnicas y equipos más acordes a sus fines. De cualquier manera, la importancia en relación al personal empleado siguió siendo baja si se la compara con las actividades más tradicionales, como la agricultura, que ocupaba hasta 725 mil personas en épocas de cosecha. A pesar de eso, la importancia potencial de la industria quedó demostrada por el valor de su producción, que duplicaba al de la cosecha de 1907-1908, de 800 millones de pesos.

En 1913 se realizó el tercer censo industrial y volvió a advertirse un sostenido crecimiento de los establecimientos industriales, que ascendieron a 42 mil, cincuenta por ciento más que en 1895. El personal ocupado se elevó a 410 mil, 25 por ciento más que cinco años antes. También es notable el aumento de la fuerza empleada, que triplicaba a la del censo anterior llegándose a 600 mil hp. Otro dato a destacar es el aumento del personal empleado por establecimiento, que pasó de 8 a 12, lo que demuestra el surgimiento de empresas medianas y grandes. En esta realidad subsistían millares de talleres, en cada uno de los cuales trabajaban no más de dos personas y que fueron considerados como industrias a los fines del censo. Sin embargo, lo que se mantuvo estable es el tipo de industrias, que prácticamente no presentaba variables respecto a los censos anteriores, es decir, con muy poca transformación de la materia prima empleada.

La evaluación de los datos estadísticos del censo de 1913 muestra que la industria local se encontraba en una buena situación para consolidar un crecimiento, aprovechando la coyuntura mundial como consecuencia del estallido bélico en Europa, el cual impedía o reducía la importación de productos manufacturados de ese origen.

Mientras tanto, entre 1895 y 1914 la población prácticamente se había duplicado y alcanzaba un total de 7,9 millones de habitantes. Entre 1900 y 1913, hubo un leve crecimiento en la participación de la industria en el porcentaje del producto bruto de Argentina, que se elevó del 14,3 al 15,3 por ciento.

Las cifras que arrojan los censos de población e industrial permiten apreciar con claridad que el crecimiento de la industria estaba directamente vinculado al de la población: la expansión del mercado local incrementaba la demanda de productos y alimentos que no podía ser satisfecha con la importación.

El auge del transporte tranviario y ferroviario, como consecuencia de la expansión demográfica y el crecimiento de las exportaciones, dio origen a la aparición de algunas pequeñas industrias, especialmente vinculadas a la reparación y mantenimiento del parque en circulación. En la práctica no pasaban de talleres mecánicos de cierta importancia. La industria metalmecánica independiente era prácticamente inexistente. Sin embargo, hubo pocas y notables excepciones como Ernesto Woods, primero en fabricar un motor a combustión interna en Argentina al que se llamó "Petiso". Se trataba de un propulsor de tipo horizontal, encendido a baja presión y una potencia de 4,7 a 10 hp, destinado especialmente a equipar las quintas de los suburbios del Gran Buenos Aires. Si bien no hay estadísticas, se calcula que entre 1906 y 1910-1912 Woods produjo 55 motores "Petiso". Lo curioso es que, debido a los prejuicios sociales y culturales de la época, debía venderlos con la etiqueta *"Made in England"*.

La industria metalúrgica en particular estaba limitada a no más de cien establecimientos en 1907 en la ciudad de Buenos Aires, que empleaban a 15 mil obreros y consumían mensualmente unas tres mil toneladas de hierro, 1.700 de carbón, 130 de bronce y 50 de acero. Entre ellos se destacaban S. A. Talleres Metalúrgicos (TAMET) y la Compañía Argentina de Hierros y Aceros Pedro Vasena e Hijos Ltda.

El parque automotor a fines del siglo diecinueve y principios del veinte

La fecha de arribo del primer auto al país no es precisa. Pedro Fiore la ubica en 1887, mientras que Raúl Oller, en 1888. Ambos señalan que fue un triciclo De Dion-Bouton. Otras fuentes citan un Benz con propulsión a caldera ingresado en 1892. En cambio, todos coinciden en afirmar que el importador fue Dalmiro Varela Castex. Esta temprana y atípica importación ubicaba a la Argentina entre los pocos países que contaban en sus caminos con vehículos autopropulsados. Pero, ¿quiénes estaban en condiciones de importarlos? Sin dudas, aquellas familias de la aristocracia porteña y del interior que alternaban su residencia entre Buenos Aires y Europa, especialmente París, donde podían tomar contacto de primera mano con los máximos adelantos en materia de automoción, en muchos casos probando los vehículos que después importarían.

En 1892 Varela Castex reforzó su mérito pionero con la importación de un segundo auto (o el primero, según otras fuentes), en este caso un Daimler con propulsión a caldera ubicada debajo del asiento, transmisión a cadena, encendido por incandescencia y un asiento único para dos personas. Estaba montado sobre cuatro ruedas del mismo diámetro, que lo acreditaban verdaderamente como un auto, y su velocidad máxima se estimaba en sesenta kilómetros por hora (km/h). Éste fue el primer vehículo en llevar patente, al recibir, como correspondía, el número 1. Las placas otorgadas por la Municipalidad de Buenos Aires eran de chapa con enlozado blanco y tipografía en azul oscuro. La de atrás era un poco más grande que la delantera. Además del número, las placas llevaban una barrita cruzada en el ángulo superior izquierdo y debajo un sello de la comuna y una leyenda que decía "Dirección de Tráfico Público, Municipalidad de la Capital". En 1895, un poco más sofisticado Benz, con encendido eléctrico y ruedas de goma maciza, se convirtió en el tercer auto ingresado al país por iniciativa de don Varela. Su actividad como importador continuó activamente en el último lustro del siglo diecinueve, con las marcas Panhard, De Dion-Bouton, la norteamericana Decauville, introducida al país en 1900. Junto con Miguel Marín importaron en 1906 el primer Ford, un modelo N.

Otro de los pioneros en la importación de automóviles fue don Guillermo Fehling, un afamado constructor de carruajes que tenía su taller en la esquina de las calles Chile y Bernardo de Yrigoyen en Buenos Aires. Don Guillermo introdujo en 1895 un Daimler monocilíndrico que desarrollaba una velocidad máxima de 35 km/h. Dos años más tarde introdujo otro Daimler, el cual, según su manual de cuarenta páginas, tenía un motor de dos cilindros que podía alcanzar los 50 hp, dirección por manubrio y ruedas de hierro recubiertas por una banda de goma maciza. Se ofrecía al público a un precio de 4.500 pesos y según su importador fue el primer automóvil que circuló en el país con motor a bencina.

Por su parte, el doctor Eleazar Herrera Motta, intendente de la ciudad riojana de Chilecito, adquirió en Estados Unidos un Holsman con motor de combustión interna de dos cilindros y encendido eléctrico por bobina accionado por cuatro baterías. El auto correspondía a la versión Limousine Top de los modelos 9 y 10 que la Holsman Automobile Company fabricó entre 1907 y 1909. No hay certezas sobre la fecha precisa del arribo del auto al país. Apenas ingresado al puerto de Buenos Aires, el ejemplar fue enviado a Chilecito, donde causó una gran conmoción, no exenta de numerosas críticas al uso de semejante y extraño aparato.

El funcionamiento del Holsman no era de lo mejor: andaba poco y mal, sus baterías se descargaban más rápido de lo que tardaban en cargarse, por lo que su dueño decidió deshacerse de él y lo puso en venta rápidamente. El candidato no tardó en aparecer, Agesilao Laprosa se convirtió en el nuevo propietario. La venta se concretó en tres mil pesos, cuatro mil menos de lo que había abonado originalmente don Herrera.

Tampoco Laprosa tuvo mejor suerte en el uso del vehículo; su propia esposa terminó por convencerlo de que estaba "engualichado" y el desgraciado automóvil fue condenado a pasar sus días olvidado debajo de una tapera. De ahí fue rescatado por el chileno Nicolás Erauzin. Para mostrar su buena fe y mantener la amistad, Laprosa dejó sentado por escrito en el boleto de compra-venta: "He recibido del amigo Nicolás Erauzin la suma de 1.500 patacones por la venta de un carrito a fluido eléctrico que no ha traído más que disgustos, aclaración que hago para no malquistarme con el amigo Erauzin en el día de mañana". La depreciación del valor del auto iba acompañada del desprecio que sus dueños sentían por él.

Erauzin desarmó el auto y lo cruzó a lomo de mula a través de la cordillera hasta llevarlo a Coquimbo, donde se lo vendió a su compatriota Leonor Iñarra Videla por 330 escudos chilenos. El Holsman fue montado nuevamente y trasladado a la capital chilena. Videla hizo recargar sus baterías y el vehículo volvió a andar con grandes dificultades, ante el escepticismo y la desconfianza de sus paisanos de Santiago. Pero alguien hurtó sus acumuladores y el carruaje quedó varado una vez más. Tiempo después, Videla enfermó y terminó sus días en el hospicio de Santiago. El desventurado carruaje finalmente desapareció.

No eran pocos los inconvenientes que debían sortear estos pioneros. En primer lugar, el paso por la Aduana no era sencillo, se desconocía por completo en nuestro país la existencia de estos artefactos, por lo tanto no existía una normativa que pudiera establecer los aforos correspondientes a su importación. Por otra parte, y debido al espacio en las bodegas de los barcos, los primeros vehículos llegaban desarmados y era difícil encontrar personal técnico idóneo para realizar las tareas de montaje.

Sin embargo, no pasó mucho tiempo hasta que las autoridades nacionales y municipales encontraran en esta novel importación una buena fuente de recursos para las arcas del Estado. Al respecto, Raúl Oller, en su *Breve historia del automovilismo,* cita un elocuente testimonio:

> Con todo seguían llegando de Europa enormes cajas de madera de las que luego se extraían los más variados y estrambóticos modelos de automóviles que la entonces indecisa fantasía de los constructores y fabricantes nos enviaban. Pero como los vistas de aduana, siempre voraces, comenzaran a hacerse lenguas sobre la demanda de esta importación, he aquí que el Ministerio de Hacienda, deseoso de hacer pagar harto caro tal lujo, asignole un impuesto (*Ad Valorem*) del cincuenta por ciento, lo que agregado a las enormes patentes municipales "dictadas con el sanísimo propósito de poner a salvo a la pacifica población de tan endemoniados vehículos" (así rezaba la disposición de aduana), vino a exigir de los entusiastas automovilistas las rentas de un Creso, para solventar tanto impuesto y patentes.

Los automóviles no eran confiables y se detenían frecuentemente sin reparar dónde; en algunas oportunidades alcanzaba para salir del paso con una pava de agua caliente, que, vertida sobre el tanque, producía la evaporación de la nafta. La falta de caminos y de una adecuada infraestructura no era un inconveniente menor, alejarse imprudentemente de la ciudad solía ser una experiencia compleja a la hora de encontrar combustible para continuar la marcha. Por supuesto, también faltaban los repuestos y, en caso de rotura o desperfecto, había que esperar meses hasta la llegada de la pieza de reposición, quedando al auto arrumbado en algún garaje.

A poco de andar el automóvil en nuestro país, se encontró con serios prejuicios sociales que condenaban su uso, se lo acusaba de peligroso y de provocar frecuentes accidentes en la vía pública, inclusive era rechazado por sectores conservadores de la propia aristocracia que lo consideraban indigno de ser usado por la "gente decente de hábitos señoriales".

Algunas posiciones mostraban un rechazo radical, asignándole al automóvil un rol criminal e, inclusive, adelantándose en el tiempo, advertían sobre el daño que su uso podía afligirle al medioambiente. Uno de sus máximos detractores, Antonio Massiotti no se iba con vueltas a la hora de expresar su antipatía. En su libro editado en tiempos del centenario, *Filosofía del ser,* le dedicó más de diez páginas para condenarlo de manera lapidaria:

> Esta monstruosa aberración mecánica, fruto de una mente luética, puede llegar en menos de veinte años a enrarecer por completo el prístino, diáfano aire que rodea nuestro argento nenúfar, cuya atmósfera espiritual se está enrareciendo día a día por los hedores miásmicos de la Europa corrompida.

Pero en su enconada campaña, Massiotti se asignaba un rol de redentor y hasta de superhéroe:

> Más tarde o más temprano, todos acudirán a nosotros para que los auxiliemos en su espantosa confusión, el automóvil los querrá devorar, ya ha hecho varias víctimas, ya las calles de Buenos Aires están tintas de la roja sangre de los trabajadores, niños, ancianos, animales domésticos y los empedrados son un gran coágulo sanguinolento hecho por las ruedas asesinas de los *chauffers* de la

> *High-Life*, que ocupan sus ocios en correr como Nerón corría carreras de cuadrigas, junto a otros patanes igual que él.

Más moderados eran los argumentos de quienes se oponían a la difusión del auto, sosteniendo, y no sin justa razón, que no había adecuados caminos para su circulación.

Desafiando estas posturas, un grupo de entusiastas impulsó su uso en el ámbito deportivo. En la tarde del sábado 16 de noviembre de 1901 se realizó la primera competencia automovilística en el Hipódromo Argentino de Belgrano. Entonces el parque automotor nacional no llegaba al medio centenar. Se trataba de un evento organizado por la Sociedad Damas de Caridad a beneficio del Instituto Siglo Veinte, al cual asistió, según la prensa de la época, "un numeroso y escogido público".

El programa de actividades constaba de cuatro números distribuidos según las características de los vehículos participantes y las distancias a recorrer. El primero fue suspendido. A las cuatro de la tarde se inició el segundo, realizado en una distancia de mil metros (otras fuentes citan una distancia de 1.100 y 1.500 metros) con vehículos de menos de quinientos kilos. Juan Cassoulet resultó ganador, secundado por Juan Abella, Marcelo Torcuato de Alvear y Aarón de Anchorena (aunque el diario *La Nación* ubica en esta posición a Egisto Gismondi). Según la crónica de *La Nación* del 17 de noviembre de 1901 "el coche del doctor Alvear sufrió la rotura de una cadena, accidente sin el cual habría resultado seguramente ganador, pues tuvo que limitar sensiblemente la velocidad que había imprimido a la máquina a la partida".

El ganador lo hizo a bordo de un Rochester que cubrió la distancia en 49 segundos a un promedio de 73,469 km/h. Por este logro, Cassoulet recibió como premio una cigarrera y fosforera de plata.

El tercer número previsto para vehículos eléctricos fue declarado desierto por inasistencia de los inscriptos.

En la cuarta carrera, con autos de peso libre y un circuito de tres mil metros, disputaron un mano a mano Marcelo T. de Alvear y Aarón de Anchorena, resultando ganador el futuro presidente de la Nación a bordo de un Locomobile a vapor y aventajando con una gran distancia al Panhard naftero de su rival. Ambos pilotos fueron acompañados por sus respectivos *chauffeurs*. La prueba fue fiscalizada por los señores Emilio Casares y Dalmiro Varela Castex, quienes actuaron de jueces de largada y llegada, respectivamente.

El automóvil pronto cobró importancia y las cifras de importación crecieron vertiginosamente en los primeros años del siglo. De nueve autos importados en 1900 se pasó a 16 al año siguiente, 28 en 1902, 62 en 1903 y se superaron las cien unidades en 1904, cuando se importaron 129 vehículos. El 11 de junio de ese año, cuando el parque automotor nacional apenas superaba las 250 unidades, un grupo de veinte propietarios encabezados por Dalmiro Varela Castex fundó el Automóvil Club Argentino (ACA). Sus socios fundadores se inspiraron en lo que habían observado en sus frecuentes viajes a Europa, en particular en el Royal Automobile Club de Inglaterra (creado en 1897) y el Real Automóvil Club de España (creado en 1903). Fue el segundo del continente americano después de la American Automobile Association de Estados Unidos (1902) y apenas nueve años separaban la creación del ACA del club internacional más viejo, el Automobile Club de France.

Fueron objetivos básicos de la nueva institución los siguientes:

- Incrementar el turismo automovilístico.
- Peticionar la construcción de caminos.
- Gestionar la disminución de derechos aduaneros.
- Construir un gran garaje con taller mecánico.
- Mantener relaciones con similares internacionales.

De lo expuesto anteriormente resulta evidente que su acción pionera estaba principalmente orientada a estimular y difundir el desarrollo automotor en Argentina, bregando por la realización de las necesarias obras de infraestructura y caminos. También impulsó las primeras competencias deportivas que dieron origen al automovilismo nacional. La primera carrera en ruta organizada por el ACA fue la Recoleta-Tigre, disputada el 9 de diciembre de 1906. Fue realizada en dos etapas. En la primera, de Recoleta hacia Tigre, se registró un empate entre el Darracq de 20 hp de Miguel

A. Marín, conducido por el chofer De Santis, y el Spyker de 23-32 hp, guiado por su propietario, Daniel McKinley. La segunda etapa incluyó el regreso a Recoleta en un recorrido de 38,2 kilómetros. El ganador fue Miguel A. Marín, quien a bordo de su Darracq se impuso con un tiempo de 28,3 minutos secundado por el De Dietrich 24-32 hp de Carlos Lamarca.

Otro hito trascendental del automovilismo argentino en esa etapa fundacional fue el Gran Premio de Carretera realizado por primera vez en marzo de 1910 por iniciativa de Víctor Laborde, con la idea de unir Buenos Aires y Córdoba. Además del desafío puramente deportivo, la ruda prueba, que demandó cinco días, sirvió para confirmar la precariedad de los caminos y la ausencia casi total de señalización, circunstancias que provocaron que algunos pilotos se perdieran en varios tramos del recorrido.

La nueva institución también enfrentaba los prejuicios sociales que consideraban el automóvil un mero objeto de lujo. Sin embargo, a partir de su fundación, el automóvil tomó un impulso notable, apreciado en las cifras de importación que por primera vez en 1910 superaron el millar y se ubicaron en 1.581 unidades. En la década siguiente, el promedio de unidades importadas alcanzó las 5.700 con un pico máximo en el año 1917 de 11.031.

Hasta el estallido de la Primera Guerra Mundial, la mayoría de los automóviles importados eran de origen francés, seguidos por Estados Unidos, Italia, Alemania e Inglaterra, pero, al iniciarse el conflicto bélico, la supremacía de Estados Unidos se hizo evidente ante la imposibilidad de Europa de producir con fines civiles. Se paralizaron por completo las importaciones desde Alemania y se redujeron a un mínimo las de Francia, Inglaterra, Italia y demás países productores.

Los pioneros en Argentina

En un breve lapso de diez años, transcurridos entre el comienzo del siglo diecinueve y el inicio de la Primera Guerra Mundial, aparecieron las obras tempranas de quienes, en un contexto desfavorable hacia la actividad industrial, tomaron la iniciativa de construir autos en Argentina.

Claramente se aprecian las diferencias y semejanzas entre estos emprendedores, en particular si se tiene en cuenta cuáles fueron las motivaciones de sus iniciativas. En el primer caso, la construcción responde a un pedido de un particular, quien, a diferencia de la mayoría de sus contemporáneos, asumió el riesgo de encargar la construcción local de un auto que bien podría haber importado. En el segundo caso, la ejecución no tuvo una finalidad comercial ni industrial, sino que se vincula a un desafío personal, por el que, a partir de un conocimiento técnico, teórico y práctico, se llegó a la concreción de un trabajo inédito. El último de los casos refleja una intención totalmente distinta a las anteriores y se constituye en el primer intento de producción automotriz seriada, sentando las bases de una verdadera industria, aunque todavía en estado embrionario.

Los dos primeros constructores coincidían en su origen, eran inmigrantes, como la mayoría de los obreros industriales, y a semejanza de muchos de ellos, desarrollaban actividades vinculadas a las artes y los oficios, en este caso el de mecánico.

En cambio, el último de los constructores tenía un origen social y económico acomodado, que le permitió no sólo adquirir una sólida formación universitaria, sino también viajar al exterior para capacitarse y poder estar al día con las tendencias y avances tecnológicos en materia de producción automotriz.

Celestino Salgado y la construcción del primer auto en suelo argentino

El primer caso documentado de construcción de un auto en el país corresponde al del ingenioso mecánico español Celestino Salgado. Si bien es posible que en forma contemporánea haya habido otros intentos, entre fines del siglo diecinueve y principios del veinte, éste es el único que hasta ahora se ha podido verificar.

En 1901, don Celestino armó en un taller de Buenos Aires un vehículo para cuatro pasajeros dotado de un motor a nafta de seis hp con una autonomía de 12 horas a marcha regular. En su construcción, que demandó tres meses, fueron empleados componentes de origen europeo y nacional. No se sabe cuáles han sido las partes nacionales y cuáles las importadas, pero es fácil suponer que las piezas de mayor complejidad tecnológica, como las mecánicas, tuvieran un origen extranjero, mientras que partes de la carrocería y ruedas hayan sido armadas localmente con materias primas obtenibles en el país.

El automóvil fue encargado especialmente por Enrique Anchorena. Bajo el título "El primer automóvil construido en el país", en agosto de 1901 la popular revista *Caras y Caretas* documentaba la novedad. En su crónica, que incluía una foto del lateral del original vehículo, el semanario señalaba:

> A la bicicleta ha seguido el automóvil en nuestras calles; pero si bien la primera ha conseguido aclimatarse, el segundo lucha todavía con dificultades inherentes a su calidad de extranjero recién llegado. Probablemente el costo elevado de estas máquinas haya impedido su difusión hasta hoy, pero en adelante el inconveniente será salvado.
>
> El primero que se ha fabricado aquí es el que reproduce nuestro grabado. Ha sido hecho para el Señor Enrique Anchorena por el mecánico español Celestino Salgado, que ha empleado tres meses de trabajo. Es un coche elegante de forma, pintado de rojo y tapizado de marroquín color lacre. Está dotado de un motor de seis caballos y el receptáculo de nafta tiene capacidad para 12 horas de consumo, con marcha regular.

Según el periodista Alberto Salotto, en una nota publicada en *Automundo* del 13 de junio de 1966, el auto de Salgado participó de la primera carrera disputada en el Hipódromo de Belgrano (en la que se impuso el Rochester de Juan Cassoulet), pero lo hizo impulsado por una caldera de vapor. No quedan más registros que la nota publicada por la mencionada revista, ni tampoco se sabe del destino de esta realización pionera.

Manuel Iglesias y el primer auto totalmente argentino

Manuel Iglesias nació el 22 de enero de 1870 en Carbia, provincia de Pontevedra, España. Adolescente, arribó a nuestro país en 1884 dejando en su tierra natal a su padre, don José, su madre, doña Josefa López, y tres hermanos. Inmediatamente comenzó a trabajar en una chacra de la localidad bonaerense de San Isidro. Poco tiempo después, se trasladó a San Martín con una carta de presentación escrita por sus padres y un paisano le dio albergue y trabajo en una carpintería donde rápidamente aprendió el oficio. A los 26 años, el 25 de noviembre de 1896 se casó con María Mantelini, de 16, con quien llegaría a tener 13 hijos.

En 1889, Iglesias ingresó al Departamento de Ingeniería de los talleres ferroviarios del Ferrocarril Central Argentino (FCCA) de San Martín, donde tomó contacto con la tecnología de punta de ese momento, vinculada a la máquina de vapor, particularmente por su aplicación en el transporte ferroviario. En sus ratos libres completaba su formación con la lectura de revistas técnicas y libros de mecánica y física, entre ellos, apuntes de Ricaldoni y *Quinientos siete movimientos mecánicos,* de H. T. Brown. Su espíritu inquieto y emprendedor lo llevó a la fabricación de diversas herramientas y objetos de uso cotidiano, como un torno a pedal con el que construyó parte del mobiliario del dormitorio y comedor de su casa. Realizaba estas actividades luego de su horario de trabajo, que se extendía de siete de la mañana a tres de la tarde.

A fines del siglo diecinueve compró su primer motor a vapor con el que realizó las primeras experimentaciones. La primera aplicación fue en una zorra ferroviaria manual, transformada en su primer medio de transporte. Una acentuada curva y un descarrilamiento por exceso de velocidad dijeron basta a la aventura, sin más consecuencias que unos simples magullones.

En 1903 pidió el pase a Campana, ciudad al norte de Buenos Aires que se destacaba por el amplio desarrollo de sus talleres ferroviarios, e ingresó al departamento de coches y vagones del FCCA. Se instaló con su familia en la casa de la calle Colón a la altura de 226. Influenciado por las notas publicadas en la revista *Caras y Caretas* del año 1900 sobre la aplicación en la guerra de automóviles, los torpedos ingleses Viper impulsados a turbina y las hazañas de Santos Dumont, quien había logrado volar casi cien metros, surgió en Iglesias la idea de construir su propio automóvil.

La intención de don Manuel no fue la de realizar un vehículo con vistas a la producción seriada, sino el desafío y la satisfacción de construir el auto propio, para uso personal y de su familia, ignorando que al mismo tiempo establecía un hito histórico.

En 1903 comenzó la planificación y construcción de las primeras piezas de su vehículo utilizando el torno a pedal, herramientas caseras de su construcción y el fondo de la casa de la calle Colón como taller.

El diseño era utilitario y simple. Se trataba de un vehículo con capacidad para dos personas construido sobre un chasis rectangular de largueros de 2,80 metros de longitud, un eje rígido adelante que incorporaba la dirección y un eje trasero con diferencial. Estaba equipado con un motor monocilíndrico (114 milímetros de diámetro por 130 milímetros de carrera) de 1938 centímetros cúbicos con válvula de escape a la cabeza, ubicado en la parte delantera y poseía una relación de compresión de 3:1. El cilindro era ciego, es decir, sin tapa postiza y la cámara de combustión estaba dividida en dos partes. La superior albergaba el pistón y la válvula de escape, en tanto la inferior formaba la antecámara que alojaba la válvula de admisión, accionada por leva automática y la bujía de encendido. Ambas cámaras se comunicaban por una ventana de paso reducido que garantizaba una buena velocidad y turbulencia de la mezcla, evitaba que el motor se ahogara y favorecía el encendido, que se realizaba por manivela, al principio mediante chispero y luego con cuatro pilas de 1,5 voltios.

El vehículo carecía de acelerador y el regulador de revoluciones mantenía constante el giro del motor en cuatrocientas revoluciones por minuto (rpm). Podía alcanzar los 12 km/h.

El carburador también era de construcción artesanal y alimentado por gravedad. Disponía de una sola marcha hacia delante y otra hacia atrás, siendo todos sus engranajes más los del diferencial y cigüeñal tallados manualmente con la ayuda de su torno. La transmisión al eje trasero era mediante un embrague monodisco de trescientos milímetros forrado en cuero. El asiento del conductor estaba realizado íntegramente en madera, su forma se asemejaba a un banco con respaldo recto, su parte inferior hacía las veces de baulera con un espacio cubierto para guardar diversos objetos. Las ruedas eran de rayos de madera con llantas de hierro sin cubiertas. En su trompa alojaba los tanques de agua y nafta, ambos de 12 litros de capacidad.

La alimentación de combustible se realizaba mediante gravedad, el enfriamiento del motor por termosifón. Un detalle importante era la ausencia total de rodamientos, todos los puntos de fricción eran absorbidos por bujes de bronce. Exceptuando la bujía y el magneto, el resto de las piezas fueron construidas artesanalmente por Manuel Iglesias.

Emulando a Henry Ford, una mesa de su dormitorio había sido el banco de pruebas que hizo ver la luz a su criatura. Terminados los ajustes finales, un poco de nafta en el carburador y unos giros de la manivela fueron suficientes para que el motor rugiera por primera vez. El ruido ensordecedor y desconocido alarmó a parientes y vecinos, quienes temieron una catástrofe climática o un imprevisto bombardeo.

El fondo de su casa fue la pista de pruebas, donde el auto dio sus primeros pasos. Temeroso de la reacción de la gente, Iglesias se tomó unos días hasta que finalmente el 20 de noviembre de 1907, luego de cuatro años de intensa construcción, puso en marcha su vehículo y junto a su mujer, que ese día cumplía 26 años, realizó su primer paseo por las polvorientas calles de la ciudad. La salida a la calle no fue fácil, pues, debido a un desnivel del terreno de su casa, debió pedir la ayuda y comprensión de su vecino Francisco Castronuovo, quien accedió a derribar parcialmente un tapial que separaba ambas propiedades.

La tranquila y apacible rutina de Campana se vio repentinamente alterada por la presencia de un extraño aparato que hacía espantar a los caballos, ladrar a los perros y asombrar a los vecinos. El miedo de Iglesias era atropellar a alguna persona. En cada salida, los niños entusiasmados solían subirse y colgarse de las ruedas ocasionando roturas en los rayos. Los perros constituían otro peligro: muchos se atravesaban entre sus rodados, por lo que rápidamente el auto se ganó el popular mote de "Mataperros".

Iglesias usaba el auto para trasladarse con su familia, pero gracias a su carácter utilitario, también le sirvió para efectuar la mudanza a su nueva casa de la calle Castelli y Buenos Aires, durante una madrugada de 1909, aprovechando la ausencia de los curiosos vecinos.

La intención de Iglesias de no producir el auto en serie, sino sólo para su uso personal, quedó de manifiesto cuando pocos años después le quitó el motor para hacer funcionar una bomba de extracción de agua, también construida por él, y una sierra para cortar leña.

Durante unos años, Iglesias participó de la vida social de su ciudad. El 16 de junio de 1912 fundó el Centro Gallego de Campana y entre 1916 y 1917 colaboró en forma desinteresada con el Municipio en la proyección y vigilancia de las obras pluviales. El 30 de abril de 1926 se retiró como capataz de los talleres del FCCA de Campana, luego de 37 años de servicio ininterrumpido. Pocas semanas después, el personal y sus ex compañeros de trabajo le obsequiaron un reloj con cadena de oro en reconocimiento a su trayectoria. En 1930 le propusieron el traslado del auto para exhibirlo en el Museo Colonial e Histórico de la Provincia de Buenos Aires (actual Complejo Museográfico Provincial Enrique Udaondo), en la ciudad de Luján, oferta que él mismo descartó por considerar que su invención no tenía los méritos suficientes.

En 1935 regresó con su familia a San Martín, donde desmanteló por completo el vehículo del cual sólo conservó las piezas más importantes.

En 1950, cuando cumplía 80 años, su hijo Juan Carlos volvió a poner en marcha el motor. Don Manuel Iglesias falleció en San Martín el 15 de enero de 1955, ignorando por completo la trascendencia de su obra.

En 1971, el ingeniero Arnoldo Lucius, director del Instituto Americano de Motores, luego de escuchar la narración de Juan Carlos Iglesias (duodécimo hijo de don Manuel), quien era además profesor de una cátedra de motores diésel, comprendió el valor histórico de la obra y decidió impulsar su reconocimiento oficial como primer automóvil argentino. Ambos eran socios del Rotary Club de Belgrano. Como primer paso se reunieron en Campana con autoridades del club local para la búsqueda de documentación técnica y descriptiva que pudiera avalar objetivamente los elementos disponibles, iniciándose gestiones con diferentes entes vinculados al automovilismo e inclusive con medios de prensa especializados.

Al mismo tiempo se pusieron en contacto con algunos viejos vecinos que en sus testimonios recordaban haber visto el auto, entre ellos don Gabino Corral, Natalin Rossi, el señor Dragoni y la señora Ángela Castronuovo de Simeone, hija del vecino de Iglesias, quien, de niña, con apenas nueve años, había acompañado a Iglesias en sus salidas. Para ese entonces, Juan Carlos Iglesias sólo conservaba en perfecto estado y funcionamiento el motor, el diferencial y parte de la caja de velocidades. Entre 1972 y 1973, mientras se reconstruía por completo el auto, fue creada una comisión para construir un monumento con su réplica, el cual finalmente se inauguró el 25 de noviembre de 1973 en la plaza Eduardo Costa, ante la presencia del intendente de Campana, don Calixto Dellepiane, autoridades del Rotary Club y vecinos de la ciudad. Como parte del acto, Juan Manuel Iglesias puso en marcha el vehículo, que volvió a funcionar luego de 66 años, y acompañado por doña Ángela, dio una vuelta a la plaza. Por ordenanza número 0164/73, la Municipalidad de Campana aceptó la donación que desinteresadamente hiciera el hijo de Manuel Iglesias.

El 2 de octubre de 1975 la legislatura de la provincia de Buenos Aires aprobó el proyecto presentado por el senador Julio Armesto y sancionó la ley provincial 8501, por la cual la ciudad de Campana fue oficialmente declarada "Cuna del Primer Automóvil Argentino". La misma normativa instituyó el último domingo de noviembre como "Día del Automóvil Argentino".

En 1977, como consecuencia de actuaciones iniciadas en Campana, el auto fue inscripto en el Registro Nacional de la Propiedad Automotor, donde recibió el dominio B 1408001.

El 18 de octubre de 1997, por iniciativa del Club Primer Automóvil Argentino "Manuel Iglesias", fue inaugurado el museo municipal que lleva su nombre, donde su obra es exhibida en forma permanente. En noviembre de 2007, la ciudad de Campana rindió un merecido homenaje a don Manuel con una gran exposición en donde se celebraron los primeros cien años del primer automóvil argentino.

En agosto de 2016 fue su tierra natal la que se ocupó de honrar la obra de Manuel Iglesias. En Villa de Cruces, Pontevedra,

España, se realizó la inauguración oficial de un monumento que rinde homenaje al primer automóvil argentino, creado por don Manuel Iglesias. El artista Walter Melo creó la réplica del ejemplar. A través de un subsidio entregado por el intendente de Campana, Sebastián Abella, el Municipio ayudó al artista a costear los gastos del viaje. El acto contó con la presencia de destacadas figuras públicas y políticas de la ciudad española entre las que se destacaron el vicepresidente de la Diputación, Alfonso Rueda, el Secretario Xeral da Emigración, Antonio Rodríguez Miranda, y el alcalde del municipio, quienes reconocieron que la obra de don Manuel "representa la pegada histórica de los gallegos en los países en los que se asentaron".

Anasagasti, la primera producción seriada

Nacido en el seno de una acaudalada familia de origen vasco el 18 de julio de 1879, Horacio Anasagasti sintió tempranamente una gran fascinación por los primeros autos ingresados a la Argentina en las últimas dos décadas del siglo diecinueve. En 1891 inició sus estudios en el Colegio Nacional Buenos Aires, de donde egresó con el título de bachiller en 1895. Estimulado por la atracción que le producía la incipiente motorización del país y el desarrollo de sus sistemas de transporte, ingresó a la Facultad de Ingeniería de la Universidad de Buenos Aires. En 1902 y con sólo 23 años de edad se recibió de ingeniero mecánico, luego de presentar su tesis "Proyecto de alumbrado eléctrico en un pueblo de la provincia de Buenos Aires". Habían sido docentes en su formación profesional los ingenieros Otto Krause y Luis Huergo.

En agosto de 1904 fue designado miembro de la Comisión Argentina en la Exposición Internacional de Saint Louis, Estados Unidos, como delegado de "Artes Liberales y Minas". Allí conoció a Jorge Newbery, quien había sido enviado en representación de la ciudad de Buenos Aires.

A su regreso tuvo un breve paso por la función pública, cuando el 15 de marzo de 1906 fue designado secretario del ministro de Obras Públicas Miguel Tedín, durante la presidencia de José Figueroa Alcorta. Se mantuvo en el cargo hasta mediados de julio de 1907, aunque luego colaboró en el estudio para la construcción del "Camino del Sur" (Buenos Aires-Bahía Blanca), cuya realización fue aprobada por Figueroa Alcorta a través del decreto 6063 del 28 de diciembre de 1908.

El 17 de septiembre Anasagasti participó en la fundación del Touring Club Argentino, institución en la que fungió como vicepresidente de su primera Comisión Directiva.

En ese muy activo año 1907 ganó un concurso por oposición y obtuvo una beca para tomar un curso de entrenamiento de seis meses en la fábrica Isotta Fraschini en Milán, Italia. Al regresar, en mayo de 1908, formó una sociedad con Ricardo Travers y José Gálvez para representar esa marca en Argentina y también autos de las firmas Gobron-Brillie y Gregoire, entre ellos una *voiturette* de dos cilindros y nueve hp, que se ofrecía a cuatro mil pesos moneda nacional.

Además de los autos, la empresa extendió sus actividades a la distribución de llantas con rayos de madera Stepney, neumáticos Hutchinson, un claxon marca Stentor, accionado por los gases de escape, y un dispositivo para inflar los neumáticos que tomaba la presión de uno de los cilindros al que se le quitaba la bujía. Instalada en un local de la calle Arenales 1086, casi Cerrito, en la ciudad de Buenos Aires, la sociedad contaba con un horno para fundición de bronce y aluminio y empleaba a diez operarios. Su actividad se dio a conocer en un aviso publicado el 8 de junio de 1908. La revista pionera *La Argentina Automóvil,* de aparición mensual, publicó otro aviso en abril de 1909 donde se detallaban los servicios que ofrecía la compañía: "Construcción, reparación y transformación de automóviles y máquinas en general. Planos y presupuestos de instalaciones mecánicas. Fundición de bronce y aluminio. Se cortan engranajes de todo tipo".

Considerado muy tempranamente un referente importante en materia de automóviles, en junio de ese año comenzó a publicar artículos técnicos en la mencionada *La Argentina Automóvil.* El primero de ellos, titulado "Formas empíricas que dan rápidamente el poder máximo efectivo en caballos vapor de los motores de explosión", hacía referencia a los cálculos necesarios para establecer la potencia de los motores. Allí criticaba el método empleado por el ingeniero francés Charles Faroux, convertido más tarde en un referente mundial en el ámbito del automovilismo deportivo. En su segunda nota técnica se dedicaba a analizar los tipos de aceros empleados para la producción automotriz, un claro indicio de que ya estaba analizando la posibilidad de iniciarse como fabricante. Sin embargo, las múltiples actividades desarrolladas por Horacio Anasagasti excedían el campo automovilístico.

Entre 1909 y 1910 se desempeñó como vicepresidente primero de la Sociedad Científica Argentina, entidad de la que siguió formando parte como vocal hasta 1914. Poco después incursionó en la también incipiente aeronáutica. Fue socio fundador del Aero Club Argentino, creado el 13 de enero de 1908. Su primer ascenso en globo lo efectuó en julio de 1908, acompañado por Eduardo Newbery (hermano de Jorge) y el mayor Waldino Correa, en una incursión nocturna a bordo del *Pampero*. Con Jorge Newbery realizó el 18 de abril de 1909, un vuelo hasta Marcos Paz con un globo bautizado *Patriota*, que había adquirido en Europa. Por este logro recibió de parte del Aero Club Argentino el brevete número 5 que lo acreditaba como piloto de globo. Solían acompañarlo en estas aventuras personalidades de la aristocracia porteña como Aarón Anchorena, presidente del Aero Club, Ezequiel Paz y Alfredo Palacios.

En 1912 fue designado miembro de la Comisión Nacional Pro Aviación Civil y Militar, entidad dedicada a recaudar fondos para tal finalidad.

Apasionado por las competencias deportivas, Anasagasti participó de varias pruebas con una baquet Isotta Fraschini equipada con un motor de cuatro cilindros, 45 hp y tracción a cadenas, la cual había importado de Milán al finalizar su capacitación en esa fábrica. A modo de amuleto, su vestimenta llevaba bordada una estrella de seis puntas, similar a la que formaba parte distintiva del banderín que utilizaba en sus ascensos en globo. Con este auto participó en el Campeonato del Kilómetro organizado por el Touring Club Argentino el 20 de septiembre de 1908, donde luego de desempatar frente al De Dietrich del doctor Carlos Lamarca, logró imponerse con 1/5 segundo de diferencia y un promedio de 68,695 km/h.

Sus andanzas automovilísticas con el Isotta Fraschini continuaron. En marzo de 1908 obtuvo el título de "Campeón de la Velocidad" luego de establecer un récord en la competencia Segundo Circuito Mar del Plata, donde, a pesar de accidentarse en la segunda vuelta y abandonar, su registro de 84 km/h no pudo ser superado por ningún rival. El 27 de enero de 1910 estableció otro récord al unir Buenos Aires-Azul-Mar del Plata en 20 horas, luego de recorrer 680 kilómetros. También intervino como jurado en distintas competencias, entre ellas el Campeonato del Kilómetro efectuado por el Moto Club Argentino, donde además presidió la Comisión Revisora de los Motores.

En la Exposición Internacional de Ferrocarriles y Transportes Terrestres realizada en Buenos Aires entre el 17 de julio de 1910 y enero de 1911, en el marco de los festejos por el Centenario Argentino, la empresa Anasagasti y Compañía exhibió algunos de los componentes para automóviles producidos en su taller, entre ellos una caja de velocidades de cuatro marchas y retroceso y un motor de cuatro cilindros en línea de diseño y construcción propios a partir de acero importado. Estos elementos estaban cuidadosamente presentados y protegidos mediante paneles de vidrio abulonados en sus bordes para que los visitantes pudiesen apreciar su funcionamiento interno. El jurado de la exposición le otorgó a Anasagasti el Diploma de Gran Premio, el máximo galardón reservado a la industria nacional.

La muestra, realizada en los terrenos del Regimiento Primero de Patricios en Palermo, fue la de mayor importancia y más concurrida de todas las que formaron parte de los festejos. Cada uno de los países participantes dispuso de un pabellón propio. En ellos fueron exhibidos motores, locomotoras, aeroplanos, yates, vagones, carruajes, embarcaciones deportivas a remo y hasta globos aerostáticos. En uno de ellos, el aviador Jorge Newbery invitaba a los visitantes a recorrer la muestra desde el cielo y pasear por la zona.

En el rubro automotor, Italia estuvo representada por Fiat, Isotta Fraschini y un Itala de 35 hp, con el cual el conde Scipione Borghese había unido en 1907 las ciudades de Pekín y París en un recorrido de 16 mil kilómetros. Por su parte, el pabellón de Alemania, exhibía un Blitzen Benz de 200 hp, auto que alcanzó la marca de 205 km/h en Brooklands, Inglaterra, conducido por el piloto Victor Hémery. Francia estuvo representada por Peugeot.

La ambición de Anasagasti era la fabricación de autos en serie, objetivo que lo impulsó a abandonar a sus socios Ricardo Travers y José Gálvez y emprender la tarea de constructor independiente. El 30 de diciembre de 1909 fundó la empresa Horacio Anasagasti y Compañía Ingenieros Mecánicos, destinada a la producción de motores y accesorios de automóviles, aviones y maquinaria agrícola. Contaba entonces con sólo treinta años de edad. Originalmente, la actividad se desarrollaba en el local de la calle Arenales 1086 de Buenos Aires. Mientras tanto se inició la edificación de una fábrica de una sola planta, con veinte metros de ancho, sesenta de fondo y fachada de ladrillos, sobre la avenida Alvear (hoy Libertador) al 1670. En un principio, el establecimiento funcionaba como taller mecánico de precisión y estaba equipado con hornos de fundición para materiales no ferrosos: bronce y aluminio. La nueva sociedad era integrada además por Luis J. Velarde, aunque en la práctica Horacio Anasagasti aportaba el 99 por ciento del capital total de 130 mil pesos moneda nacional.

En septiembre de 1910, Anasagasti viajó a Europa a bordo del buque italiano *Principessa Mafalda* para contactar posibles proveedores del auto que pensaba construir en Argentina. Además, por encargo del Touring Club Argentino, aprovechó su estadía para observar la organización de entidades similares en Europa y estudiar la construcción y mantenimiento de caminos y diversos sistemas de locomoción. Las mayores expectativas estaban depositadas en Francia, país que se encontraba a la vanguardia en la producción automotriz. Los primeros contactos los realizó con los hermanos Edouard y Ernest Ballot, propietarios de la compañía Ballot, empresa constructora de motores a explosión a nafta de cuatro cilindros, los cuales se empleaban en casas, autos particulares y taxis. El acuerdo contemplaba la importación de motores de 12 hp y 15 hp, además de la matricería y el juego completo de modelos de madera de todas las piezas de fundición para poder producirlos en su propia fábrica. El chasis completo construido con dos largueros de hierro, incluía también ruedas, ejes, frenos, suspensiones, dirección, caja de velocidades y diferencial, fue provisto por la empresa Malicet et Blin (MAB). Los embragues de disco múltiple en baño de aceite fueron encargados a Hele-Sawles. Dos proveedores se ocuparon de los radiadores: G. Moreaux et Compagnie y la empresa suiza con sede en Ginebra Mégevet. Los faros de carburo fueron provistos por Bleriot y Ducellier.

Dos diferencias lo distinguían del motor original francés: por un lado, el carburador de los Anasagasti era Zenith, a diferencia de los Ballot, que usaban un Claudell. La otra, fue una mejora con la incorporación de un sistema de lubricación forzada del cigüeñal en reemplazo del método por presión y salpicado.

El único proveedor local fue la empresa del catalán Francisco Villasis, quien se ocupaba de fabricar los radiadores.

Anasagasti regresó de Europa en mayo de 1911 y en julio logró terminar su primer prototipo con motor francés, carrocería nacional y otros componentes traídos de ese viaje. La presentación oficial se realizó el domingo 17 de septiembre en la carrera Rosario-Córdoba-Rosario, donde participó con el seudónimo de "Samurai", nombre inspirado en la dirección telegráfica de su taller "Nagasaki". Su auto, que llevaba el número 18, había partido de Rosario a las 6.45 de la mañana, acompañado por Pedro Rova como copiloto y Francisco Roubina como mecánico. A pesar de algunos desperfectos mecánicos, logró imponerse en su categoría y recibió como premio una medalla de plata.

El plan era producir a partir de componentes importados, especialmente de Francia y paulatinamente reemplazarlos, en la medida de lo posible, por elementos nacionales. Quedaban exceptuadas de esta nacionalización piezas que por su complejidad técnica y costos no se justificaran producir, tal era el caso de las bujías, magnetos, carburadores y rodamientos.

Durante los últimos meses de 1911, Anasagasti junto a su socio Luis Velarde y su primer capataz, Arturo Conti, pusieron a punto la fábrica para la fabricación y presentación comercial al público de los primeros autos. El taller ya producía bloques de motor, cárters, bielas, cigüeñales, cajas de velocidad y sus engranajes, puntas de eje, elásticos, palieres, ejes cardán y sus crucetas, mecanismos de dirección y carrocerías. La producción no estaba exenta de un importante número de dificultades causadas fundamentalmente en la falta de experiencia previa en las técnicas de fundición de hierro y aceros. De los primeros veinte bloques de motor fundidos, sólo ocho estaban en condiciones de ser utilizados.

La producción se realizaba en forma muy artesanal mediante el empleo de máquinas herramientas de tipo universal, con técnicas similares a las empleadas en Europa, donde la fabricación seriada en grandes volúmenes aún no se había iniciado.

Desde sus comienzos, Anasagasti dotó a su establecimiento de un importante plantel de maquinarias impulsadas por un gran motor eléctrico de corriente continúa que movía una transmisión aérea, con correas de cuero, que a su vez daba movimiento a las máquinas correspondientes. Disponía de cuatro tornos universales, fresadora universal, limadora especial para tallar los dientes rectos de los engranajes cónicos de piñón, corona y diferencial, cepilladora, amortajadora, agujereadora de columna, sierras para metales, amoladoras, mármol de trazado y ajuste y un equipo de soldadura autógena. Poseía, además, capacidad para forja manual de acero.

Para el carrozado de los vehículos, el taller incluía una sección destinada a los trabajos de carpintería, chapa y pintura. El personal de la fábrica totalizaba veinte personas, la mayoría inmigrantes de origen europeo, particularmente, españoles, franceses e italianos. Todos capacitados con algún tipo de especialización. El trato de Anasagasti con sus empleados era ejemplar, cada uno recibía las instrucciones en sus respectivos idiomas, ya que dominaba a la perfección el inglés, el francés y el italiano.

El lanzamiento comercial se llevó a cabo en enero de 1912. Los autos presentados se ofrecían con un motor francés Ballot de 12 hp, de cuatro cilindros lineales refrigerados por agua mediante termosifón, con 75 milímetros de alesaje y 120 milímetros de carrera, es decir una cilindrada total de 2.125 centímetros cúbicos. El bloque estaba fundido en hierro gris con cárter superior e inferior en aluminio e incluía las cabezas de los cilindros. Las válvulas eran laterales ubicadas a un costado del bloque. El cigüeñal apoyaba en dos bancadas. El encendido era por magneto Bosch. Opcionalmente, podía equiparse con una versión sport de 15 hp. Respecto a la potencia real, algunos historiadores sostienen que los 12 hp y 15 hp correspondían a su potencia fiscal, declarada así para reducir la carga impositiva, ya que por la capacidad cúbica del motor su prestación real debió haber sido cercana a los 25 hp.

Por su parte, las carrocerías estaban disponibles en las versiones abiertas tipo doble faetón y *landaulet*. Esta última se podía solicitar con simple o doble vidrio. Curiosamente, sólo disponían de una puerta lateral delantera del lado izquierdo debido a la ubicación externa derecha de las palancas del cambio de velocidades y freno de mano. El precio base para los modelos con motor de 12 hp era de 6.600 pesos y podía ser financiado íntegramente a través de un original, para la época, plan de cuotas de doscientos pesos. Para llamar la atención de eventuales clientes se obsequiaban a modo promocional unas medallas de alpaca plateada con la forma del radiador.

Anasagasti se propuso demostrar que sus automóviles eran tan confiables como los europeos y norteamericanos. Viajó nuevamente a Europa en 1912, esta vez con vehículos armados en su taller, para participar de varias competencias para automóviles de turismo.

En julio formó parte de la París-Madrid, prueba con un recorrido de 1.515 kilómetros, donde resultó vencedor sin obtener ninguna penalización. Al finalizar la competencia, Anasagasti le obsequió el vehículo al rey Alfonso XIII de España, quien lo conservó en las cocheras reales. Lamentablemente, el auto desapareció durante la guerra civil española.

El 25 de agosto, Anasagasti recibió de la Ville de Callais una medalla de bronce por su participación en una competencia disputada en esa ciudad francesa. El 12 de septiembre, un Anasagasti equipado con motor de 15 hp y conducido por el ingeniero inglés Brown disputó el rally de San Sebastián. La prueba se inició en la ciudad de Boulogne sur Mer al pie de la estatua que recuerda al libertador San Martín. Luego de recorrer 1.332 kilómetros y no sufrir ninguna penalización, clasificó entre los vencedores.

Anasagasti participó también en varias "trepadas", que consistían en ascensos a los montes por sus laderas. La primera, el 26 de septiembre sobre el monte Ullain, al norte de España, donde logró la cuarta ubicación en su clase y la 17° en la general, enfrentando a 107 competidores. El 6 de octubre, el corredor francés Guyot intervino en la "Decimotercera trepada de la Côte de Guillon". Con una pendiente de ocho grados, cumplió el kilómetro de subida a un promedio de 97,3 km/h, empleando 37 segundos. Obtuvo así el mejor tiempo en la quinta categoría y el segundo en el Concurso de Rendimiento, en el cual participaron vehículos de 13 marcas diferentes.

De regreso a Sudamérica, entre el 6 y 8 de enero disputó con un auto de 12 hp la carrera Montevideo-Salto-Montevideo. Organizada por el diario *La Tribuna Popular,* la prueba tenía una extensión de dos mil kilómetros. Acompañado por los señores Valevilla y Steiner, Anasagasti obtuvo el cuarto puesto en la clasificación general y el primer premio en la Categoría A.

De vuelta en Europa en 1913, la prueba más exigente fue el Tour de France con 5.500 kilómetros de recorrido y 12 extenuantes días de duración entre febrero y marzo. En la competencia organizada por el diario deportivo francés *L'Auto* –más tarde *L'Equipe*– participaron tres autos con motores de 15 hp conducidos por Brown, el marqués D'Avaray y Jacques Repousseau. Los dos primeros pilotos triunfaron *ex aequo,* es decir, por igualdad de méritos con otros vehículos de marcas europeas y norteamericanas. Por su parte, Repousseau debió abandonar por problemas mecánicos.

Meses más tarde, otra vez el ingeniero Brown condujo el Anasagasti de 15 hp a la victoria en la "La Flèche-Laval", prueba organizada por el Automóvil Club del Sudoeste de Francia.

Desde el punto de vista deportivo, la prueba más exigente en la que participó el auto fue la octava Coupe de L'Auto, efectuada el 21 de septiembre en Boulogne sur Mer en una competencia de 623,800 kilómetros de extensión, distribuidos en 12 vueltas. Un Anasagasti conducido por el marqués D'Avaray alcanzó el sexto lugar, luego de completar los doce giros de 51,983 kilómetros en un tiempo de ocho horas, siete minutos y 25 segundos.

En Argentina, dos Sport equipados con motores de 15 hp participaron de la Semana Deportiva de Córdoba en marzo de 1914. Los autos, popularmente bautizados como "Los Habanos", fueron conducidos por Vicente Madero en la categoría *amateur* y por Pagetti en profesionales, y obtuvieron el primer y tercer puesto respectivamente.

El jueves 25 de noviembre de 1915 se disputó el Segundo Campeonato del Kilómetro a través de una recta asfaltada que unía las localidades bonaerenses de Florida y San Martín. Ricardo Zuberbühler, a bordo de un Anasagasti Sport, ganó en su categoría de hasta cuatro mil centímetros cúbicos y clasificó segundo en la categoría general, a un promedio de 103,970 km/h.

Los Anasagasti siguieron participando en diversas carreras durante la primera mitad de la década de 1920. El 6 de junio de 1920, un Anasagasti participó del Primer Campeonato Sudamericano de la Milla, organizado por el Buenos Aires Automóvil Club y disputado entre los kilómetros 7 y 11 de la ruta a La Plata. Conducido por Macoco Álzaga Unzué, alcanzó el primer puesto en la tercera categoría de aficionados (hasta cinco litros) a una velocidad de 120,208 km/h. Esta vez, el auto estuvo equipado con un motor francés Janvier de cuatro cilindros, doble árbol de levas a la cabeza y una cilindrada de 2.800 centímetros cúbicos que erogaba 85 hp.

Este motor, según algunos testigos de la época y del propio Álzaga Unzué, habría equipado a muchos de los Anasagasti en sus incursiones europeas, inclusive en algunos casos también fueron montados sobre chasis de la marca Isotta Fraschini, particularmente los equipados con motores de 12 hp.

El 21 de agosto de 1921, durante la disputa del Cuarto Campeonato del Kilómetro en Florencia Varela, organizado por el Automóvil Club Argentino, un Anasagasti equipado con un motor de cuatro cilindros y 3.610 centímetros cúbicos, conducido por José Raconti, logró superar el récord de velocidad de 130,671 km/h vigente desde 1918. Con la nueva marca de 131,868 km/h y un tiempo de 27 segundos y tres décimas, se impuso en su categoría (menos de cuatro mil centímetros cúbicos) e inclusive superó a rivales con motores de mayor cilindrada.

Su última participación en una competencia deportiva fue el 29 de octubre de 1922 en el Séptimo Campeonato del Kilómetro de La Plata. Allí, conducido por Pablo Duvoy, alcanzó la segunda posición en su categoría, detrás de un Buick, al establecer un registro de 77,922 km/h en 46 segundos.

Los Anasagasti no sólo fueron reconocidos en el viejo continente por sus éxitos deportivos, sino también por su diseño. En 1913, un Anasagasti obtuvo el primer premio del Concurso de Elegancia organizado por el Automobile Club de Nice. El auto premiado, un Sport de 15 hp, fue presentado por el marqués D'Avaray, quien recibió una medalla de plata bañada en oro.

Hacia 1913, los anuncios publicitarios en distintos medios gráficos de la "Primera Fábrica Nacional de Automóviles" hacían referencia a sus éxitos deportivos y su cualidad constructiva: "Sólidos, seguros, sencillos". Sin embargo, a pesar de estos excelentes antecedentes en las más exigentes pruebas europeas, que daban cuenta de la calidad y confiabilidad de los autos, la empresa no pudo consolidarse desde el punto de vista comercial. Dos razones conspiraron contra su continuidad: por un lado, a partir de 1913, las dificultades financieras producidas por el retraso en los pagos de los compradores que optaron por el pago en cuotas; por otro, el estallido de la Primera Guerra Mundial, que terminó con el envío de insumos y partes vitales desde Europa, donde la industria debió reconvertirse con fines bélicos, y el reemplazo local fue imposible debido fundamentalmente a la falta de materia prima.

Luego de producir medio centenar de autos, la fábrica cerró sus puertas en 1915. Anasagasti tenía entonces sólo treinta y cinco años. Durante ese año estuvo ausente del país. Había sido enviado por el gobierno argentino como comisario en el pabellón nacional de la Exposición Internacional de San Francisco, Estados Unidos. A pesar de esto, su personal, a modo de agradecimiento por el trato recibido, continuó trabajando sin cobrar salarios hasta 1916, cuando se decidió finalmente liquidar la sociedad.

Si sus conocimientos técnicos hicieron del ingeniero Anasagasti un hombre respetable, sus cualidades humanas lo convirtieron en un ser excepcional. Las condiciones sociales, laborales y económicas del personal de su empresa eran excelentes, a tal punto que muchos de los beneficios otorgados por Anasagasti a sus obreros se transformaron en ley años después. Los salarios eran los más elevados de la época. La jornada laboral no superaba las ocho horas y en el verano cada operario tenía en su lugar de trabajo un ventilador. Además, el establecimiento poseía una fuente con refrescos para uso del personal.

En el exterior del país también fueron reconocidos tanto la obra de Anasagasti como su don de gente y su capacidad, como lo expresara en sus memorias un referente internacional del automovilismo deportivo, Vicenzo Florio, creador de la carrera que lleva su nombre:

> [Horacio Anasagasti] Era un hombre de buen porte y temperamento humilde, como todos los que conocen su propia grandeza, nada había en él que delatara un creador ampuloso y soberbio, como tenía derecho a serlo. Nos hicimos amigos en Florencia y hablamos muchísimo sobre el porvenir del automóvil, quería hacer de su país un importante emporio del automóvil. No nos volvimos a ver, después supe por amigos comunes que su automóvil no se construía más, dada la ceguera e incomprensión de sus paisanos.

Finalizada su experiencia como fabricante, Anasagasti se trasladó a Bariloche, provincia de Río Negro, donde se afincó en la chacra "Pichi Mahuida", en el brazo Campanario del lago Nahuel Huapi. Junto a sus amigos de siempre, Aarón Anchorena y Carlos Ortiz Basualdo, apoyaron activamente la creación del Parque Nacional Nahuel Huapi. Falleció en esa chacra el 8 de abril de 1932, víctima de un paro cardíaco. Fue enterrado en el cementerio de Recoleta en Buenos Aires. Actualmente, la Ciudad de Buenos Aires y el Parque Nacional lo recuerdan con una calle y un lago, respectivamente, que llevan su nombre.

El 10 de agosto de 1912 fue creada por iniciativa del presidente Roque Sáenz Peña y su ministro de Guerra, general Gregorio Vélez, la Escuela Militar de Aviación en El Palomar, donde el ingeniero Anasagasti se desempeñó como docente en forma honoraria hasta mediados de 1913, dictando la materia "Construcción y manejo de motores".

En septiembre, Anasagasti donó uno de sus vehículos a la flamante institución, gracias a las gestiones realizadas por su íntimo amigo, Jorge Newbery, presidente del Aero Club Argentino.

El auto, que sólo disponía de dos asientos y una pequeña caja de madera para cargas livianas, fue utilizado para servicio de pista, transporte de pilotos, auxilio en caso de accidentes y remolque de aviones. Estaba equipado con un motor Ballot de

12 hp construido en 1911 y su número de serie era el 109, es decir, el noveno auto construido en los talleres de la avenida Alvear. Cerca de 1920, un ingenioso técnico de aeronáutica lo dotó con un dispositivo en el chasis, el cual, mediante la acción de un embrague, podía acoplarse al núcleo de las hélices de los aviones para dar arranque a sus motores, evitar la intervención manual y, de ese modo, accidentes del personal. Luego de unos años de activo servicio, el auto fue desafectado y arrumbado en un depósito de la Base Aérea de El Palomar.

Según una investigación de 1975 realizada por el periodista Enrique Sánchez Ortega para la revista *Corsa,* el Anasagasti estuvo en dos oportunidades a punto de ser rematado como chatarra. La primera oportunidad fue cerca de 1930, cuando el brigadier Ángel María Zuloaga lo descubriera al tope de una pila de chatarra que transportaba un camión y ordenara inmediatamente que lo bajaran de ahí. Otra versión cuenta un episodio similar, tal vez el mismo, que tuvo como héroe a un desconocido suboficial con muchos años de actividad, quien se ocupó del rescate del auto al distinguirlo entre restos de aluminio y partes de aviones que iban a remate.

A mediados de la década de 1960 se creó el Museo Nacional de Aeronáutica, por iniciativa del brigadier Edmundo Civati Bernasconi, quien fue designado primer director. El auto fue trasladado en 1974 al Taller Regional Quilmes, donde se lo incorporó como patrimonio del museo. Es allí donde el comodoro Santos Domínguez Koch ordenó su total restauración para formar parte de los actos de homenaje a Jorge Newbery al cumplirse, en 1975, cien años de su natalicio.

El auto fue trasladado a los talleres de Río Cuarto, provincia de Córdoba, y sometido a un minucioso proceso de restauración. Para llevar adelante el trabajo fueron especialmente consultados los ingenieros Antonio Bianchi, ex propietario de un Anasagasti y socio del Touring Club Argentino, y Roberto Sinigaglia, hijo de quien fuera capataz de la fábrica Anasagasti que, además, conocía ampliamente al auto por haber realizado con él un viaje de Buenos Aires a Córdoba en 1933 al terminar sus estudios en la escuela industrial.

Actualmente, el vehículo puede ser apreciado en perfecto estado de conservación y funcionamiento en el Museo Aeronáutico que la Fuerza Aérea posee en la Base Aérea de Morón.

El otro ejemplar que sobrevive pertenece al Club de Automóviles Clásicos de la República Argentina (CAC). Se trata, en realidad, de una unidad construida a partir de un chasis original que fue subastado en un remate del Banco Municipal en 1973. El chasis conservaba los elásticos originales, caja de velocidades, bocha del motor y la caja de dirección.

Adquirido en 1975 por Mauricio Bramson, socio del CAC, esta pieza fue minuciosamente reconstruida y sobre ella se fueron incorporando algunos elementos de época como una palanca de cambios y faros de bronce y carburo, que el propio Bramson consiguió en un desarmadero.

El auto fue completado con un motor Ballot, un radiador y embrague originales que aún atesoraba en su casa Roberto Sinigaglia. Armado con estos elementos, pero sin carrocería, fue exhibido en 1977 en el Tercer Salón del CAC realizado en el Centro Municipal de Exposiciones de Buenos Aires.

Posteriormente, el propio CAC adquirió la unidad y tiempo más tarde le incorporó una carrocería abierta, construida especialmente respetando la tecnología disponible a comienzos del siglo veinte y acorde con los patrones estilísticos de la época.

Dalmiro Varela Castex, socio fundador y primer presidente del Automóvil Club Argentino. *Fuente: Archivo General de la Nación*

Ejemplar de Holsman. *Foto: gentileza de Jorge Hanna*

Juan Cassoulet, ganador de la primera carrera de automóviles disputada en el Hipódromo de Belgrano. *Fuente: Diario La Nación*

El auto de Celestino Salgado fue el primero construido en Argentina.
Fuente: Archivo General de la Nación

Retrato de Manuel Iglesias *Fuente: Archivo personal de Juan Carlos Iglesias*

De izquierda a derecha: Manuel Iglesias el día de su casamiento y junto con su familia en el festejo de sus bodas de oro; 24 de noviembre de 1973: Juan Carlos Iglesias y Ángela Castronuovo el día de la inauguración del monumento al primer automóvil argentino. *Fuente: Archivo personal de Juan Carlos Iglesias*

Manuel Iglesias construyó artesanalmente todas la piezas de su vehículo con excepción de la bujía y el magneto. *Fuente: Gustavo Feder*

Torno manual con el que Iglesias construyó las piezas de revolución de su automóvil. *Fuente: Gustavo Feder*

El auto original de Manuel Iglesias fue reconstruido y hoy se lo exhibe en el Museo Primer Automóvil Argentino de Campana. *Fuente: Gustavo Feder*

En 1988, Juan Manuel Fangio exhibe el auto en el Museo que lleva su nombre en la ciudad de Balcarce. Junto a él, Juan Manuel Bordeu. *Fuente: Museo del Primer Automóvil Argentino Manuel Iglesias*

Monumento al primer automóvil argentino en la plaza Eduardo Costa de la ciudad de Campana, provincia de Buenos Aires. *Fuente: Gustavo Feder*

Única unidad Anasagasti sobreviviente. Fue donada por su constructor a la Escuela Militar de Aviación. Su número de serie era el 109. *Fuente: Gustavo Feder*

Motor original que equipaba al Anasagasti exhibido en el Museo del Automóvil de Buenos Aires. *Fuente: Gustavo Feder*

Esta unidad disponía de dos asientos y una pequeña caja de madera para transportar cargas livianas. *Fuente: Gustavo Feder*

Logo de la fábrica en el radiador del Anasagasti. *Fuente: Gustavo Feder*

El motor del Anasagasti estaba basado en el francés Ballot de 12 hp y una cilindrada total de 2.125 cc. *Fuente: Gustavo Feder*

Proceso de restauración del auto original en 1973. *Fuente: Archivo personal de Juan Carlos Iglesias*

El Anasagasti en Boulogne Sur Mer, Francia, frente al Monumento del general San Martín, cinco minutos antes de la salida del Rally de San Sebastián de 1912. *Fuente: Archivo General de la Nación*

Bibliografía consultada para el capítulo 1

Dorfman, Adolfo, 1986, *Historia de la industria argentina,* Buenos Aires: Hyspamérica.

Lorenzo, Ricardo (Borocotó), 1953, *Medio siglo de automovilismo argentino,* Buenos Aires: Atlántida.

Oller, Raúl, 1971, "Breve historia del automovilismo", fascículo 78 de *La Historia Popular. Vida y milagros de nuestro pueblo,* Buenos Aires: Centro Editor de América Latina.

Panettieri, José, 1968, *Los trabajadores,* Buenos Aires: Editorial Jorge Álvarez.

Parga, Alfredo, 1992, *Historia de una pasión: 100 años de automovilismo argentino,* Buenos Aires, Atlántida.

Pezzimenti, Héctor Luis, 2011, *El primer centenario de la Revolución de Mayo en las tarjetas postales,* Buenos Aires: Asociación de Cronistas Filatélicos de la Argentina.

Sánchez, Guillermo, 2012, *Anasagasti,* Buenos Aires: Bonvivant.

Schvarzer, Jorge, 1996, *La industria que supimos conseguir,* Buenos Aires: Planeta.

Sojit, Luis Elías y Miceli, Luis, 1956, *Enciclopedia de Oro del Automovilismo,* Buenos Aires: Editorial Sojit.

Universidad Nacional de Quilmes, *Producción y trabajo en Argentina: memoria fotográfica 1860-1960,* Bernal: Universidad Nacional de Quilmes.

Revistas

Autotécnica, diciembre de 1973.

Caras y Caretas, agosto de 1901.

Motor, noviembre de 1967.

Revista del Laboratorio Craveri, año 3, nº 9.

Road Test, nº 30.

Su Auto, nº 107.

Sitio web: https://holsmanautomobiles.com/

Clasificación de los modelos según tipo de carrocería

A fin de evitar la confusión reinante en relación a la designación de los distintos tipos de carrocerías, en 1930 la corporación de ingenieros constructores de automóviles de Estados Unidos (SAE, por Society of Automotive Engineers) propuso la siguiente clasificación:

Cabriolet: semejante al **cupé sport**, pero dispuesto para poder convertirlo en coche abierto. Algunas veces lleva asiento en la parte trasera.

Coach: es cerrado, de dos puertas, con capota y paredes fijas. Lleva detrás, a todo el ancho, un asiento para tres pasajeros. Adelante lleva dos, separados, para el conductor y un pasajero más. Estos asientos se pueden plegar, dejando paso fácil a los de atrás. El portaequipajes es frecuente, pero no inherente.

Cupé: es cerrado y de un solo compartimento. Tiene dos puertas, capota y paredes fijas. En la parte trasera incluye compartimento para equipajes. Los coches pequeños de este tipo tienen un solo asiento para dos o tres pasajeros, mientras que los grandes llevan asientos plegables, con lo que se puede acomodar hasta cinco. Los tipos grandes llevan generalmente hasta cuatro ventanas.

Cupé sport: la parte trasera lleva un asiento adicional y, a veces, espacio para mazos de golf. En los demás aspectos es análogo al anterior.

Faetón: abierto, con dos asientos de través, en los que se pueden acomodar generalmente cinco pasajeros. El equipo corriente comprende capota de lona, parabrisas y cortinas laterales, todos plegables. También *Phaeton*.

Faetón imperial y sport: semejante al anterior en su disposición general, con diversos perfeccionamientos y equipo extra. Ruedas de alambre y portaequipajes.

Roadster: abierto, con un solo asiento de través. Lleva en la parte trasera un compartimento para utensilios o equipajes. La capota, de lona impermeable, puede ser plegable. Su equipo comprende cortinas laterales y generalmente el parabrisas es plegable.

Sedán: es cerrado, de cuatro puertas, con capota y paredes fijas. Lleva dos asientos a todo el ancho y puede acomodar de cinco a siete pasajeros, según la distancia entre ejes. En los tipos grandes lleva delante asientos adicionales, plegables, para los pasajeros supletorios. Lleva generalmente ventanas en las paredes laterales traseras. Portaequipajes a elección.

Sedán convertible: semejante al sedán, pero dispuesto para ser convertido en abierto.

Sedán *couple:* es semejante al anterior, pero más corto, con lo que el espacio es menor entre los asientos y generalmente no admite más que cinco pasajeros. No lleva ventanas laterales traseras.

Sedán imperial: se distingue del sedán corriente por llevar una división de vidrios entre el asiento del conductor y el interior, siendo análogo a aquel en todos los demás aspectos.

Sedán *landau:* es cerrado, pero dispuesto para abrir la parte posterior de la capota, que así no puede llevar ventanas. Los compases de capota son inherentes, pero no característicos de este tipo.

Sedán *landaulet:* es semejante al sedán *landau* en aspecto, pero con capota y paredes fijas. Lleva montados falsos compases, que no funcionan.

Sport roadster: en la parte posterior lleva un asiento supletorio para algún pasajero adicional. En su equipo se incluye frecuentemente un dispositivo para llevar mazos de golf. En los demás detalles este tipo es similar al anterior.

Town car: como el **sedán imperial**, pero con o sin ventanas en las paredes laterales traseras y sin capota delante.

Turismo: carrocería más larga, generalmente, que la del faetón, lo que permite el uso de asientos supletorios detrás.

Fuente: Revista *Automovilismo* n° 139, julio de 1930.

2 | Producción semiindustrial de entreguerras

Finalizada la Primera Guerra Mundial, las importaciones de automóviles se reanudaron con una marcada presencia de la industria norteamericana, que desplazó ampliamente a la europea en el mercado argentino. Entre 1915 y 1920 se importaron sesenta mil vehículos, de los cuales, 45.481 provenían de fábricas norteamericanas. Esta supremacía tenía su origen en la aplicación de los nuevos métodos de producción a partir de la instalación de la cadena de montaje mecanizada, empleada por Henry Ford para la fabricación de su modelo T desde abril de 1913, y que le permitió masificar la producción y reducir notablemente sus tiempos y costos.

La recuperación de la actividad económica y el crecimiento del comercio exterior tuvieron su correlato en el aumento exponencial que registró el parque automotor argentino durante la década de 1920. En sólo diez años, la cantidad de vehículos en circulación, sumados automóviles y camiones, ascendió de 48.007 en 1920 a 435.822 en 1930. Como consecuencia de este crecimiento, la relación entre la cantidad de habitantes por automotor se redujo de 204 en 1920 a 35 en 1930.

En 1923, Argentina ocupaba el séptimo lugar en el mundo en cuanto a cantidad de vehículos en circulación, con noventa mil automóviles, detrás de Estados Unidos, Inglaterra, Canadá, Francia, Alemania y Austria. El parque automotor mundial se estimaba en 14.700.000 unidades, de las cuales 12 millones se encontraban en Estados Unidos. Estas cifras demostraban la importancia del mercado argentino a mediados de la década de 1920, el cual con 64.698 vehículos importados en 1925 marchaba al frente entre los países de habla hispana, superando inclusive a naciones de mayor población como España y México.

Las importaciones de automóviles en 1925 y 1926 representaban un 14 por ciento del total de las realizadas por el país. Las cifras crecieron sostenidamente hasta alcanzar en 1929 las 90.396 unidades. La crisis económica mundial iniciada ese mismo año marcó el final de esta etapa de crecimiento; el signo se invirtió a partir de ese momento con un marcado retroceso en las importaciones, en particular en la primera mitad de la década de 1930. En 1933 ingresaron al país sólo 9.825 vehículos, prácticamente lo mismo que en 1921 (9.743 unidades), poco más del diez por ciento de lo importado en 1929.

La importación es desalentada por la política de control de cambios aplicada por el gobierno del general Agustín P. Justo a partir de 1933, destinada a hacer frente a la crisis del balance de pagos derivada de la reducción del volumen y valor de las exportaciones argentinas. Otro factor que afectó a la importación fue el aumento de los derechos aduaneros *ad valorem* aplicados a los automotores, los cuales ascendieron del 32 al 57 por ciento a partir de octubre de 1931.

De esta manera se produjo una regresión en la dimensión del parque automotor, que se redujo a 427 mil unidades en 1940, menos de los que había a comienzos de la década de 1930. El inicio de la Segunda Guerra Mundial y una de sus consecuencias, el cierre total de exportaciones por parte de Estados Unidos a partir de 1942, agravaron aún más esta situación. Sin posibilidades de renovación, el material en circulación fue envejeciendo irremediablemente.

A partir de la segunda mitad de los años de 1930, las políticas aduaneras restrictivas a la importación crearon las condiciones que dieron origen a un lento pero sostenido proceso de industrialización por sustitución de importaciones. Entre 1935 y 1939, la cantidad de establecimientos industriales pasó de 40.600 a 53.866, siendo las ramas de metales, maquinarias, vehículos y productos químicos las principales impulsoras de este crecimiento, el cual fue reforzado aún más con políticas activas por parte del Estado como la creación en 1944 del Banco de Crédito Industrial. Ese año por primera vez la actividad manufacturera superó a la agricultura y ganadería en relación al porcentaje de participación en el producto bruto interno, con un 22,8 y 20,1 por ciento respectivamente.

En el ámbito automotor, la aparición del colectivo como nueva y original respuesta a la necesidad del transporte urbano de pasajeros significó el fortalecimiento de la actividad de la industria carrocera, la cual tuvo amplias posibilidades para su desarrollo, en particular por no estar sujeta a la competencia extranjera y por la expansión demográfica urbana que acompañó al proceso de industrialización.

En el mencionado período, esta industria, en conjunto con la ensambladora, incrementó el valor de su producción un 92 por ciento, la fuerza motriz instalada un 54 por ciento y el personal empleado un 38 por ciento, el cual creció de 3.326 a 4.767 trabajadores.

La actividad autopartista, presente desde mediados de la segunda década del siglo, también tuvo un impulso durante estos años. Si bien en su mayoría siguieron siendo talleres con baja tecnificación, su actividad permitió abastecer al mercado de reposición e inclusive proveer con algunas autopartes a las empresas norteamericanas que iniciaron a partir de los años veinte el montaje de vehículos en el país.

Aunque la producción de estas empresas estaba orientada mayoritariamente a las autopartes de menor complejidad, como piezas de fundición de bronce y aluminio, vidrios planos, espejos, elásticos, tapicería, engranajes, pistones, aros, filtros de aceite, baterías, cintas para frenos, amortiguadores, placas de embragues y radiadores, hubo otras que llegaron a diseñar y construir chasis completos, incluidos la fundición y mecanizado del block de su motor. En 1939, un grupo de industriales del sector fundó la Unión de Fabricantes de la Industria Automotriz, agrupación de la que fue elegido primer presidente Ubaldo Aparicio, de Aparicio Hermanos y Compañía. La entidad gremial empresarial funcionaba dentro de la estructura de la Unión Industrial Argentina. Entre el 21 de noviembre y el 2 de diciembre de 1940 realizó su primera muestra, denominada "Primera Exposición de la Industria Automotriz Argentina", en el edificio sede de Yacimientos Petrolíferos Fiscales (YPF). Entre los productos exhibidos se destacó el presentado por la empresa CATITA (por Compañía Argentina de Talleres Industriales del Transporte y Afines), un chasis construido con piezas propias y de los distintos proveedores presentes en la exposición.

Los Salones del Automóvil

El rol pionero del Automóvil Club Argentino (ACA) a favor del desarrollo de la automoción en el país y la aceptación del automóvil como medio de transporte y no como instrumento de lujo y ostentación se vio reforzado después de la Primera Guerra Mundial a través de la organización de los primeros salones a fines de la segunda década del siglo. Estas exposiciones se constituyeron rápidamente en una excelente vidriera para que importadores y pequeños productores locales de autos, carrocerías y partes pudieran exhibir al público sus novedades, siendo además una buena oportunidad para concretar negocios.

El primer Salón del Automóvil, organizado por el ACA junto a la Asociación Argentina de Importadores de Automóviles y Anexos, se realizó del 10 al 24 de marzo de 1918 en el Pabellón de las Rosas, un amplio y lujoso espacio cubierto, ubicado en la avenida Alvear 2855 (hoy Avenida del Libertador) de la ciudad de Buenos Aires. La primera edición fue denominada "Fiesta y Feria del Motor" y en ella participaron un total de 38 expositores no sólo de automóviles, sino también de bicicletas, motocicletas, carrocerías, neumáticos y diversos accesorios vinculados al mercado automotor. Entre las marcas presentes se encontraban Buick Case, Chandler, Chevrolet, Hudson, Lancia, Mobilette, Oakland,

Oldsmobile, Packard y Paige. Las fábricas de neumáticos destacadas fueron Dunlop, Firestone, Fisk, Goodrich, Goodyear, Michelin y Pirelli. Se hizo presente también la industria carrocera local representada por la empresa Sautour, constructora de carrocerías para autobuses. Si bien no hay datos oficiales, la cifra de visitantes fue calculada por sus organizadores en millares. El salón abría sus puertas a las diez de la mañana y se lo podía recorrer hasta las doce de la noche. La entrada costaba veinte centavos.

Un año más tarde se realizó la segunda edición, donde se incorporaron nueve marcas más de automóviles, se agregaron cinco pabellones más de expositores y una sección de tractores. También se exhibieron camiones, autobuses y grupos electrógenos. Una clara señal que indicaba que el automóvil no era sólo un lujo sino una verdadera y necesaria herramienta de trabajo. La importancia de estas exposiciones quedó demostrada por la presencia en todas sus ediciones del Presidente de la Nación, el Intendente de la ciudad de Buenos Aires, autoridades y delegaciones del interior y exterior del país.

En su tercera edición, la cantidad de expositores llegó a 79 y se estima que el número de visitantes superó las cincuenta mil personas.

En la cuarta, con un total de 119 *stands*, el número de vehículos exhibidos fue de 79: 41 de marcas estadounidenses y 38 de marcas europeas que sumaban un valor de 1.400.000 pesos entre cuarenta marcas diferentes. A partir de este salón comenzaron a cobrar cada vez más importancia la cantidad y variedad de carroceros nacionales que tomaron parte del evento, siendo su calidad reconocida inclusive por visitantes extranjeros. Se destacaron los trabajos de Argentieri, Francone y Sautour realizados sobre chasis de diversas marcas. La lenta recuperación de la economía europea se hizo notar con la presencia de algunas marcas de esa procedencia, entre ellas Citroën, Panhard Levasor, Peugeot y Renault de Francia; Ceirano, Fiat, Frera, Garelli y Lancia de Italia; Rolls Royce, Vauxhaull y Wolseley de Inglaterra, y Elizalde de España. En cuanto a las ventas, la marca que más lo hizo fue Hudson, seguida por Fiat y Renault.

En el Quinto Salón se alcanzó una concurrencia diaria de ocho mil personas. Las atracciones y curiosidades estuvieron presentes desde muy temprano. En esa edición, Ford Motor Company dispuso de un *stand* donde operarios montaban autos a la vista del público visitante.

En las primeras ediciones, los *stands* eran asignados por sorteo y la organización custodiaba celosamente la gráfica y publicidad aplicada en cada uno de ellos. Las medidas de seguridad obligaban a presentar los vehículos con los tanques de combustible vacíos y estaba estrictamente prohibido poner en marcha los motores. Con el fin de preservar la higiene y limpieza del lugar, los expositores estaban obligados a colocar bandejas de lata debajo de los autos para evitar que eventuales pérdidas de aceite mancharan los pisos.

La tendencia creciente en el número de expositores y visitantes, así como en la diversidad de productos expuestos, acompañó al crecimiento del parque automotor argentino durante toda la década del veinte. También se notó una notable evolución en la calidad y el diseño de sus *stands* y en la manera de presentar sus productos. El éxito de la iniciativa llevó a que otras ciudades del país organizaran sus propios salones, y así se sumaron Córdoba, Bahía Blanca, La Plata y Rosario.

A partir de la octava edición, las grandes marcas comenzaron a contar con pabellones propios, donde exhibían su línea de productos. Los medios de prensa internacionales destacaron la importancia de la muestra. *El Exportador Americano* (versión en español de la revista *American Exporter)* dedicó cuatro páginas a cubrir el evento:

> La exposición de automóviles de 1925 superó, con mucho, a todas las demás que se han llevado a cabo anteriormente en la bellísima y siempre creciente ciudad de Buenos Aires. Un local mucho más grande y cómodo, una organización más ordenada y eficiente y mayor variedad y número de modelos presentados, fueron todas cosas que caracterizaron la última exposición.
>
> [...]
>
> La concurrencia fue mayor y de mejor clase que la que había acudido a exposiciones análogas habidas en tiempo anteriores. Se puede calcular aproximadamente que cien mil personas acudieron a visitar la exposición.

La novedad del Noveno Salón fue el estímulo a la industria nacional, en particular a los fabricantes de carrocerías, quienes se vieron beneficiados con un pabellón especial y un descuento del treinta por ciento en el arrendamiento de los *stands*. Además, se incorporó un premio a quienes destacaran por sus trabajos y manufacturas que tuvo como primer ganador del "Gran Diploma de Honor" y medalla de oro al carrocero Fortunato Francone.

El Pabellón de las Rosas vivió en la decimosegunda edición, realizada a fines de 1929, sus últimos días de esplendor, pues fue demolido durante las Pascuas del año siguiente. Había sido inaugurado en 1901 como espacio de usos múltiples, en especial orientado a las actividades artísticas y recreativas, teatro, música y salón de baile. Disponía de un inmenso jardín desde donde se elevaban globos aerostáticos, muy de moda a comienzos del siglo veinte. Entre los espectáculos que allí se realizaron, se destacó en 1914 la actuación de Oliver Hardy, el gordo del famoso dúo "Laurel y Hardy". Por sus salones pasaron las grandes orquestas típicas como las de Berto, Brignolo, Canaro, Castriota, Fresedo y Firpo. El vals "Pabellón de las Rosas", compuesto por José Felipetti, recuerda este lugar.

Los organizadores del Salón del Automóvil debieron buscar un nuevo espacio para la decimotercera muestra, que se realizó entre el 23 de diciembre de 1931 y el 10 de enero de 1932 en el predio de la Sociedad Rural en Palermo.

Los Salones se organizaron regularmente hasta mediados de 1932. El último se realizó entre el 24 de mayo y el 5 de junio de ese año y tuvo como sede el antiguo establecimiento potabilizador de agua de Recoleta. Este complejo, emplazado en el predio donde hoy se encuentra el Museo Nacional de Bellas Artes, comprendía un verdadero conjunto industrial con filtros y maquinarias a vapor que extraían el agua del Río de la Plata para purificarla y luego impulsarla hasta el Palacio de Aguas Corrientes, ubicado en la zona más alta de la ciudad, desde donde se efectuaba la distribución. La planta Recoleta fue desactivada en 1928 y reemplazada por la planta General San Martín, en Palermo.

La edición de 1932 fue denominada "El Salón del Convertible" por la amplia presencia de automóviles con carrocería abierta.

Sobre 154 vehículos exhibidos, 118 correspondían a esta configuración. Desde el punto de vista estilístico se apreciaba una clara tendencia hacia la adopción de perfiles aerodinámicos en combinación con ruedas de alambre cuya proporción alcanzaba el noventa por ciento.

Por entonces, la crisis económica de comienzos de la década afectaba seriamente la demanda de automóviles y resintió el negocio de los importadores. Una de las consecuencias fue la interrupción de los Salones del Automóvil.

Las importaciones comenzaron a recuperarse levemente a partir de 1934 y ese año las autoridades del ACA organizaron el primer "Salón Relámpago". Esta original idea consistía en presentar cada 48 horas un nuevo automóvil modelo 1934 en el *hall* de la sede central de la institución, en ese tiempo ubicada sobre la calle Florida 640. A las 48 horas, el auto era retirado y reemplazado por otro hasta presentar todos los modelos nuevos del año.

El éxito de la iniciativa superó las expectativas de sus organizadores. La muestra se inauguró el 15 de junio y se extendió hasta el 15 de agosto. Durante los dos meses se presentaron 31 marcas subdivididas por su origen de la siguiente forma: 19 norteamericanas, seis inglesas, dos italianas y una de cada una de Alemania, Argentina, Bélgica y Francia. Por Argentina estuvo presente el "Galgo Blanco", de Luis Viglione. Estas marcas representaban el 97 por ciento del total de las que se comercializaban. El público acompañó con una concurrencia cercana a las 35 mil personas, un promedio de 560 visitas diarias.

El Salón del Automóvil volvería a realizarse tres años más tarde, a fines de 1937. Esta vez el lugar elegido fue la flamante playa de estacionamiento subterránea ubicada debajo de la Avenida 9 de Julio, la primera de este tipo construida en el país e inaugurada para la ocasión el 24 de diciembre de ese mismo año.

El nuevo espacio disponía de 15 mil metros cuadrados de superficie, de los cuales seis mil estaban destinados a la circulación de los concurrentes. Fueron exhibidas 36 marcas de automóviles, 22 de camiones y 28 pertenecientes al rubro de accesorios y anexos, entre las que se encontraban empresas petroleras, fabricantes de neumáticos y autopartistas.

Las grandes novedades del salón fueron las presentaciones del poderoso Mercedes-Benz 540 K y, en el otro extremo, el económico Fiat 500.

La muestra se extendió hasta el 8 de enero de 1938. La continuidad de los salones se vio afectada nuevamente, esta vez por el comienzo de la Segunda Guerra Mundial en septiembre de 1939. Debieron pasar 23 años hasta que Argentina tuviese un evento similar. En diciembre de 1960 fue inaugurado el Salón Internacional del Automóvil, organizado en el marco de los festejos por el sesquicentenario de la Revolución de Mayo.

Producción semiindustrial con desarrollo local

Entre las décadas de 1920 y 1940 se sucedieron dos nuevos emprendimientos de producción seriada de autos en Argentina. Con el estallido de la Primera Guerra Mundial había llegado a su fin la experiencia del ingeniero Horacio Anasagasti, primer intento de producir un auto en serie en el país; el obligado paréntesis duró más de diez años, hasta la siguiente iniciativa industrial, esta vez en manos de Arturo Ballester y Eugenio Molina, quienes fundaron la empresa Hispano Argentina Fábrica de Automóviles (HAFDASA). Por primera vez se partió de una visión más amplia de la complejidad del mercado automotor y de las necesidades de transporte del país, ya que la empresa orientó su producción a los más variados segmentos, desde el transporte de cargas y pasajeros hasta vehículos de lujo con propulsión diésel, pasando también por un auto de características netamente populares para facilitar la primera motorización.

Por su parte, el inmigrante milanés César Castano dio sus pasos iniciales en los años veinte, desde su actividad de mecánico a la producción de un prototipo deportivo destinado a competir de igual a igual con los importados. Dos décadas más tarde, Castano comprendió que los años de la guerra habían producido un envejecimiento del parque automotor y urgía abastecerlo, especialmente de vehículos utilitarios. Su propuesta fue la *pickup* Castanito, una combinación utilitaria y económica que ofrecía una respuesta concreta para el transporte de cargas livianas que demandaba fundamentalmente la naciente industria sustitutiva.

Hispano Argentina Fábrica de Automóviles

Los antecedentes de HAFDASA se remontan a España hacia fines del siglo diecinueve, cuando el abogado Arturo Ballester Janer, junto a su cuñado, el ingeniero Eugenio Molina, R. Lozano, F. Salas y otros socios fundaron la Salinera Española. La empresa tenía su fuente de insumos en las salinas de Torre Vieja, Cádiz e Ibiza.

A fin de ampliar sus actividades comerciales, en 1899 arribó Arturo Ballester al Río de la Plata para abrir sucursales en Montevideo y Buenos Aires, estableciéndose en la calle Salvadores del barrio de la Boca y más tarde en una oficina sobre la calle Alsina. La empresa designó a otros representantes en las ciudades de Córdoba y Rosario. La importación de sales españolas se complementaba con la exportación de lanas, cueros, cereales y otros productos argentinos, que la sociedad comercializaba en Europa. Otra lucrativa actividad fue la importación de mármoles, en particular los provenientes de Carrara, Italia.

Arturo Ballester y Eugenio Molina, socios principales de la empresa, crearon en Argentina una nueva sociedad, Ballester y Molina, con oficinas administrativas en Tucumán 861 de Buenos Aires. Su primer acercamiento al ámbito automotor se produjo en noviembre de 1922, cuando en el marco del Quinto Salón del Automóvil organizado por el Automóvil Club Argentino expusieron en su *stand* la casilla desmontable e impermeable denominada "Amientina", destinada a ser usada como garaje o bien como una habitación extra en el exterior de una vivienda. En 1925, don Arturo Ballester viajó a Europa y obtuvo la licencia para representar en Argentina la marca Hispano Suiza, con sede en Barcelona. El acuerdo contemplaba la importación de los vehículos en una primera etapa, para luego fabricarlos localmente con piezas nacionales e importadas. De esta manera, Argentina, luego de Checoslovaquia, se convirtió en el segundo país en contar con una representación oficial de esa fábrica fuera de España. A fin de realizar las actividades productivas se construyó en Campichuelo 250 del barrio de Caballito, una planta de cinco mil metros cuadrados equipada con la más alta tecnología disponible en ese momento, con máquinas y herramientas de control individual adaptadas mediante dispositivos ingeniosos a determinadas funciones específicas. Muchas eran también de diseño y construcción propios. Además del taller de mecanizado, la fábrica disponía de una sección de tratamientos térmicos, embutidos, herramientas y montaje. Cada motor era sometido a rigurosas pruebas en un banco de rodaje antes de ser despachado a los clientes.

La fábrica no sólo proveía al rubro automotor, la producción incluía motores industriales, marinos y para aviación, y también repuestos. Trabajaba en sus instalaciones un centenar de obreros calificados argentinos y extranjeros.

En una primera etapa, los vehículos se adquirían directamente en la fábrica, hasta que el 21 de febrero de 1927, la empresa inauguró un lujoso local propio ubicado en la calle Florida 538, más acorde con el prestigio de la marca y el poder adquisitivo de su clientela.

La mayoría de los vehículos respondían a una disposición similar basada en un chasis especialmente desarrollado para los caminos argentinos, constituido por dos largueros de plancha de acero unidos por un travesaño en la parte delantera, donde se alojaba el bloque motor, y dos travesaños en la parte trasera. Sin la carrocería, el chasis pesaba 1.200 kilos. El motor más empleado derivaba del utilizado en aviación. Contaba con seis cilindros en línea de 85 milímetros de carrera y 110 milímetros de diámetro. Las válvulas estaban ubicadas en la parte superior de los cilindros, dispuestas longitudinalmente y accionadas por un solo eje de excéntricas. Alimentado por un carburador de doble boca, cada una abasteciendo tres cilindros, su consumo era de 15 litros de nafta y cien gramos de aceite cada cien kilómetros. Con este propulsor, el vehículo podía alcanzar una velocidad máxima estimada en 140 kilómetros por hora (km/h). Era considerado en su momento uno de los más avanzados y prestigiosos del mundo, avalado por éxitos deportivos como la prueba de velocidad de Monza de 1922, donde registró un promedio de 131 km/h, y un primer puesto en Boulogne Sur Mer en pruebas de regularidad, velocidad, resistencia y economía. Otros premios de importancia fueron la Copa España, Côte du Salève (Suiza), Copa Emperador (Rusia) y Côte du Mont Ventoux (Francia).

En muchas oportunidades, los chasis Hispano Suiza se entregaban sin carrozar, tarea que se dejaba en manos de la incipiente industria carrocera local. Por su estilo y calidad constructiva se destacaba para ello Fortunato Francone, cuyas obras sobre chasis de la marca solían exhibirse en los *stands* que la empresa presentaba en los Salones del Automóvil de las décadas del veinte y treinta.

La fabricación no sólo abastecía al mercado local, sino que algunos vehículos construidos en la planta de la calle Campichuelo fueron exportados a países sudamericanos. El esfuerzo de adaptación de los autos europeos a las condiciones de los caminos argentinos se concentraba especialmente en la suspensión, transmisión y diferencial, que llevaba reducciones especiales. También el dínamo tenía una carga más intensa que en los modelos originales.

La producción nacional se complementaba con la importación de vehículos completos, entre ellos limusinas, autos sport, camiones y ómnibus, rubro donde Hispano Suiza lideraba el mercado español con el ochenta por ciento de participación.

Los camiones y ómnibus estaban equipados con un motor de cuatro cilindros con 110 milímetros de diámetro por 180 de carrera y ofrecían una potencia que oscilaba entre 40 y 50 caballos de fuerza (hp). La velocidad máxima para los camiones era de 22 km/h, mientras que los ómnibus alcanzaban 45 km/h. La longitud de los chasis era de cinco metros y 6,9 metros respectivamente.

En 1929 se estableció la sociedad Hispano Argentina Fábrica de Automóviles S. A., destinada a la producción de automóviles y motores Hispano Suiza, además de piezas y repuestos para esta y otras marcas de automóviles, camiones y ómnibus. La producción se extendió también al ámbito de los motores marinos, industriales y de aviación.

Por lo general, los motores con la marca Hispano Suiza equipaban a los camiones de cinco toneladas y aquellos con la marca Hispano Argentina se destinaban a los vehículos livianos.

Entre los modelos de autos armados localmente se destacaba el H6, uno de los más famosos y avanzados de su tiempo. Contaba con árbol de levas en culata y un poderoso sistema de frenos con cuatro tambores y servofreno, cuya patente fue aplicada por famosas marcas europeas, como Rolls-Royce. Se estima que se construyeron unas doscientas unidades de la versión local.

La experiencia también incluyó lo que hoy denominaríamos un departamento de Investigación y Desarrollo, donde se hacía un trabajo de adaptación de componentes importados para su aplicación local, pero también se diseñaban y probaban motores, chasis y elementos de transmisión, y se encargaba especialmente el diseño y la construcción de las carrocerías. El objetivo de los empresarios era establecer las bases de una fuerte industria automotriz nacional que, con desarrollo tecnológico propio, contribuyera a alcanzar una mayor independencia económica. Además, estimularía la creación de una importante industria auxiliar proveedora de materiales, partes y componentes.

A pesar de las buenas intenciones, no fueron pocos los obstáculos que debieron atravesar para el logro de sus ambiciones. La mayor dificultad pasaba por la provisión de materia prima, en particular de hierro y acero, insumos que Argentina entonces no fabricaba en la escala que demandaba la industria. No menos importantes eran los valores de la clase dirigente de la época, basados en concepciones políticas y económicas que consideraban artificiales este tipo de industrias, en defensa de un país orientado en exclusividad hacia las actividades agrícolas y ganaderas. El lema "Comprar a quien nos compra" buscaba evitar cualquier tipo de actividad que pudiese competir con el principal mercado de exportación. Coherente con esta línea de pensamiento, la política aduanera era claramente desfavorable al proceso industrializador.

En una conferencia de prensa, el hijo de Arturo Ballester, el ingeniero Carlos Ballester Molina, manifestaba la contradictoria política aduanera aplicada por el Estado nacional, que impedía y perjudicaba el desarrollo de la industria local. Por ejemplo, por un camión completo de 1.500 kilos se abonaba en concepto de derechos de importación 97,62 pesos, mientras que importar el acero en barra y demás materiales para producirlo en el país, más algunos conjuntos mecánicos que se traían desarmados para montar localmente y los componentes de la instalación eléctrica, sumaban un recargo impositivo de 608,14 pesos en concepto de aforos aduaneros. Es decir, era seis veces más caro fabricar el camión en Argentina que traerlo importado. Si a eso se suman los prejuicios sociales sobre la calidad de la producción nacional y la estrechez del mercado, que no permitía series grandes para alcanzar economías de escala, el panorama de los fabricantes locales era claramente desalentador.

A pesar de todo esto, el empuje y la decisión tomada por los directivos de HAFDASA permitieron continuar con los planes de diseño y producción de una serie de motores y vehículos que supieron satisfacer rápidamente las necesidades del mercado de entonces, especialmente en el ámbito del transporte de cargas y pasajeros.

La confianza era absoluta no sólo en lo referido a la calidad de los productos sino también respecto a la capacidad de los técnicos y operarios argentinos, a quienes se valoraba por su habilidad para los trabajos mecánicos, que en nada tenía que envidiar a los extranjeros.

En 1933 salieron de la planta de la calle Campichuelo los primeros motores nafteros marca Hispano Suiza de seis cilindros y 90 hp, totalmente mecanizados en la fábrica. Estaban destinados fundamentalmente a equipar vehículos de transporte de cargas y de pasajeros de diversas marcas. La producción se realizaba con componentes importados de España y Estados Unidos, entre ellos carburadores, motores de arranque, aros y pistones. Algunas de estas piezas luego fueron nacionalizadas. Los moldes y piezas de fundición eran provistos por la industria auxiliar nacional de acuerdo con las especificaciones de Hispano Argentina.

Según información provista por Santiago P. Tavella Madariaga en la revista *Magnum*, las operaciones de mecanizado realizadas en la fábrica eran las siguientes:[1]

[1] Santiago P. Tavella Madariaga, 1992, "Ballester-Molina, empresa privada pionera en la fabricación de armas en el país", revista *Magnum*, n° 5, 6 y 7.

- Alisado y rectificación de los cilindros en tornos verticales con platos magnéticos.
- Forja y moldeado en el martinete de válvulas, bielas y árbol de levas, que se torneaban y recibían el tratamiento térmico correspondiente.
- Colocación de los cojinetes de material fosforado en los casquillos de las bielas, alisado y ajuste.
- Producción del cigüeñal a partir de un eje de acero que se mecanizaba en un torno paralelo de gran volteo de volante.
- Orificios y canaletas para circulación del líquido refrigerante.
- Cajas de engranajes y transmisión en tornos especiales.
- Producción de engranajes, tanto rectos como helicoidales, con un equipo especial.
- Rectificación de engranajes para garantizar su funcionamiento suave y sin ruidos.

Motor Criollo

El joven ingeniero Carlos Ballester Molina se había incorporado a la empresa a fines de los años veinte para asumir las funciones de director gerente. Convencido de las grandes posibilidades de desarrollo que ofrecía el motor diésel, inició estudios y ensayos a fin de desarrollar un propulsor de alto rendimiento. El proyecto fue avanzando hasta derivar en la presentación, en 1934, de tres prototipos del Motor Criollo: versión D1, de cuatro cilindros y 75 hp; versión D2, de seis cilindros y 95 hp, y versión D3, también de seis cilindros, pero con una potencia incrementada a 145 hp.

Los tres motores respondían al ciclo de cuatro tiempos y estaban fundidos en un solo bloque. La refrigeración se realizaba mediante camisas postizas centrifugadas. Las culatas estaban construidas en una aleación especial desarrollada por Ballester Molina y eran de dos piezas en la versión D1 y de tres piezas en las versiones D2 y D3. La inyección de tipo indirecta se realizaba en cámara de precombustión y los inyectores estaban alimentados por bombas de origen europeo. La versión D1 presentaba un cigüeñal de cinco bancadas, mientras que para las otras versiones era de siete. Contaba con bielas de tipo tubular de acero al cromo níquel. Los pistones de seis aros estaban realizados en aleación liviana. Este motor se diferenciaba de la mayoría de sus contemporáneos por su nivel de compresión, que alcanzaba 90 atmósferas al llegar el pistón a la parte superior de su carrera, mientras que en los motores diésel comunes ese valor oscilaba entre 35 y 50. Todas las versiones disponían de válvulas a la cabeza de acero silicromo accionadas por varillas y balancines a través de un árbol de levas ubicado en el cárter.

Los motores fueron construidos en el país, con excepción de la bomba de inyección de combustible y el motor de arranque.

Los desarrollos fueron debidamente registrados recibiendo las patentes de invención números 42.353, 42.906 y 43.559, que referían a sus piezas vitales, como el material de la culata de los cilindros, los propios cilindros y el dispositivo de arranque. La confiabilidad del motor D1 quedó demostrada en un ensayo realizado en las instalaciones de la fábrica, donde fue sometido a un uso ininterrumpido durante doscientas horas sin sufrir ningún tipo de inconveniente. La prueba fue realizada utilizando combustibles y lubricantes provistos por YPF y fue fiscalizada por autoridades de esta empresa, del Ejército, de la Armada y de otras reparticiones públicas.

Camiones, ómnibus y vehículos militares

En los proyectos se buscaba alcanzar altos niveles de rendimiento y economía dando una respuesta concreta para el transporte de pasajeros, en especial de cargas, que necesitaba fundamentalmente la naciente industria sustitutiva.

Por su bajo consumo y costo de mantenimiento, el Motor Criollo logró una rápida aceptación en el mercado de vehículos de carga, en particular aquellos de más de cuatro toneladas, donde la empresa logró abastecer al cuarenta por ciento del parque. Este éxito impulsó a HAFDASA a expandir sus actividades hacia la fabricación de camiones completos y chasis para ómnibus, producción que se inició a fines de la década de 1930.

En el *stand* 39 del Salón del Automóvil de 1938, Hispano Argentina exhibía chasis completos de camiones y ómnibus, motores y armas. La presencia de la empresa fue destacada por los principales medios gráficos de la época, entre ellos *La Prensa, La Nación, Crítica* y *El Mundo,* que reconocieron la calidad de fabricación e hicieron especial referencia a que se trataba de vehículos, motores y autopartes de diseño y producción nacional.

Entre 1938 y 1941 se produjo una línea de camiones equipados con distintas versiones del Motor Criollo. El modelo más chico disponía de dos ejes y estaba equipado con el motor D2 de seis cilindros y 95 hp. Por su parte, el modelo mayor disponía de tres ejes y montaba el propulsor D3, también de seis cilindros, pero con una potencia de 145 hp. La suspensión era reforzada por barras de torsión. Estos camiones fueron denominados "Criollo Chico 4x4" y "Criollo Grande 6x6". Su construcción tenía una elevada integración nacional, que incluía chasis, ruedas, neumáticos, transmisiones, bloque de motor, cigüeñales, émbolos y bielas.

Destinados originalmente para uso civil en el transporte de cargas y mercaderías, una partida de ambos camiones fue adquirida por el Ejército Argentino para el transporte de tropas, para lo cual rivalizaban en calidad y prestaciones con los vehículos ingleses Thornycroft Amazon. Algunas unidades del Criollo Grande 6x6 fueron adaptadas para uso como tractores de piezas de artillería de 155 milímetros. Sobre la base del Criollo Chico 4 x 4, Hispano Argentina construyó una serie de blindados livianos que fueron exhibidos en el desfile militar del 9 de julio de 1938. Estos vehículos prestaron servicios en diferentes regimientos de la zona patagónica.

El Ejército fue el principal banco de pruebas a la hora de evaluar la calidad y prestaciones de los camiones de HAFDASA. En octubre de 1938, un prototipo de camión 6x6 equipado con el Motor Criollo de 145 hp, transmisión de seis marchas hacia adelante y dos hacia atrás, fue sometido a duros ensayos por las tropas de Infantería con asiento en Concordia, Entre Ríos. Los ejercicios fueron realizados en terrenos pantanosos y anegadizos, en zonas de abundantes lluvias, donde el camión debió atravesar vados con más de un metro de agua y el barro por encima de los ejes.

Su impresionante fuerza de arrastre, de doscientas toneladas en primera, le permitió sacar de un lodazal, en un solo esfuerzo, tres camiones empantanados con un peso de tres a cuatro toneladas cada uno. Además, podía transportar piezas de artillería pesada con una dotación completa de municiones y personal militar de hasta 24 hombres con equipamiento completo en terrenos pantanosos y arenales.

Las prestaciones del prototipo fueron destacadas por los jefes militares que realizaron la evaluación. El camión alcanzó una velocidad de 60 km/h con plena carga y un escaso consumo de combustible de 1.500 litros de gasoil durante el mes de entrenamiento. La flexibilidad del motor le permitía ser impulsado con combustibles más económicos como diésel y fueloil.

Estas maniobras fueron realizadas ante la presencia de autoridades nacionales y extranjeras, entre las que se destacaba el agregado militar de la Embajada de Alemania y el entonces mayor, Juan Domingo Perón.

Política de posventa

Como parte de una original política de posventa, la empresa mantenía a través de su concesionario Antonio Manzanera, un fluido contacto con los clientes, a quienes se consultaba vía correo postal sobre el rendimiento de los camiones, ómnibus y motores Hispano Argentina. Las respuestas de los transportistas, tanto de cargas como de pasajeros, eran coincidentes y sumamente elogiosas respecto de la calidad del producto y prestaciones: destacaban fundamentalmente su potencia, velocidad, durabilidad y bajo costo de mantenimiento. Una de las cualidades particularmente mencionadas era el bajo nivel de consumo, tema sensible en la estructura de costos, muy inferior al de los nafteros y diésel de marcas importadas. Algunos testimonios señalaron una reducción del costo por consumo de combustible de hasta siete veces en relación a los motores nafteros.

> Lo único que me molesta es la reglamentación que no permite llevar más de 21 pasajeros sentados. Si tuviera una carrocería para cien pasajeros, los llevaría con toda tranquilidad, cosa que no ocurría con el motor de nafta, que en cuanto subían treinta pasajeros, ya casi no podía arrancar.

Con el micro que tenía a nafta me costaba la ida y vuelta a Luján en combustible de siete a ocho pesos, y ahora, con el Hispano Argentina diésel, me cuesta de noventa a un peso con diez.

Antonio Morales, 18 de febrero de 1937

Puedo decirle que estoy orgulloso de que en un país como éste, en el que no se hablaba más que de vacas y trigo, se fabriquen motores diésel que son superiores a todos los extranjeros, tanto en potencia y en velocidad como en economía, pues recorro diariamente 250 kilómetros con siete metros de tierra en mi volcador y consumo alrededor de cuarenta litros de gasoil.

Por otra parte, quiero destacar que trabajando en la tierra no uso la primera para nada, pues en segunda levanta perfectamente los siete metros de pedregullo.

Pío Piraccini, 23 de marzo de 1937

Los autos: prototipos de lujo, veloces y con motor diésel

La experimentación de Ballester Molina con el motor criollo lo llevó a la construcción de un prototipo de vehículo desarrollado a partir de un chasis de camión alivianado. Con este prototipo, Molina realizó en 1938 un raid de 1.200 kilómetros, en el que unió las ciudades de Buenos Aires, Rosario, Santa Fe y Córdoba, con una velocidad promedio superior a los 100 km/h, gran parte del trayecto a 135 km/h y, en algunos tramos, a 183 km/h, un récord mundial para un motor diésel.

El motor de seis cilindros y 9.9 litros de desplazamiento no sólo tuvo aplicación en el transporte de cargas y pasajeros: anticipándose en muchos años a una tendencia contemporánea, HAFDASA fue pionera en equipar vehículos de lujo con estos propulsores. Entre fines de 1938 y comienzos de 1939 desarrolló un prototipo sin carrozar que fue sometido a diversas pruebas que demostraron su confiabilidad en materia de estabilidad, resistencia, economía y velocidad. Las prestaciones eran elevadas, estimándose una velocidad máxima de 150 km/h y una economía del 85 por ciento respecto a similares motores a nafta. Se buscaba un automóvil de lujo, pero con un consumo moderado, de sesenta centavos cada cien kilómetros, y bajo costo de mantenimiento gracias a la utilización de gasoil como combustible.

Los trabajos de adaptación se iniciaron sobre chasis de modelos Hispano Suiza de 1932 y 1937 para equiparlos con los motores diésel Criollo de desarrollo propio. Para evitar la transmisión de las vibraciones de este tipo de propulsor al habitáculo, Ballester Molina reforzó la suspensión. El eje trasero era completamente flotante, con numerosas piezas en duraluminio que lo hacían suave en la marcha y liviano. El auto estaba equipado con la máxima tecnología disponible en el momento. Los frenos eran comandados mediante un sistema de servo que actuaba sobre las cuatro ruedas. Los tambores estaban construidos en duraluminio con camisa interior cimentada.

El motor tenía un golpeteo reducido en relación a los similares importados, gracias a que la ignición producida posteriormente a la cámara de precombustión proveía un torbellino de aire que provocaba una combustión suave. Las aleaciones especiales empleadas en la construcción de las culatas y los pistones otorgaban un alto coeficiente calorimétrico que permitía una rápida radiación del calor producido por la compresión y la combustión, lo que evitaba los típicos problemas de pistoneo de los primitivos motores diésel. Se lograba, además, reducir la deformación de pistones y válvulas, y otorgar, al mismo tiempo, una mayor vida útil al propulsor.

Junto al primer prototipo se inició la construcción de otro modelo más chico, con una distancia entre ejes de 3,66 metros, equipado con el motor de 75 hp y 6,3 litros de cilindrada. El conjunto de chasis y carrocería pesaba en total 2.200 kilos. Según las pruebas efectuadas, alcanzaba una velocidad máxima de 120 km/h y un consumo de cuarenta centavos cada cien kilómetros. La dirección era por sistema de tuerca y tornillo, completamente reversible; la transmisión era de tres marchas hacia adelante y la marcha atrás.

En ambos casos, para el diseño y la construcción de las carrocerías se recurrió al experimentado carrocero Fortunato Francone, quien partió de bocetos del propio Ballester Molina y les aportó sus propias ideas. En la construcción de los prototipos se emplearon muchos elementos de serie de vehículos Hispano Suiza, como los faros Marchal en el modelo más chico.

El prototipo más grande estaba construido sobre el mismo chasis que se había empleado experimentalmente en el raid por las provincias de Córdoba y Santa Fe. Tenía una distancia entre ejes de 4,20 metros. El diseño de su carrocería llamó la atención por su avanzada línea aerodinámica, muy en boga en esos años, en la que se destacaba la inclinación del parabrisas, la baja altura de las ventanillas y la curvatura del techo, que se prolongaba ininterrumpidamente en la inclinación de la luneta y en el remate de la tapa del baúl. Otros detalles distintivos los constituían la ausencia de estribos y los guardabarros de grandes dimensiones pintados en un color distinto al de la carrocería. Para aumentar la imagen aerodinámica, el guardabarros trasero era carenado. A un precio estimado en veinte mil pesos, este modelo quedaba claramente destinado a un público con alto poder adquisitivo.

PBT, Auto Popular Argentino

Una de las obsesiones tempranas de los fabricantes argentinos fue la de construir un auto popular, con un precio accesible, mecánica simple, bajo consumo y costo de mantenimiento. En 1939, HAFDASA desarrolló un prototipo con características inéditas. Se trataba de un vehículo con carrocería abierta para dos pasajeros, con caja, motor y transmisión formando un solo bloque montado sobre el eje trasero. Esta disposición buscaba maximizar el espacio interior y aumentar el confort de los pasajeros mediante la reducción de las vibraciones transmitidas al habitáculo. También se lograba reducir el peso: el conjunto pesaba sólo setenta kilos. Su concepción fue contemporánea al prototipo KDF de Ferdinand Porsche, que luego derivara en el popular Volkswagen Escarabajo, lo que demuestra lo avanzado del concepto, la buena lectura de las tendencias de diseño del momento y un criterio propio que incluía muchas innovaciones tecnológicas. Sólo su motor estaba cubierto con cinco patentes de invención, entre ellas el sistema de enfriamiento, que tomaba el aire aspirado por el carburador y, antes de entrar en la cámara de combustión, pasaba por los cilindros enfriándolos, al mismo tiempo que obtenía una perfecta carburación. Con este sistema se simplificaba y reducía la cantidad de piezas, pues se eliminaban el radiador, la bomba de agua y camisas de cilindros.

Otra de las invenciones estaba relacionada con el sistema de transmisión del esfuerzo del motor a las ruedas motrices, que se hacía directamente tomando el comando giroscópico del impulsor, lo que evitaba el uso del diferencial y ejes de transmisión, lográndose una reducción en el peso que, a su vez, se traducía en un menor consumo. Una ventaja destacable de esta disposición era que empleaba menos piezas móviles y, por lo tanto, se reducían las probabilidades de averías, roturas y costo de mantenimiento en general. La transmisión se hacía con una caja de dos velocidades hacia delante y marcha atrás. El embrague era monodisco.

El motor era de cuatro tiempos con dos cilindros enfrentados dispuestos horizontalmente. Carecía de cojinetes y los de bronce que se utilizaban en las bielas fueron sustituidos por una aleación que se obtenía en la fundición del cárter. El engrase se realizaba por una bomba de engranajes. Ofrecía una potencia de 22 hp a un régimen de 5.500 revoluciones por minuto (rpm). Sus prestaciones fueron estimadas en una velocidad máxima de cien km/h y un consumo de cinco litros de nafta cada cien kilómetros recorridos.

Las reducidas dimensiones eran de 3,30 metros de longitud total con una distancia entre ejes de sólo 2,95 metros. El despeje del chasis era de 23 centímetros.

La suspensión delantera era por elásticos semielípticos y la trasera independiente mediante resortes en espiral que le otorgaban al auto un andar suave y confortable.

Con la misma plataforma estaba prevista la fabricación de un utilitario para cargas livianas en versiones de carrocería tipo furgón y con caja. El plan de la empresa estimaba iniciar su producción en serie y comercializarlo a partir de marzo de 1940 a un accesible precio de 2.500 pesos.

Los dos prototipos de lujo con motor diésel y el popular PBT fueron presentados al entonces presidente de la Nación Roberto Marcelino Ortiz el 29 de diciembre de 1939, cumpliendo con una promesa efectuada por los directivos de la empresa a las autoridades nacionales. El compromiso había sido concluir el armado de los autos antes de la finalización de ese año, como muestra elocuente de la capacidad de la industria nacional. Los tres autos habían partido en caravana desde la fábrica de HAFDASA en Campichuelo 250 y luego de recorrer las avenidas Rivadavia y de Mayo fueron estacionados en la explanada lateral de la Casa de Gobierno ante el asombro y admiración de los testigos que pudieron contemplar su paso.

Los empresarios Arturo Ballester y Carlos Ballester Molina fueron recibidos por una delegación encabezada por el propio Presidente de la Nación, a quien acompañaban Jorge Eduardo Coll, ministro de Justicia e Instrucción Pública, Luis Alberto Barberis, ministro de Obras Públicas, el general Rocco, el presidente del Automóvil Club Argentino, general Camilo Idoate, funcionarios públicos y periodistas especialmente invitados.

Los autos fueron observados detalladamente por las autoridades nacionales, quienes mostraron un particular interés y curiosidad por el económico modelo PBT, destacado por sus innovaciones y su bajo precio, que le otorgaba las mayores posibilidades de producción y desarrollo.

Los empresarios ofrecieron una detallada explicación de las características de funcionamiento y construcción de los vehículos expuestos. A través de LR2 Radio Argentina, el ingeniero Ballester Molina agradeció por el apoyo a su iniciativa a las autoridades nacionales, Ejército, Armada y al Automóvil Club Argentino. Posteriormente, los tres vehículos fueron exhibidos al público en la sede central de YPF en la Avenida Presidente Sáenz Peña 799. El presidente de la Nación adquirió el más grande de los prototipos para uso oficial de la Presidencia y con el claro objetivo de mostrar a propios y extranjeros el grado de perfeccionamiento alcanzado entonces por la incipiente industria automotriz argentina.

Si bien la intención manifestada por los industriales fue la producción seriada, las dificultades surgidas como consecuencia de la guerra, hicieron imposible la concreción del plan, que no superó la etapa de construcción y ensayo de los prototipos.

Otros motores

HAFDASA también produjo una serie de motores PBT en una gama que variaba entre los 12 y los 45 hp. Uno de estos últimos fue dotado de un dispositivo especial y adoptado como motor de aviación en forma experimental. Estos motores, originalmente diseñados para los autos PBT, fueron empleados en una serie de motobombas portátiles para el Departamento de Bomberos.

Entre 1943 y 1945, la firma también construyó motores diésel de 90 y 120 hp para lanchas torpederas destinadas a la Marina de Guerra y la Prefectura. Además del motor PBT, HAFDASA produjo los motores fuera de borda "Surubí", destinados a las unidades de ingenieros del Ejército Argentino. Este motor, basado en modelos utilizados por la fuerzas armadas de la Alemania nazi en la Segunda Guerra Mundial, fue diseñado por la Fábrica Militar de Aviones y producido en series cuasi industriales por HAFDASA

Aunque faltan cifras oficiales, se estima que HAFDASA produjo más de seis mil motores gasoleros y nafteros, los últimos con patente Lycoming, que en un principio se importaban de Estados Unidos.

Producción de armas

El vínculo con el Ejército Argentino, iniciado con la provisión de motores terrestres y marinos y posteriormente camiones, llevó a la empresa a incursionar en otra rama de la producción vinculada a la defensa: la fabricación de armas automáticas y accesorios que fueron reconocidos por su excelencia técnica y calidad.

En 1936, la Dirección General de Materiales del Ejército solicitó a HAFDASA el desarrollo de una pistola de señales y lanzagases. El arma fue diseñada por el ingeniero Ballester Molina a partir de un modelo de producción alemana al que se le introdujeron mejoras. Denominada "Pistola Criolla de Señales y Lanzagases", ese mismo año fue adoptada por el Ejército Argentino y la Armada Nacional. Fue utilizada exitosamente y sin fallas hasta la década de 1960.

El siguiente desarrollo fue una pistola calibre 45 basada en la Colt M1911A1, de uso reglamentario en el Ejército, la Armada y la Policía de la ciudad de Buenos Aires. Por pedido de las autoridades militares, su diseño debía permitir que algunas partes, como el cañón y el almacén del cargador, fueran intercambiables con el modelo Colt M1927 Modelo Argentino. Los primeros prototipos fueron sometidos en 1937 a diversos ensayos por parte de la Dirección General de Fabricaciones Militares, donde, gracias a la aleación de acero, cromo, níquel y molibdeno empleada en la construcción del cañón, se superaron ampliamente los límites de resistencia, elasticidad y rotura de cañones comparados con armas similares.

Estas pistolas fueron exportadas a Inglaterra, que las utilizó durante la Segunda Guerra Mundial, a Bolivia, Colombia, Ecuador, Perú, Uruguay y Venezuela. Hubo también gestiones con Brasil e Israel que no se concretaron por trabas burocráticas.

Esta nueva actividad se hacía conjuntamente con la fabricación de vehículos en la fábrica de Caballito, establecimiento al que se le incorporó un polígono de tiro para probar las armas.

También se destacó la producción de la carabina semiautomática "Ballester-Rigaud" C-1, calibres 9 y 11,25 milímetros, y la pistola semiautomática sistema Ballester-Molina calibre 45, todas del año 1937.

El final

A poco tiempo de iniciada la fabricación de camiones y ómnibus y cuando ya se habían presentado oficialmente los dos prototipos de autos de lujo y otro económico para su inminente producción seriada, el estallido de la Segunda Guerra Mundial, en septiembre de 1939, afectó fuertemente la continuidad de los planes al restringirse casi por completo la importación de acero y el aprovisionamiento de piezas, equipos y materiales vitales. La prédica del ingeniero Ballester Molina a favor de una reducción arancelaria para la importación de materias primas y autopartes tuvo una respuesta tardía por parte de las autoridades nacionales en 1939, cuando, por decreto del Poder Ejecutivo, quedaron libres de derechos de importación los equipos de inyección, eléctricos y aceros destinados a la producción de motores y camiones que fuesen diseñados, fundidos, mecanizados y armados en el país en no menos del ochenta por ciento de su peso. Los efectos positivos de la medida, tomada en carácter de emergencia, no llegaron a materializarse debido al inicio del conflicto bélico, que una vez más privó a la industria nacional de la provisión de insumos básicos. Esta situación llevó a la empresa a abandonar definitivamente la producción automotriz y concentrarse en la construcción de armas y material de guerra hasta su cierre definitivo a mediados de los años cincuenta.

Fábrica Argentina de Automóviles CC

César Castano nació en Milán, Italia, en 1893. Desde chico sintió una gran atracción por la mecánica en general y los deportes mecánicos en particular, especialmente ciclismo y motociclismo, en tiempos de una incipiente industria automotriz italiana. En su país alcanzó a trabajar en la fábrica de aviones Caprioni y ostentaba un brevet de aviador italiano.

Con sólo dieciocho años arribó a la promisoria Buenos Aires de comienzos del siglo veinte, donde al poco tiempo instaló un taller mecánico en la calle Canning 1248 del barrio de Palermo. Su principal actividad se centraba en la reparación de automóviles de pasajeros de todas las marcas, pero también vehículos utilitarios, motores y coches de competición. Sin embargo, el sueño de Castano era construir, a partir de sus conocimientos y experiencia, un auto deportivo de diseño propio y participar como piloto en la prueba del kilómetro en la categoría "Fuerza Libre". Al iniciarse la década de 1920 comenzó a destinar sus ahorros y tiempo libre al desarrollo de este proyecto y, luego de dos años de intenso trabajo y miles de pesos invertidos, el "Castano Racer" se presentó oficialmente en noviembre de 1923 en el Sexto Salón del Automóvil, acompañado de un original folleto, en donde el constructor explicaba sus características y los objetivos de su realización. Castano sostenía:

> En nuestro país se han realizado hasta hoy interesantes esfuerzos a fin de implantar la industria automotriz, cuyo desarrollo se evidencia en la circulación de la enorme cantidad de automóviles de procedencia extranjera.
>
> [...]
>
> Empero la semilla esparcida por los que recorrieron primero ese camino va fructificando poco a poco. El automóvil Castano sin ser ni representar la exponente de esos esfuerzos es, puede decirse, la continuación de esa patriótica labor. Su construcción, fuera del motor de aviación de 220 hp que lo propulsa, ha sido hecha en los talleres nacionales situados en la calle Canning 1248 con materiales y mano de obra netamente argentinos y bajo la inmediata dirección de un técnico formado en los establecimientos nacionales.

El modelo estaba construido a partir de un chasis Hudson doble, muy bajo y reforzado en la punta. Equipado con un motor de avión Spad del tipo 6 A de cuatro tiempos y seis cilindros verticales que, con un desplazamiento de 135 x 170 milímetros, alcanzaba una fuerza de 220 hp a un régimen de dos mil vueltas, aunque le resultaban suficientes mil rpm para obtener una velocidad de 170 km/h. Disponía de un carburador Zenith y el encendido se realizaba mediante dos magnetos Marelli.

El interior presentaba una serie de adelantos novedosos, entre ellos un acelerador de mano, válvulas de descarga y un pequeño tanque con mezcla para poner en marcha el motor en frío.

Sus dimensiones y aspecto eran impactantes: medía 5,80 metros de largo, solamente el capot ocupaba 2,10 metros. Su diseño se destacaba por las formas aerodinámicas con un aguzado y alargado cono en su parte posterior.

El mayor inconveniente en aquellos tiempos era encontrar un terreno adecuado donde pudiera probarse el auto y establecer sus verdaderas prestaciones. La oportunidad pareció presentarse con la llegada al país en 1925 de Pietro Bordino, piloto oficial del equipo Fiat, quien fue enviado por la empresa italiana para una serie de exhibiciones promocionales con un auto de Grand Prix denominado "Tipo 802", equipado con un motor de ocho cilindros en línea y tres mil centímetros cúbicos (cc). Fiat buscaba establecer un récord de velocidad e impresionar al público sudamericano con un auto de elevada *performance*.

Previo a su arribo al país, Bordino y su auto habían alcanzado en Brasil la impactante cifra de 191,280 km/h en el kilómetro lanzado. En Argentina, el lugar elegido para la prueba fue una recta de macadam entre Morón y Bella Vista, en el Gran Buenos Aires, partiendo el kilómetro frente al histórico almacén de Cagnone. El lugar fue propuesto por el Automóvil Club Argentino, entidad que se hizo cargo también de la fiscalización. Se realizaron varias pasadas en diferentes sentidos de marcha y se alcanzó la marca de 192 km/h. Luego de esta prueba, el auto fue exhibido durante treinta días en la agencia Fiat de Avenida de Mayo y Perú de la ciudad de Buenos Aires.

Aprovechando la presencia de Bordino en el país, César Castano, alentado por un periodista, desafió al corredor y a la propia Fiat a una prueba mano a mano. La fábrica italiana se negó terminantemente. Ante el rechazo, Castano insistió por su cuenta en quebrar el récord. El ensayo no fue homologado ni fiscalizado por ninguna entidad oficial, pero se realizó en el mismo escenario, que en esta ocasión se encontraba en forma mucho más irregular y en peores condiciones que cuando lo había probado Bordino. Según testimonios del propio Castano, se superaron los 180 km/h, utilizando un motor de 16 litros y un diferencial con una relación de 1:1. Durante la prueba, el auto se quedó sin frenos, pero finalmente pudo detener su marcha en el medio del campo sin atropellar a ningún espectador y sin que el piloto sufriera accidente alguno. Ahí terminó el desafío.

Castano siguió construyendo algunos autos de competición más, entre ellos uno con chasis Isotta Fraschini de 250 hp, pero sin mayores logros deportivos.

Las necesidades de automoción en Argentina durante la posguerra, frente a un parque envejecido y reducido, pasaban fundamentalmente por los vehículos utilitarios y económicos empleados en el transporte de cargas y mercaderías livianas en el ámbito urbano. Impulsado por la evolución industrial del país, Castano desarrolló en 1945 un vehículo de características utilitarias y fundó su propia empresa: Fábrica Argentina de Automóviles CC.

El taller estaba ubicado en la calle Donato Álvarez 224-40 de la ciudad de Buenos Aires. El objetivo era la producción seriada con desarrollo nacional y su acción industrial estaba guiada por cuatro principios fundamentales:

1. Producir vehículos utilitarios mediante procedimientos que abarataran su costo para ponerlos al alcance del mayor número posible de adquirentes, siguiendo los objetivos de Henry Ford cuando inició la producción seriada del modelo T.
2. Producir automóviles sencillos y, al mismo tiempo, eficientes y duraderos, como los procedentes de los países industrializados.
3. Construir los coches íntegramente en Argentina, preferentemente en talleres propios.
4. Teniendo en cuenta las experiencias anteriores, evitar que la producción se interrumpiese ante una emergencia que privara al país del acceso a materias primas importadas.

Por el diseño y la construcción del vehículo, Castano consideró apropiado adoptar una planta motriz de dos tiempos y dos cilindros, que ofrecía las siguientes ventajas:

1. Reducción al mínimo del número de piezas, con eliminación total de válvulas, árboles de levas y su mecanismo de transmisión.
2. Empleo de cigüeñales cortos y robustos que no requerían aleaciones especiales.
3. Simplificación general de los mecanismos, con la consiguiente reducción en los costos de producción y montaje.
4. Obtención de un elevado par motor con sólo dos cilindros.

Con estas premisas en mente, Castano salió a la búsqueda de antecedentes para el diseño de su vehículo y encontró como mejor respuesta para su adaptación a los caminos argentinos los utilitarios DKW de la fábrica alemana Auto Union.

Además del tipo de motor, pronto se decidió por la tracción delantera como mejor alternativa para la transmisión. Si bien implicaba la utilización de dos complejas juntas universales en cada palier, esta disposición ofrecía la ventaja de permitir agrupar en un solo bloque la planta motriz, la caja y la transmisión. Por otra parte, la eliminación del árbol de transmisión permitía reducir la altura del chasis del auto y simplificar su construcción.

El vehículo no sólo debía ser accesible y económico, sino que también demandaría un bajo costo de mantenimiento. Estaba previsto que en caso de avería, el propulsor pudiera ser reemplazado rápidamente por otro, en una sencilla operación que no demandara más de veinte minutos y que pudiera concretarse con los juegos de llaves y herramientas provistos con la camioneta.

Mientras avanzaba en su proyecto industrial, Castano continuaba con su actividad de mecánico, con la que había adquirido cierto renombre por haber construido una máquina para modificar árboles de leva de automóviles de competición. Su fama llegó a oídos de los equipos italianos que participaban en el país de las temporadas internacionales de Grand Prix. Su casa era frecuentada por los famosos pilotos peninsulares como Achille Varzi y Luigi Villoresi, e inclusive, por el futuro quíntuple campeón del mundo, Juan Manuel Fangio.

Finalmente, el vehículo denominado camioneta CC, o "Castanito", fue presentado oficialmente a través de una campaña publicitaria el 4 de junio de 1946. Era una *pickup* con una capacidad de carga de media tonelada. Su simplicidad permitía producirlo con maquinaria universal y muy poco herramental específico. Su planta motriz fue adaptación del motor DKW de setecientos cc, con 20 hp de potencia a un régimen de 3.500 rpm. Llevaba cojinetes de bielas y bancadas a rodillos desmontables. El arranque era por dinamo accionado por correa en V y el encendido, por platino y bobina. La carrocería se montaba sobre un chasis de largueros construidos con chapa de acero doblada y refuerzos en X, totalmente abulonados para permitir su reparación. Su distancia entre ejes era de 2.700 milímetros y la trocha delantera de 1.420 milímetros. La transmisión delantera con caja de cambios de tres marchas hacia delante y marcha atrás se comandaba por una palanca selectora adosada a la columna de dirección. La caja y el diferencial estaban alojados dentro de un *carter* de aluminio. El embrague era multidisco en baño de aceite.

Tal como lo había previsto su constructor, el propulsor, la caja y la transmisión se agrupaban en bloque sobre el eje delantero. El conjunto, al que se le sumaba el radiador, arranque y dinamo, pesaba sólo 130 kilos y podía desmontarse del chasis fácilmente aflojando 20 tuercas y sus respectivos tornillos. Contaba con suspensión delantera semiindependiente montada sobre un puente único con ballestas transversales. La suspensión trasera era de tipo Cantilever. Los frenos se accionaban hidráulicamente sobre las cuatro ruedas. Éstas eran de disco con cuatro tornillos, el rodado de serie era de 5,50 pulgadas por 16 y opcionalmente podía equiparse con seis por 16.

En el frontal se destacaba su radiador de bronce, que llevaba un escudo esmaltado con las iniciales CC de la empresa y una efigie en bronce en la punta del capot en memoria de su hija fallecida en un incendio.

Luego de construirse en el taller todos los dispositivos, moldes y herramental necesarios para el inicio de la producción, se armó el primer motor, que fue sometido en el banco de pruebas a diversos ensayos de durabilidad de los que salió airoso. Estaba previsto que este propulsor no sólo equipara a los vehículos construidos por la propia empresa, sino a los de otros fabricantes. Las instalaciones de la fábrica permitían en una etapa inicial la producción de una unidad completa por día, cifra que debía incrementarse si se lograba el apoyo comercial necesario para concretar la instalación de una nueva fábrica en el barrio de Versalles.

Conjuntamente con la *pickup,* Castano diseñó una versión furgón y un sedán cuatro puertas, aunque en ambos casos no se pasó de la etapa de proyecto.

En 1946, la fábrica preparó una serie de veinte unidades. No obstante, el proyecto se vio interrumpido a comienzos de la década de 1950 ante la aparición de las Industrias Aeronáuticas y Mecánicas del Estado (IAME), empresa nacional que tenía la intención de producir masivamente vehículos de características similares. Castano fue consultado por técnicos de IAME y un Castanito fue trasladado a Córdoba para estudiar su factibilidad de fabricación seriada y sentar las bases para el desarrollo y producción de los futuros Institec sedán y *pickup.*

El Estado nacional resarció parcialmente a César Castano, cuando aprovechando su experiencia en la fabricación de engranajes, cajas y diferenciales, le adjudicó la provisión de rodamientos y diversas herramientas para abastecer a la petrolera estatal YPF.

En paralelo a los automóviles, Castano desarrolló una motoneta de avanzado diseño denominada "Adelante", de la cual construyó sólo un prototipo. La caída del gobierno de Perón, en septiembre de 1955, le quitó apoyo oficial al proyecto y Castano no pudo seguir con su evolución.

Prototipos de avanzada

Acompañando los emprendimientos industriales de HAFDASA y Castano, hubo otros intentos individuales que no fueron más allá del prototipo. Son los casos del técnico aeronáutico francés Emmanuel José Maury y del ingeniero turinés Guillermo Peona.

También el Estado, a través del Ejército Argentino, llevó adelante el desarrollo de un vehículo de características multipropósito y un blindado, con vistas a una producción seriada de uso militar y destinada exclusivamente a la fuerza.

Yruam

En 1910, Emmanuel José Maury arribó a la Argentina con sólo veinticinco años. Traía de su Francia natal la experiencia y los conocimientos obtenidos en el ejercicio de su actividad como mecánico aeronáutico, un campo totalmente virgen pero promisorio en nuestras tierras en tiempos del primer Centenario.

Poco tiempo después pasó a formar parte del plantel técnico de la empresa de Julio Fevre, representante en nuestro país de los automóviles producidos por Dodge Brothers, donde se desempeñó como jefe de taller.

Luego de su paso por esta empresa, Maury instaló su propio taller para dedicarse a la atención de motores aeronáuticos y automotrices. En 1925 obtuvo la representación de la empresa francesa Rolland Pilain y en el Octavo Salón del Automóvil, realizado ese mismo año, presentó el modelo C-23, un moderno automóvil con motor de dos litros de cilindrada con válvulas y árbol de levas en la cabeza.

Un año más tarde, llevado por el desafío técnico y la hazaña personal más que por una intención industrial y comercial, inició la construcción de un vehículo inspirado precisamente en uno de los modelos Rolland Pilain, el Grand Prix de ocho cilindros. En sólo tres meses Maury concluyó el diseño y confeccionó todos los planos y la documentación necesaria para su realización, pero por diversas trabas burocráticas para la importación de materiales e insumos la construcción le demandó diez años. Finalmente, en 1936 presentó su prototipo denominado Yruam, su apellido al revés, construido íntegramente por él.

Se trataba de un auto sport con carrocería de dos puertas realizada en chapa de acero, con excepción de la tapa del capot construida en aluminio y terminada con un impecable pulido que la distinguía del resto. La extensión del motor de ocho cilindros longitudinal condicionaba las proporciones del auto, repartiendo por mitades los espacios destinados al propulsor y pasajeros. De esta manera, la capacidad del habitáculo se limitaba a dos ocupantes ubicados en butacas individuales. Por detrás quedaba un reducido espacio para equipaje con acceso desde el exterior.

En las líneas de la carrocería predominaban los trazos rectos combinados con amplias superficies planas. En la vista lateral llamaba la atención la presencia de una ventanilla envolvente trasera, que con su quiebre ascendente, le otorgaba cierto dinamismo, además de mejorar la visibilidad y luminosidad del habitáculo. El aspecto deportivo lo brindaban sus ruedas de rayos de alambre sujetas por taza central.

El volante, como era normal en la época, estaba ubicado a la derecha. Contaba con tres rayos y aro central para la bocina. El panel de instrumentos era muy completo, con el velocímetro de gran diámetro ubicado en la parte central y flanqueado por cuatro cuadrantes con indicadores de presión de aceite, nivel de combustible, temperatura y cuenta revoluciones.

La mecánica, de construcción propia, presentaba un motor de dos litros naftero con ocho cilindros en línea. Se destacaba por la disposición del árbol de levas a la cabeza, cámara de combustión y pistones con cabeza hemisférica, doble encendido por magneto y carburador de doble boca.

La construcción de la mayoría de las partes del vehículo se hizo de manera semiartesanal. Para la fabricación del cigüeñal, Maury partió de un trozo de acero de sección cuadrada que fue mecanizado en su taller. La caja de velocidades era manual con cinco marchas hacia delante y marcha atrás. Contaba con engranajes helicoidales y tanto éstos como los del diferencial fueron construidos por el propio Maury con una máquina de diseño y manufactura propios. El embrague era monodisco seco.

El prototipo presentaba adelantos técnicos y de seguridad innovadores para su época, como el sistema de frenos mecánicos en las cuatros ruedas accionados por cable, con campanas de aluminio ventiladas. Por su parte, la suspensión era de elásticos a ballesta en las cuatro ruedas con amortiguadores de fricción tipo tijera.

En una Argentina semiindustrial, donde construir automóviles era una tarea de locos o herejes, el mérito de Maury es muy destacable. Su obra fue reconocida con el otorgamiento de la primera patente de auto de producción nacional.

El Yruam no fue concebido para su fabricación seriada. La verdadera intención de su constructor fue la de satisfacer el pedido de un cliente que quería adquirir un auto de la marca que representaba en el país. Sobre la construcción del auto, el propio Maury comentaba en una entrevista a la revista *Autoclub* reproducida por el historiador Alfredo Parga en su libro *Historia de una pasión* (1992):

> El automóvil se proyectó y se hicieron los dibujos detallados, con copias del automóvil, motor, embrague, diferencial, eje delantero, chasis, accesorios, etcétera, en 1926. Cuando la fábrica Rolland Pilain en Francia cerró, yo era representante de la marca en la República Argentina. Había hecho mucha propaganda para su última producción. En los catálogos figuraba un modelo de ocho cilindros en línea [modelo Grand Prix].
>
> Un cliente de mi taller tenía mucho interés en comprar un Grand Prix. Un día le dije, medio en broma, medio en serio, que

> si le interesaba tanto me comprometía a fabricarle uno. Aceptó la oferta y convinimos que yo pondría mis conocimientos y él financiaría la ejecución del coche.
>
> No pretendía ningún beneficio personal. Así fue como empezamos: a los tres meses ya estaban hechos los planos y copias del motor, pero a los tres meses el financista dejó de aportar, quedándome con la obra en brazos. Pero me encariñé con el resultado de los estudios logrados y decidí seguir solo.
>
> Así comenzó una obra que debería costarme muchos sacrificios y firme voluntad. Las dificultades fueron enormes y numerosas. No tuve dificultades mayores en la fabricación porque para mí, era trabajo corriente, pero las mayores dificultades fueron con las autoridades, por permisos para ensayos, patentamiento, habilitación, etcétera.
>
> Con esto me perdí muchos años en triquiñuelas, pero al final llegué.

La unidad fue donada en 1966 por el propio Maury al museo del Automóvil Club Argentino, donde actualmente se encuentra en exhibición.

Peona

En el año 1901 llegó a la Argentina un joven inmigrante de origen italiano, Guillermo Peona. En Torino, la principal cuna automotriz de la península, se había graduado como ingeniero técnico, formación que le permitió conocer los grandes avances del área automotriz de la época. Una vez radicado en el país, su derrotero laboral en el ámbito del transporte terrestre se inició de inmediato. Ingresó al Ferrocarril Sud, donde al poco tiempo se enfrentó con el desafío de reparar una perforadora de rieles que hasta ese momento se había negado a funcionar. Gracias al ingenio, inquietud y habilidad del joven Peona, la "satánica" perforadora finalmente funcionó.

Muy poco tiempo transcurrió para que la firma Burisky, poseedora de un taller naval y de fundición de bronce en la zona de Barracas, le ofreciera un cargo como socio industrial. Allí nació en el ingeniero Peona la creativa idea de construir la mecánica de un vehículo netamente utilitario, con un criterio popular, a fin de que el hombre de trabajo pudiese tener un auto para movilizarse ya sea en la ciudad o en el campo, gracias a las características avanzadas que poseía en su aspecto técnico. Así se fue gestando el "Peona GP1".

Don Guillermo concibió un motor cuatro cilindros y cuatro tiempos, de novecientos cc, con árbol de levas a la cabeza perforado y con lubricación forzada por bomba de engranajes fundida en bronce. El encendido se hacía por medio de magneto, con distribuidor independiente. Las piezas principales, como el block, fueron fundidas y encamisadas. La caja de cambios era de tres marchas hacia delante y marcha atrás. Poseía engranajes inclinados, cuando la mayoría de los autos de esa época los tenían rectos. Dos de estas marchas eran de fuerza, lo que le permitía alcanzar una velocidad máxima de noventa kilómetros por hora.

El auto contaba con dirección por medio de una caja multiplicadora a engranaje. Como era habitual en los vehículos de esos años, los frenos accionaban solamente sobre las ruedas traseras.

El objetivo de don Peona era fabricar el auto en serie, para lo cual encaró a partir del año 1914, el desarrollo de toda la matricería necesaria. Ya en 1926, el motor se encontraba montado sobre un chasis, el cual poseía suspensión delantera independiente por medio de tubos, semejantes a los del Citroën 2CV.

Se construyó una carrocería de dos plazas en aluminio cadmio (Durol), aleación de utilización muy frecuente en la aviación de ese entonces. La elección de este material contribuyó a alivianar el peso del vehículo y eliminar los tratamientos anticorrosivos, además de conferirle una singular terminación superficial que no requería de pintura. El habitáculo poseía un tablero donde se encontraba el velocímetro, la llave de contacto y un manómetro para medir la presión del aceite. Las butacas fueron revestidas en cuero y la parte del piso se realizó en fundición de aluminio en tierra. Para las partes de madera se utilizó algarrobo.

La ilusión del auto popular parecía que se iba a hacer realidad, cuando una firma muy acaudalada ofreció sus capitales para construir el Peona GP1 en forma masiva. Sin embargo, un problema personal, la muerte repentina de su hijo, derrumbó los sueños futuros del ingeniero Peona y el vehículo quedó arrumbado en un lugar bien protegido, pero olvidado para el mundo.

Transcurrió el tiempo y en el año 1946, el Peona fue trasladado a una quinta en la zona de Tristán Suárez. Allí sufrió la rotura de un pistón, lo cual obligó a desarmar el motor. Este inconveniente mecánico, sumado a problemas de salud de don Guillermo, derivó en que el auto quedara abandonado a la intemperie durante 36 años. Parecía que el proyecto desaparecería por completo, cuando el 28 de octubre de 1982, el doctor Alberto Baglieto, vinculado al auto desde su infancia, pudo retirar lo que quedaba de él y emprender su restauración. Las ruedas de aluminio estaban enterradas en un pozo, mientras que las piezas del motor yacían en latas y cajones dispersos en un pequeño galpón. Afortunadamente, casi toda la matricería original de madera se encontraba en buen estado. Con la ayuda del mecánico Eduardo Hernández y Héctor Doval, el auto pudo ser completamente recuperado luego de una paciente y titánica tarea que demandó más de siete años.[2]

Ñandú

En el contexto de la Segunda Guerra Mundial y tras el golpe de Estado del 4 de junio de 1943, el Ejército Argentino se propuso desarrollar y producir un vehículo de uso militar, con características similares al Jeep norteamericano que por entonces estaba prestando servicios en el frente de combate.

Unos meses después del golpe, la fuerza convocó transitoriamente a oficiales de la reserva (tropas y técnicos) con fines de entrenamiento. Se incorporó a la Dirección General de Materiales del Ejército y al Arsenal Esteban de Luca un contingente de 50 personas. En la sección Experiencias fue asignado el subteniente Martín Reuter como encargado de la realización de los trabajos. El jefe de la División Técnica, capitán Eduardo Jáuregui, le comunicó la intención de construir unos prototipos de automóvil militar

[2] Información gentilmente aportada por Hugo Semperena, director de la revista *Ruedas Clásicas*.

denominados "Ñandú" y le entregó una planilla con valores y dimensiones generales.

Una de las principales dificultades que hubo que superar durante la realización del proyecto fue la escasez de literatura técnica especializada para desarrollar el sistema de doble tracción. Por tal motivo, se pensó en la tracción delantera de Citroën y DKW, y se optó por esta última por ser más factible la fabricación en el país de las juntas homocinéticas Jung.

Por su parte, en la construcción de los diferenciales, la principal dificultad radicaba en que piñón y corona debían ser con dentado helicoidal. Si bien en Argentina aún no existía ninguna máquina para tallar esos dentados, algunos establecimientos mecánicos encontraron una solución a la "criolla": adaptaron fresadoras universales y las convirtieron en máquinas Gleason.

Solucionado este tema, se empezó a trabajar en otro elemento clave del vehículo: el cigüeñal. En este caso, se optó por tornear una barra de acero Siemens-Martin.

La caja de cambios compacta se realizó sobre un diseño del propio Reuter. En una misma carcaza se hallaba en la parte superior la caja "normal" y en su parte inferior la caja de "alta y baja", con las dos salidas para ambos ejes. Entre ambas se encontraban los engranajes intermedios. El árbol principal de la caja superior tenía una salida hacia atrás, donde se encontraba una polea para el freno de mano. Las cajas fueron realizadas en el taller de mecánica del arsenal.

El chasis era de diseño muy simple, compuesto de dos largueros rectilíneos de sección constante en U, con las alas hacia afuera, unidos por dos travesaños soldados y los dos diferenciales abulonados entre ambos largueros. En prolongación de los travesaños fijos tenía brazos transversales horizontales sobre los que apoyaba la carrocería.

La suspensión era independiente en ambos ejes, con semiejes pendulares. Los delanteros contaban con bochas o campanas donde se alojaban las juntas homocinéticas, protegiéndolas del barro. A cada lado de los diferenciales iban crucetas convencionales que movían los palieres. Sobre los brazos se alojaban dos elásticos transversales de tipo ballesta.

Los datos del motor eran los siguientes: 3.720 cc de cilindrada, 89 por 100 milímetros de diámetro y carrera, válvulas laterales, camisas húmedas de fundición gris no centrifugada, que, junto con el block y la tapa de cilindros, fueron fabricadas por Fundiciones Santino. Los pistones de aluminio eran similares a los del motor Dodge.

Entre 1943 y 1945 se construyeron dos prototipos de vehículo todo terreno. Se trataba de un blindado denominado "Nahuel" y un modelo con tracción integral que recibió el nombre de "Ñandú".

El Nahuel era un carro blindado de 35 toneladas accionado por un motor de 450 hp, diseñado para poder desplazarse sobre todo tipo de terreno a una velocidad media de 40 km/h. Su presentación en sociedad se realizó en el desfile militar sobre la Avenida Alvear (hoy Libertador) del 9 de julio de 1944, en conmemoración del 128 aniversario de la independencia. El Ministerio de Guerra resolvió denominar a este modelo "Baisi 1943", en reconocimiento a la labor desempeñada en su construcción por el jefe del Arsenal Esteban de Luca, teniente coronel Alfredo A. Baisi.

> "La obra realizada, sin disponer el país de una industria pesada en que apoyarse, ni de la documentación o modelos técnicos en que inspirarse, ha obligado a poner en juego la máxima iniciativa y capacidad industrial de nuestros técnicos y obreros, logrando así lo que podría calificarse sin temor de "milagro industrial", sobrepasando ampliamente las más caras esperanzas que pudieran cifrarse; que ello se ha logrado, por una parte, por el esfuerzo conjugado de técnicos, mecánicos y obreros del Arsenal Esteban de Luca, y por la obra, por la fe, energía, capacidad técnica y actividad constante de su jefe, Teniente Coronel Alfredo A. Baisi.

Los dos primeros prototipos de ambos vehículos se completaron en septiembre de 1945 en los talleres del Arsenal, ubicado en la ciudad de Buenos Aires. Poco después se construyeron otras dos unidades.

En 1946, a través del coronel Oscar Silva, se acercó el proyecto del Ñandú al presidente Juan Domingo Perón para poner a su consideración una posible producción seriada destinada a equipar al Ejército Argentino. A tal efecto se efectuaron las pruebas correspondientes y, según un informe de ensayos realizado por la Escuela de Tropas Mecánicas del Regimiento con asiento en Entre Ríos, el vehículo reunía las siguientes características:

> El motor es de seis cilindros con camisas húmedas intercambiables y tiene una potencia de 90 hp. El vehículo posee tracción y suspensión independiente en las cuatro ruedas. La carrocería de chapa posee dos asientos enterizos con capacidad para cinco personas con un pequeño baúl de carga atrás.

Se produjeron en total cuatro prototipos, que quedaron a disposición de la Dirección General de Fabricaciones Militares para proseguir con los ensayos y evaluaciones con vistas a iniciar su producción. Finalmente, la fabricación quedó descartada por razones de costo. En 1946, el gobierno nacional decidió adquirir un lote importante de Jeeps Willys norteamericanos nuevos, a través del Instituto Argentino para la Promoción del Intercambio (IAPI). A un costo de setecientos dólares la unidad, resultaron más económicos que los que eventualmente se manufacturarían de manera local.

Las marcas norteamericanas

Además de los emprendimientos de capital totalmente argentino, a partir de la década de 1920 las fábricas norteamericanas Ford y General Motors instalaron en Argentina talleres de montaje para abastecer el mercado local con vehículos armados en el país a partir de componentes importados y unos pocos insumos nacionales. Chrysler Corporation siguió el ejemplo, pero, a diferencia de las dos primeras, lo hizo a través de la empresa nacional Resta Hermanos, representante de la marca en el país. Estimuladas por la baja inversión requerida para la construcción de sus instalaciones y por una legislación que reducía los aranceles de importación entre un 15 y un 30 por ciento para los vehículos que se armaran localmente, estas empresas lograron consolidarse y aventajar cómodamente a sus similares europeas y a la escasa y muy artesanal producción doméstica. El montaje en escala les permitía reducir aún más los costos de producción. También contaban con una amplia red de concesionarios distribuidos a lo largo del país y capacidad financiera para vender los autos a plazo.

Ford Motor Argentina

El primer Ford llegado a la Argentina fue importado por Dalmiro Varela Castex y Miguel Marín a través de la importadora Odell e Hijos y Compañía, que también se ocupaba de las marcas Mitchell y Juvenille. Se trataba de un modelo N de cuatro cilindros y 20 hp, por el cual sus propietarios abonaron 870 dólares en 1906. Varela Castex y Odell continuaron con la importación de los modelos K, N, R, S y T de Ford hasta 1913.

Motivados por el incremento de la demanda local, el directorio de la empresa norteamericana tomó la decisión de instalar una sucursal en el país en una reunión realizada el 31 de diciembre de 1913 en la sede central de la compañía en Highland Park, estado de Míchigan, Estados Unidos. Ellis Houston Hampton fue designado responsable de la operación de Ford en Argentina. La filial argentina de Ford se convirtió en la primera sucursal de la empresa en América Latina y la cuarta en el mundo, luego de las establecidas en Canadá en 1904, Francia en 1908 e Inglaterra en 1911. Oficina y salón de ventas estaban ubicados en Lavalle 1776, a pocos metros de la Avenida Callao, en la ciudad de Buenos Aires, y se los podía identificar por un cartel que decía: "Ford, The Universal Car". Allí podían adquirirse vehículos Ford T, importados desde Estados Unidos completamente armados, listos para usar y, por supuesto, disponibles en un solo color: negro. En 1914 la demanda alcanzó las 222 unidades y se mantuvo en notable ascenso a punto tal que los plazos de entrega se demoraban hasta diez meses. Uno de los primeros clientes fue el entonces Presidente de la República, Victorino de La Plaza.

Rápidamente, la silueta del Ford T comenzó a hacerse familiar en las calles porteñas y en otras ciudades del país. Debido a que para andar de prisa era necesario bajarle las dos palancas que poseía a ambos lados del volante (acelerador y encendido), se lo empieza a llamar popularmente "Ford a bigotes".

En 1916, Ford superó todos los récords en el país con 3.549 vehículos vendidos. Esta demanda hizo necesaria una ampliación de su infraestructura. Para atender mejor a los clientes fueron adquiridos dos nuevos talleres: uno en Paseo Colón 450 y otro en Herrera al 800, en el barrio de La Boca. En el primero se realizaban trabajos de carrocería, tapizado y pintura; en el segundo se trabajaba en el armado de carrocerías y cabinas para camiones.

En 1917, Iván Serra Lima, primer empleado de Ford Motor Argentina, llevó a pasear en un modelo T a Marcelo Torcuato de Alvear, futuro presidente argentino. Mientras tanto, su hermano trepaba las escalinatas del Congreso Nacional con un auto similar. El hecho impactó al doctor Alvear, quien durante su mandato ordenaría la adquisición de cinco ejemplares del modelo para uso oficial.

El 1 de mayo de 1917, y luego de haber comercializado 6.549 vehículos, el directorio de la empresa tomó la decisión de adquirir un local propio para el armado de vehículos. El nuevo establecimiento, ubicado en la calle Perú 752, demandó una inversión de 240 mil pesos. Allí se iniciaron las primeras operaciones de montaje, que incluían el armado del chasis con su motor, caja, dirección, frenos y ruedas. Una vez ensamblados, los autos eran trasladados a Paseo Colón, donde se montaban las carrocerías. Durante el primer año de actividad se completaron un total de 6.957 unidades.

En 1918, apenas finalizada la Primera Guerra Mundial, la demanda de vehículos adquirió un ritmo tal que obligó a Ford a expandir nuevamente sus instalaciones y trasladar su planta de ensamble a un local más grande, en Lavalle 1702, a pasos de la primera sucursal. Allí se podían armar diariamente 48 unidades del Ford T y cinco camiones. De esta manera, la infraestructura de Ford en Buenos Aires se componía de tres locales: el salón de administración y ventas y los talleres de Paseo Colón y Herrera, destinados a carrocerías, tapicería, armado y pintura. Pronto se sumaría un nuevo taller, en Tacuarí 1271, para reparaciones y garaje.

Houston Hampton fue reemplazado por H. J. Jenkins en la gerencia general de la sucursal. En apenas dos años, las ventas se duplicaron y alcanzaron en 1920 la cifra de 13.375 unidades. Por entonces, los productos se comercializaban a través de una red de 285 agentes comerciales. El personal administrativo y plantel de operarios sumaban 400. El crecimiento de las ventas y la necesidad de incrementar el volumen de producción motivó la aprobación, por parte de la casa matriz, de una nueva inversión de 250 mil dólares destinada a la construcción de una planta en La Boca para el montaje de automóviles completos. El terreno ocupaba toda una manzana, delimitada por las calles Villafañe, Gaboto, Aristóbulo del Valle y Pedro de Mendoza; allí se construyó el edificio entre 1920 y 1921.

En 1922 arribó al puerto de Buenos Aires el primer cargamento de automóviles y camiones Ford para ser ensamblados en la flamante planta. Si bien las operaciones de montaje se iniciaron en 1921, las nuevas instalaciones fueron oficialmente inauguradas al año siguiente.

A fin de abaratar costos, la empresa desarrolló proveedores locales para la provisión de algunos componentes, lo que permitió alcanzar una integración nacional del 20 por ciento. En especial se producían localmente capotas, elementos de tapicería, radiadores, faros y espejos.

Por la época ya circulaba una línea de transporte entre Plaza Constitución y Plaza de Mayo y la estación Retiro con unidades Ford T. Los vehículos, pintados de azul y blanco, pertenecían a la línea A de la compañía Auto Ómnibus Metropolitano, inaugurada el 20 de agosto de 1922. Los coches estaban adaptados para el transporte de pasajeros con entrada por la culata y dos filas de asientos longitudinales con capacidad para seis ocupantes cada uno.

Para poder satisfacer la creciente demanda en Sudamérica de automóviles y camiones, reducir los costos y bajar el precio de venta al público, Ford Motor Company empleó un sistema de fletes con un barco de su propiedad, el *East Indian,* adquirido al Estado norteamericano. El vapor, que había prestado servicios en la Primera Guerra Mundial, tenía una capacidad de transporte de seis mil unidades, que representaban más de diez mil toneladas de carga.

En sus bodegas se transportaban, desde la casa matriz, unidades terminadas, motores y componentes destinados a los mercados de Argentina, Brasil y Uruguay. Este buque, junto a sus gemelos *Oneida* y *Onondaga,* integraba la flota que transportaba los Ford desarmados a la Argentina.

En 1924, F. F. Griffith reemplazó a Jenkins. La empresa sumó a la comercialización de automóviles los tractores Fordson, que tuvieron muy buena acogida en el campo e impulsaron su mecanización. Ese año, Ford entregó un total de 25 mil unidades y concluyó con más de cien mil vehículos de la marca circulando por el país. La planta de La Boca tenía una capacidad de producción de 250 unidades por día en jornadas de ocho horas laborales. La demanda obligó a la empresa a realizar una ampliación de la fábrica a partir de 1925, cuando contaba con un personal de 581 obreros y empleados.

Las cifras de ventas seguían aumentando. En enero de 1925 fueron 3.081 unidades; 3.194 y 3.257 en febrero y marzo, respectivamente. Para entonces, la empresa estaba representada por 340 agentes y 2.500 talleres de servicio mecánico, lo que constituía la red de asistencia y ventas más amplia y completa del país.

En 1925, el Ford T recibió mejoras en su carrocería, que se hizo más estilizada y alargada y sumó detalles, como faros y radiadores niquelados. También se presentó una línea de camiones de una tonelada de capacidad de carga, con carrocerías volcadoras para riego y bomberos, todas adaptaciones realizadas en talleres argentinos. Ese año se armó en La Boca el Ford T número 100.000.

En 1926, gracias a un amplio programa de racionalización de la producción, el precio del Ford T se había reducido a 290 dólares, el mismo valor que en Estados Unidos. Debido a la creciente demanda, la planta debió ser ampliada y su personal incrementado a 1.500 personas. Aun así, la empresa no daba abasto para satisfacer los pedidos y muchos clientes retiraban las unidades de la línea de producción sin terminar.

El 1 de junio de 1927, la opinión pública mundial se vio conmovida al enterarse de que el día anterior Henry Ford había dado la orden de cerrar todas sus plantas industriales norteamericanas y dar por terminada la fabricación de su legendario modelo "T", luego de haber producido 15.007.033 unidades. Este récord duraría casi medio siglo y recién sería superado en febrero de 1972 por el Volkswagen Escarabajo. El Ford A, reemplazante del Ford T, fue presentado en Estados Unidos el 2 de diciembre de 1927 y llegó a la Argentina en febrero de 1928.

En 1929, salió el primer Ford A montado localmente. Treinta vehículos de este modelo fueron adquiridos por la Policía de la Capital y destinados a operaciones de patrullaje. Sin embargo, la crisis se hizo sentir y, de 67 mil unidades para 1929, Ford pasó tres años más tarde a producir apenas cinco mil.

En el Salón del Automóvil de 1932, la empresa presentó un chasis sin carrozar con un nuevo motor V8, que significó un importante salto de calidad y prestaciones frente a la línea anterior. La fuerte competencia de General Motors y otros fabricantes, tanto en Estados Unidos como a nivel local, la obligó a equipar sus modelos con motores de mayores cilindradas y potencias. El Ford V8, equipado con el motor 59 A de 3.622 cc y 55 hp, podía desarrollar una velocidad máxima de 120 km/h y se convirtió en el primer auto de pasajeros económico con motor de ocho cilindros en V. Presentado en Estados Unidos el 1 de abril de 1932, el auto comenzó a montarse en Argentina a partir de 1934. Sus triunfos en el Gran Premio Argentino de 1937 y 1938, de la mano de Ángel Lo Valvo (inicialmente conocido con el seudónimo de "Hipómenes") y Ricardo Risatti, sumados a la obtención en 1939 del primer título oficial de Campeón de Carretera, consolidaron la imagen de fuerza, resistencia y calidad de este modelo en Argentina. Estos éxitos deportivos alentaron la demanda local y, una vez más, la empresa se vio obligada a desviar partidas destinadas originalmente a los mercados vecinos de Brasil y Chile.

Con el estallido de la Segunda Guerra Mundial, en 1939, se cerró la importación argentina de vehículos y componentes. Pero, a pesar del clima adverso, ese año Ford construyó el depósito de repuestos y accesorios. La producción se limitó a completar las unidades con el material disponible, pero la creciente falta de insumos básicos para la producción obligó a suspender la actividad. El personal se redujo a 300, entre empleados y obreros. Los últimos modelos importados durante la guerra corresponden al año 1942.

Durante la guerra, Ford fabricó baterías y silenciadores, y atendió a sus clientes con repuestos y accesorios fabricados por talleres locales.

Juan Orsi e Hijos, uno de los concesionarios de la marca con sede en la ciudad de Santa Fe, aprovechó la coyuntura para comprar chasis usados Ford V8 de los años 1939, 1940 y 1941, y reacondicionarlos como vehículos nuevos transformados en rurales con paneles laterales construidos en madera. Los ofrecía con planes de financiación de hasta 24 meses.

Finalizado el conflicto bélico, se reanudó paulatinamente la importación de vehículos. Los primeros en llegar, en febrero de 1946, fueron modelos Ford Prefect de origen inglés, equipados con motor de cuatro cilindros y 30 hp, y una línea de furgones livianos. A partir de abril del mismo año ingresaron los modelos de origen norteamericano, en los que se destacaba el uso de materiales originalmente destinados a la guerra, motivo que fue aprovechado publicitariamente al sostenerse que sus motores y chasis eran más resistentes.

Por su parte, la planta de La Boca se reactivó a partir de los últimos meses de 1946. Ese año se importaron seis mil vehículos, entre automóviles particulares, camiones y utilitarios. Al año siguiente, la cifra ascendió a treinta mil y se ampliaron los edificios destinados a la producción. Pero en 1948 la importación volvió a interrumpirse y la planta fue forzada a un nuevo receso que duró ocho años. La paralización fue temporariamente alterada con el semiarmado de tractores y maquinaria agrícola.

A mediados de la década de 1950 se concretaron planes para importar camiones de las series F-500, F-600 y F-900. Para entonces, Ford fabricaba en Argentina o era provista localmente de alrededor de tres mil de las 14 mil piezas que integraban sus modelos, entre ellas, baterías, cubiertas, cojinetes y engranajes.

Dodge Brothers y Chrysler Corporation

En 1890, Gustavo L. Fevre fundó Gustavo L. Fevre y Compañía, e inició su actividad comercial con la importación de productos químicos y maquinarias vinculadas a la industria del cuero. Su relación con la industria automotriz data de 1909, cuando importó seis unidades de la marca francesa Mors. En los años siguientes, la empresa importó también de otras fábricas francesas, como Aries, Berliet, Delage, Delahaye y Delaugèr-Clayette. En el ínterin introdujo al país los primeros aviones Morane-Saulnier. El vínculo de Fevre con la empresa Dodge Brothers se concretó en 1916 cuando obtuvo la representación exclusiva en Argentina e inmediatamente comenzó la importación de automóviles y camiones Dodge. La marca, que ya era la tercera en importancia en Estados Unidos, logró una rápida aceptación en el mercado argentino. En 1926, los modelos importados correspondían a un sedán, un automóvil de turismo y un utilitario denominado "comercial enrejado". Todos se ofrecían con encendido por magneto y sus precios de venta eran respectivamente 4.300, 3.650 y 3.900 pesos. Hacia 1927, la gama se había ampliado a los modelos doble faetón estándar y especial, *voiturette sport*, sedán especial, sedán de lujo, sedán senior cupé especial y cabriolet senior. La línea se completaba con una gama de camiones de una, una y media y dos toneladas, construidos sobre chasis de vigas acanaladas de seis pulgadas y equipados con motores Graham Brothers.

Por su parte, la marca Chrysler era representada en Argentina por Lienau Gey y Compañía, empresa importadora que tenía su casa central en Avenida de Mayo 1235/37, Buenos Aires, los talleres en Paseo Colón 1339 y una sucursal en Rosario, provincia de Santa Fe, sobre la calle San Martín 551. Los primeros modelos arribados al país fueron exhibidos en el Séptimo Salón del Automóvil, organizado en 1924. En la edición del año siguiente, las estrellas fueron los modelos Chrysler Seis y Chrysler Cuatro.

A partir del año 1927, Resta Hermanos S. A., una sociedad de capital totalmente argentino y antigua representante de los automóviles norteamericanos Hupmobile, obtuvo de Chrysler Corporation la autorización para representar la marca en Argentina. En el Décimo Salón del Automóvil de diciembre de ese año presentó la línea de automóviles integrada por los modelos 52, 62, 72 y el Imperial 80.

El 1 de diciembre de 1928, Resta Hermanos inauguró un impactante edificio construido especialmente para exposición y venta de vehículos Chrysler sobre la Avenida Centenario 3351 (actual Avenida Figueroa Alcorta), en pleno barrio de Palermo Chico. El que se conocería luego como "Palacio Chrysler" fue diseñado por el arquitecto Mario Palanti y construido bajo la supervisión del ingeniero Federico Bence por la empresa constructora Garbarini, Meuer y Gorostiaga; se emplearon 27.600 bolsas de cincuenta kilos de cemento argentino San Martín, provistas por la Compañía Argentina de Cemento Portland. El edificio ocupaba una manzana completa, disponía de un amplio salón de exposiciones emplazado a lo largo de todo el frente. En la parte posterior se encontraban las oficinas administrativas y los talleres de montaje y fabricación de repuestos. En el piso superior se encontraban los talleres de retoque y terminación y depósito de unidades para su entrega. Sin embargo, lo que más llamaba la atención del edificio era su imponente pista de pruebas circular y peraltada construida sobre la terraza, la primera y única de su tipo en toda Sudamérica. La pista, denominada "Estadio Olimpo", tenía como principal finalidad realizar las últimas pruebas a las unidades terminadas, pero también era utilizada como lugar de reuniones sociales y deportivas. Tenía una extensión de 1.730 metros y tribunas con capacidad para tres mil espectadores.

Además del Palacio Chrysler, Resta Hermanos disponía de otras cinco sucursales en la ciudad de Buenos Aires y representaciones en el conurbano bonaerense, como las de Avellaneda y Tigre. En el resto del país contaba con delegaciones en Córdoba, Mendoza, Rosario y Tandil.

En 1928, Diego Basset se asoció a la compañía de Julio Fevre y se constituyó "Fevre y Basset". Al mismo tiempo, en Estados Unidos, Chrysler Corporation compraba Dodge Brothers e incorporaba a su producción la línea de automóviles De Soto y Plymouth.

El pasamanos se completó en 1931, cuando Fevre y Basset adquirió la firma Resta Hermanos, distribuidora de los productos Chrysler. Mientras tanto, se habían sumado en 1929 a la oferta local la línea Plymouth y los Chrysler 65 y 75.

En 1932 comenzó el montaje de autos y camiones en el edificio de la Avenida Centenario al 3300. Dos años más tarde, la empresa cambió una vez más su razón social por la de Fevre y Basset

Limitada S. A. I. C. y mantuvo la producción e importación de los productos Chrysler, Plymouth, Dodge y los camiones Fargo. En poco tiempo, las ventas se triplicaron y, en 1937, el vicepresidente de Chrysler Corporation, W. Leyland Mitchell, de visita en Argentina, auguró un gran futuro a su empresa y al sector automotriz argentino en general. Sin embargo, el crecimiento se vio interrumpido abruptamente al estallar la Segunda Guerra Mundial. En el ínterin, el Palacio Chrysler había quedado "atrapado" por la urbanización que se desarrolló a su alrededor, por lo que, entre los años 1948 y 1950, la empresa construyó su nueva planta de montaje en 38 hectáreas ubicadas en la localidad de San Justo, en el Gran Buenos Aires. El edificio de Palermo fue vendido al Ejército. Además del montaje de las marcas mencionadas anteriormente, la empresa amplió su oferta con la importación de automóviles Volkswagen y camiones Krupp. A pesar del esfuerzo realizado, la actividad productiva se vio dificultada por una serie de restricciones a la importación de partes de vehículos y en un intervalo de casi cinco años quedó paralizada.

General Motors Argentina

La presencia oficial de General Motors en Argentina a través de su marca Chevrolet data de 1918, cuando su representante Mestre & Blatge S. A. exhibió algunos modelos en versiones sedán, doble faetón y *voiturette*, durante la primera edición del Salón del Automóvil, realizado en marzo de ese año. Los importadores disponían de un elegante salón de ventas en la calle Cerrito, esquina Viamonte, frente al Teatro Colón, donde ofrecían el Chevrolet doble faetón a un precio promocional de 2.850 pesos.

En 1920, la representación quedó a cargo de Carlos Goffre, pero a partir del año siguiente, pasó a manos de Hampton, Watson y Compañía, con sede en Rosario, provincia de Santa Fe. Esta empresa contaba con un local de ventas en la calle Cerrito 702 y una importante red de agentes en todo el país, donde además de los Chevrolet, se ofrecían vehículos de la marca Marmon. El modelo elegido para darle batalla al Ford T era el Chevrolet 4-90, un modelo económico con motor de cuatro cilindros que se ofrecía con carrocerías doble faetón, *coupelet*, sedán y *voiturette*. Curiosamente, su denominación hacía referencia a los 490 dólares que había que abonar para adquirir el auto cuando fue lanzado comercialmente en 1916 en Estados Unidos. En Argentina, el modelo doble faetón se ofrecía a 2.985 pesos y el sedán a 3.985 pesos.

Esta empresa era la que más productos de General Motors vendía en el país e importaba directamente desde Nueva York los automóviles, los cuales arribaban al puerto embalados en cajones y completamente armados, pero con las ruedas sin montar y en el habitáculo para reducir espacio. Al poco tiempo llegaron a un acuerdo con General Motors Corporation para el armado en Argentina de algunos modelos de la marca Chevrolet. El plan tenía como finalidad reducir los costos de logística y aprovechar las ventajas arancelarias que permitían el montaje local con componentes importados y algunos nacionales de baja complejidad, como capotas, tapizados, elásticos y vidrios planos, entre otros.

En mayo de 1923, Hampton, Watson y Cía. alquiló una barraca de lanas en Garay y Huergo, cerca de la Dársena Sur. El edificio ocupaba un cuarto de manzana, con planta baja y un primer piso. En abril de 1924 salieron las primeras unidades del modelo doble faetón.

No obstante este primer paso, la casa matriz de General Motors quería controlar el negocio de montaje y comercialización de los automóviles en el país, por tal motivo le compró el contrato a Ellis Watson. La subsidiaria General Motors Export Company se hizo cargo de la producción de los automóviles Chevrolet en aquella antigua barraca de lana.

A partir del 1° de marzo de 1925 General Motors Corporation tomó el control directo de sus actividades en Argentina, bajo la denominación General Motors Argentina S. A. Nathaniel C. Tuxbury, arribado al país en junio de 1924, fue designado primer director. W. C. Brumble, director de Producción, tuvo bajo su responsabilidad la instalación de la línea de montaje de unidades completamente desarmadas, CKD (por *Completely Knocked Down*). Esta nueva planta, la cuarta instalada por General Motors fuera de Estados Unidos, disponía de diversas dependencias, entre ellas, secciones de montaje de piezas, carrocería, tapicería y pintura.

Según una publicidad de la época, el establecimiento comprendía "un taller completamente equipado con la maquinaria más perfeccionada y moderna". Las unidades terminadas podían ser retiradas directamente por el cliente o bien por algún agente que representara a la marca.

A mediados de abril de 1925 se completó el montaje del primer Chevrolet "semiargentino", construido parcialmente con piezas nacionales como ruedas, capotas y tapizados. Junto a este auto se distribuía también el Oldsmobile 6; la importación en partes permitía, además de reducir los costos del flete, aprovechar descuentos arancelarios que se aplicaban cuando el armado se hacía en el país. Adicionalmente, este método impulsaba el desarrollo de proveedores locales. La representación y venta de la marca por la propia General Motors evitaba a los intermediarios, lo que permitía ofrecer un precio de venta accesible, tal como anunciaba el eslogan promocional "Calidad a precio reducido" (2.085 pesos). Una serie de mejoras, como los elásticos semielípiticos y la terminación en variedad de colores "Duco" de Dupont se incorporaron al modelo.

Una semana después de que el primer Chevrolet de construcción semiargentina abandonara las líneas de montaje, la demanda alcanzaba los dos mil pedidos, cifra similar a todas las unidades vendidas el año anterior. El 20 de mayo, ese primer auto armado en Buenos Aires inició un raid promocional de 10.860 kilómetros a través de diferentes ciudades del país, entre ellas Bahía Blanca, Córdoba, Mar del Plata y Rosario, con regreso a Buenos Aires. Con la conducción del piloto Enrique Morsaline y el acompañamiento de Federico Molina, la travesía, que se extendió a lo largo de cuatro meses, sirvió para verificar el estado de los caminos y evaluar las mejoras necesarias a aplicar en el auto para su mejor adaptación a las condiciones locales. Sin dudas fueron muchas las dificultades que debió atravesar este Chevrolet pionero, entre ellas hundirse en un lodazal camino a Chascomús donde debió permanecer más de un día hasta que fuera rescatado, comprobándose una vez más el pésimo estado de los caminos argentinos.

La estrategia comercial, desarrollada por un jefe de Ventas estadounidense, dio resultado y en los primeros nueve meses desde su fundación, General Motors Argentina (GMA) logró vender 6.663 automóviles Chevrolet y consolidar una red de más de cuatrocientos representantes distribuidos en todo el país. Con estas cifras cuadruplicaba las ventas de 1924 y alcanzaba el veinte por ciento del mercado. El modelo se presentaba en cinco versiones: sedán dos puertas, sedán cuatro puertas, *voiturette*, doble faetón Especial Argentino y doble faetón normal, todas equipadas con el motor monobloque de cuatro cilindros de 94 por 101 milímetros con válvulas en culata. La producción se completaba con un chasis de camión de una tonelada, adaptable a transporte de pasajeros. Las ventas crecieron y pronto las marcas Oldsmobile, Oakland y Pontiac se incorporaron a la línea de montaje.

En noviembre de 1925, fue designado director gerente Thomas H. McConnell, a cargo de la división General Motors Export Co. para la zona de Argentina, Chile y Paraguay. Durante ese año, en Argentina las ventas sumaron 8.451 autos y 500 camiones, de los cuales 7.936 correspondieron a la marca Chevrolet. El 13 de febrero de 1926 se produjo la unidad diez mil, sumadas las líneas Chevrolet y Oldsmobile. La oferta completa incluía la marca inglesa Vauxhaull y los camiones Chevrolet y GMC.

La confianza en la calidad de sus productos llevó a la empresa a ofrecer una garantía de un año para toda la línea y de dos para las marcas Cadillac y La Salle.

Apenas un año después del inicio de las actividades de montaje, fue necesario alquilar un nuevo edificio para trasladar las oficinas administrativas y liberar espacio para la producción en las instalaciones de la calle Garay en la ciudad de Buenos Aires, que quedaron destinadas exclusivamente a las operaciones de montaje de unidades CKD. La nueva sede se estableció en un edificio de la calle Huergo 1167, entre Garay y Azopardo, donde también funcionaba la primera escuela de servicios de la empresa y que más tarde se convertiría en el primer local comercial.

Pronto se hizo evidente que aun con esta ampliación, la capacidad instalada era insuficiente para abastecer la creciente demanda y se inició la construcción de una nueva y moderna planta de montaje para el armado de automóviles y camiones.

En 1928, la participación de General Motors en el mercado argentino había trepado al cuarenta por ciento, con la marca Chevrolet como gran impulsora de sus ventas. Este crecimiento obligó a la empresa a aumentar su capacidad de producción. A pesar de haberse ampliado a más de veinte mil metros cuadrados la superficie del edificio de la calle Huergo, había quedado chico para satisfacer la demanda. En mayo de 1927 se adquirieron unos terrenos sobre las calles Limay y Osvaldo Cruz en el barrio de Barracas y el 14 de diciembre se firmó el contrato con la firma constructora para el inicio de las obras. En noviembre de 1928, luego de haberse armado un total de 27 mil unidades en las viejas instalaciones, la nueva planta comenzó a producir. Ubicada estratégicamente en la zona industrial de la ciudad de Buenos Aires, a sólo 3,5 kilómetros del centro, sus terrenos colindaban con el Riachuelo. El complejo era fácilmente reconocible desde lejos por su tanque de 38,41 metros de altura, donde se exhibía la sigla que identificaba a la empresa: G.M.A.

Edificadas sobre un terreno de 48 mil metros cuadrados, las instalaciones contaban con un edificio de dos pisos y planta baja de 158,50 metros de largo y 55 metros de ancho, un depósito de materiales encajonados, otro de repuestos y escuela técnica. El edificio principal era una combinación de cemento armado y estructura metálica. Además del espacio destinado a la administración y el montaje de unidades, el edificio principal contaba con un comedor para los empleados y un amplio salón de exposiciones de autos de 12,20 de ancho, el cual ocupaba los 42,65 metros restantes del frente del edificio. En el salón de exposiciones se había levantado un escenario de 148 metros cuadrados destinados a eventos y conferencias, con capacidad para unas 220 personas.

Los 7.300 metros cuadrados restantes de la planta baja del edificio estaban destinados a las actividades de armado de los chasis. La sección de almacenaje fue construida a lo largo del edificio principal de montaje empleándose materiales metálicos y chapas galvanizadas para cubrir el techo y los laterales. Una altura libre de 12,35 metros, desde el piso hasta la parte inferior de los tirantes de las cabriadas, permitía que la grúa transportadora eléctrica, de cinco toneladas, levantara los cajones de material a emplearse en el sector de montaje y los descargara en las plataformas específicamente emplazadas. Desde este espacio destinado al desembalaje, los materiales se entregaban a la planta de montaje por puertas convenientemente situadas a lo largo del edificio.

Las operaciones principales de ensamblado de chasis y final de los coches se realizaban sobre dos transportadores de 91,50 metros de largo accionados por fuerza motriz. Uno de ellos era utilizado en forma exclusiva para el montaje de los vehículos y utilitarios Chevrolet, mientras que el otro estaba destinado a las otras marcas de la empresa: Buick, Oakland, Oldsmobile y Pontiac. La línea era abastecida desde la sección de almacenaje mediante dos zorras eléctricas. Una línea secundaria de ensambladura de motores corría transversalmente al edificio y los entregaba a las líneas de montaje final. En un área de 6.700 metros cuadrados ubicada en el primer piso se efectuaba la construcción de las carrocerías para coches de pasajeros. El montaje de armazones y la colocación de paneles se realizaban en un local ubicado encima del sector de armado y remachado de los bastidores. Colocados los paneles, las carrocerías eran trasladadas a la sección de pintura y posteriormente se realizaban los trabajos de tapicería y ajustes finales sobre el transportador. Una vez terminadas, eran conducidas a la planta baja donde se hacía el montaje final sobre los chasis. Es importante destacar que todos los transportadores fueron especialmente diseñados por la Sección de Diseño de Equipos del Departamento Central de Fabricación.

Por detrás de la planta de montaje y en una división separada del edificio principal, de 39,60 metros de ancho por 75 metros de largo, se encontraba el Departamento de Repuestos. Las instalaciones se completaban con una estación de servicios modelo de 334 metros cuadrados de superficie, donde también funcionaba una escuela de servicios.

En el primer año de operación, la nueva planta de Barracas produjo 28.626 unidades y posteriormente gozó de tres años de prosperidad hasta que la crisis de la economía mundial, desatada en 1929, comenzara a tener efectos sobre la demanda local.

Sobre el final de la década de 1920 se intensificaron los raides de automóviles de la marca con fines propagandísticos. Uno de ellos fue la "Escuadrilla Chevrolet", una estrategia publicitaria de GMA que consistió en una caravana de cuarenta unidades que recorrían el país durante cincuenta días visitando más de 450 pueblos y ciudades.

En 1931 asumió la presidencia de la empresa Alberto M. de Tonnay. Se completó la oferta con la importación directa de todas las marcas producidas por General Motors en su casa matriz (Buick, Cadillac, Chevrolet, La Salle, Marquette, Oakland, Oldsmobile y Pontiac) más la línea europea de automóviles Opel y Vauxhaull y de camiones Bedford y Blitz-Opel. La diversidad de marcas y modelos hacía realidad la frase publicitaria: "Un coche para cada uso dentro del presupuesto de cada uno".

Otras actividades promocionales de GMA durante la década del treinta fueron el servicio técnico gratuito en la ruta a Mar del Plata y una caravana Opel, que en 1938 llegó al Cristo Redentor, en la provincia de Mendoza, a 4.200 metros de altura.

La producción argentina se vio afectada por la Gran Depresión de Estados Unidos, aunque el porcentaje de componentes nacionales aumentó. En 1933 salió de la planta de Barracas la unidad 100.000 de la marca Chevrolet. En 1936 comenzaron a recuperarse las cifras de producción y en 1938 se alcanzó el nivel promedio previo a la crisis con una cota de 120 unidades diarias. La marca Chevrolet se hizo fuerte en el transporte público de pasajeros y sus chasis, carrozados por empresas locales, se veían habitualmente en las principales ciudades del país. A fines de la década la participación de General Motors en ese mercado llegaba al cuarenta por ciento. Este hecho y la imposibilidad de expansión futura en el predio de Barracas alentaron a las autoridades de la empresa a realizar una importante inversión y levantar una nueva planta de montaje. El plan fue anunciado por Graeme K. Howard, gerente general de Operaciones fuera de Estados Unidos de General Motors y vicepresidente de la corporación a nivel mundial, quien, de visita en Argentina, confirmó la inversión inicial de seis millones de pesos y destacó a la Argentina como el principal mercado de Centro y Sudamérica.

El lugar elegido para la nueva planta de montaje fue un terreno de casi veinte hectáreas en el partido de General San Martín, Gran

Buenos Aires, que pertenecía al Ferrocarril Central Argentino y estaba emplazado en las cercanías de las avenidas General Paz y San Martín. La adquisición del predio se concretó en 1938 y en diciembre de 1939 se inició la construcción de las instalaciones: 8.027 metros cuadrados en un solo piso y estructura de acero. La inauguración fue en 1940.

La nueva planta comenzó produciendo heladeras Frigidaire, baterías Argemo, carrocerías de madera para camiones y elásticos para automóviles de diversas marcas. Las líneas de producción debutaron lanzando 25 heladeras familiares por día y tres gabinetes comerciales. Tanto las heladeras como las baterías habían comenzado a fabricarse en la planta de Barracas en 1938, donde continuó la producción de automóviles y camiones.

La irrupción de la Segunda Guerra Mundial complicó las operaciones. Hasta 1941 se produjeron en Barracas 250 mil vehículos, pero la escasez de insumos hizo imposible la producción de autos. El 27 de agosto de 1942, un furgón Chevrolet se convirtió en el último vehículo producido allí hasta el fin de la guerra. Para evitar la paralización total, la empresa produjo heladeras portátiles de la marca Heladaire y accesorios para automotores. También se fabricaron en San Martín armarios metálicos, marcos de puertas y ventanas para viviendas construidas por el Banco Hipotecario Nacional, juegos infantiles para jardines, artefactos para luz fluorescente, baldes para incendio y mesas de billar. Con las maderas de los cajones que traían los componentes importados de los autos se fabricaron pupitres escolares.

Una vez terminada la guerra, GMA se dedicó a reacondicionar tanques Sherman para el ejército y a carrozar ómnibus para la Corporación de Transportes de la Ciudad de Buenos Aires. Se realizó una importante inversión en edificios y equipamiento en ambas plantas para volver a producir.

Los primeros autos armados fueron el Oldsmobile Club sedán y Pontiac. Comenzó a montarse también la línea de camiones ingleses Bedford de cinco toneladas y más tarde se agregaron los Chevrolet.

En septiembre de 1947 se inició en San Martín la construcción de un segundo edificio de 19 mil metros cuadrados, inicialmente proyectado como depósito de autos. Fue inaugurado en 1949 y finalmente se lo destinó al montaje de los gabinetes de las heladeras Frigidaire, reparación de compresores, estación de servicio para automóviles y motores diésel, montaje de carrocerías de buses, escuela de capacitación y almacén de materiales.

A comienzos de la década de 1950, GMA empleaba a casi tres mil personas entre operarios, administrativos y técnicos.

La industria carrocera

La fabricación de carruajes para satisfacer diversas necesidades de transporte –pasajeros, mercaderías e inclusive las muy específicas y sofisticadas, por su intensivo trabajo artesanal, carrozas fúnebres– constituyeron el antecedente directo de una industria que, a principio del siglo veinte, y con la llegada de los primeros chasis sin carrozar, comenzó a acompañar el proceso de desarrollo y expansión del parque automotor argentino. La construcción se inició en muy baja escala a partir de 1908, pero adquirió un volumen mayor desde 1916, cuando, debido a la Primera Guerra Mundial, se redujo dramáticamente la llegada de unidades importadas tanto de Europa como de Estados Unidos. Aprovechando esta coyuntura favorable, un nutrido grupo de carroceros independientes, afincados fundamentalmente en la ciudad de Buenos Aires, fueron los responsables de responder a una demanda insatisfecha, reinterpretando con un estilo propio, pero fuertemente influenciados por las corrientes estilísticas europeas, lo que solicitaban los exigentes clientes criollos.

Los trabajos se hacían de manera muy artesanal con mano de obra especializada. La construcción de las carrocerías demandaba el conocimiento y dominio de diversas técnicas y oficios, como carpintería, ebanistería, tapicería, chapistería, soldadura y pintura.

Beneficios adicionales de esta industria fueron la utilización en su construcción de materias primas nacionales, como cueros y maderas, y la elevada integración nacional de sus componentes, como capotas, elásticos, herrajes, tornillos, clavos, remaches y pinturas. Generaba, además, un efecto multiplicador al demandar la concurrencia de proveedores externos, entre ellos talleres de fundición de hierro y bronce, carpinterías, curtiembres, obrajes y aserraderos.

Los salones del automóvil organizados por el Automóvil Club Argentino en el Pabellón de las Rosas comenzaron a ser testigos de la presencia cada vez mayor de los carroceros argentinos, cuyas obras, en muchos casos, alcanzaron niveles de calidad tanto por su diseño como por su construcción, que en nada envidiaban a los de las marcas importadas.

Se destacaron especialmente los talleres de Fortunato Francone, José Argentieri, Mauricio Montanelli y Gerónimo Gnecco. También del período fueron los aportes de Salvador Vidal y de Adolfo Bash, este último especializado en la construcción de vehículos blindados para la policía.

En particular, la producción de carrocerías para transporte público de pasajeros se pudo apreciar en los Salones del Automóvil, donde a partir de las ediciones Octava y Novena comenzó a disponer de pabellones propios, clara señal de la importancia que había adquirido este sector de la producción nacional. Entre sus referentes se encontraban las carrocerías Sautour y la firma Blas Hermanos.

A poco de andar, la actividad de los carroceros independientes se encontró con las mismas dificultades que enfrentaron los fabricantes de autos nacionales, es decir, la competencia que ofrecían los vehículos importados totalmente carrozados en sus países de origen. La propuesta de los carroceros era reducir el gravamen a la importación de chasis desarmados para fomentar su carrozado en el país y, al mismo tiempo, incrementar los aforos que se aplicaban a las unidades importadas completas y a las carrocerías armadas que se importaban como repuestos.

Otra gran dificultad surgió después de la Gran Guerra, cuando los constructores europeos adoptaron en sus plantas industriales los métodos de producción en serie de sus pares norteamericanos, con los cuales elevaron sus volúmenes productivos, perfeccionaron su construcción y redujeron notablemente sus costos. Por un lado, la fabricación en serie garantizaba un mínimo de perfección constructiva que la manufactura artesanal no podía satisfacer; por otro, las empresas extranjeras contaban con recursos económicos para ensayos y experimentaciones técnicas que de ninguna manera podían afrontar los carroceros argentinos. Ante esta situación, la única ventaja que podían ofrecer era la personalización y la exclusividad del diseño del auto, es decir construir un vehículo "a la orden". Esta modalidad ponía al constructor frente al desafío que implicaba una precisa interpretación de lo que demandaba el cliente, a quien se debía brindar una respuesta adecuada no sólo desde el punto de vista estilístico, sino también en el nivel de equipamiento y particularmente en la solidez y calidad de la construcción, que debía ser igual o superior a la de los fabricantes extranjeros. El riesgo de fallar en la interpretación de lo que solicitaba el comprador era a menudo elevado.

Desde el punto de vista económico, otra dificultad presentada a mediados de la década del veinte era la diferencia en la estructura de costos. El sueldo de un empleado argentino de la industria carrocera era hasta tres veces mayor que el que percibía un colega europeo. En contraste, en Estados Unidos los salarios eran más elevados, pero las empresas lo compensaban reduciendo los costos gracias a los altos volúmenes de producción que les permitían alcanzar economías de escala. Además, contaban con la ventaja de que, a diferencia de lo que ocurría en Argentina, los insumos básicos como el hierro y acero se obtenían y elaboraban en el propio país.

La necesidad de colocar el excedente de la producción y paliar los efectos de la crisis de 1930 llevó a las empresas importadoras a desarrollar una agresiva política de ventas, a través de la cual se estimulaba la renovación de las unidades usadas por otras cero kilómetro, previo pago de una suma inferior a la que deberían abonar por una renovación o reparación parcial. Esto afectó claramente la actividad de los carroceros argentinos, que declinó a lo largo de esa década.

Fortunato Francone

Entre los fabricantes argentinos de carrocerías sobresalió por su variada y dilatada trayectoria la obra de Fortunato Francone.

Sucesor de Casa Duni y Compañía, empresa fundada en 1870 para la construcción de carruajes, Francone estableció su taller en la calle Jorge Newbery 1741-1761 de la ciudad de Buenos Aires. Las amplias instalaciones contaban con capacidad para almacenar 250 automóviles; un sector anexo estaba destinado a depósito de carrocerías y carruajes. Los trabajos de construcción podían realizarse en el plazo de 120 días.

Fiel a los principios de calidad y originalidad, el propio Francone describía los valores de su obra productiva de la siguiente manera:

> La base de nuestro trabajo es la calidad; no pensamos nunca en carrocerías baratas, buscamos la elegancia y la calidad, porque nuestra casa ha mantenido siempre alto el prestigio de la fabricación nacional. Lo que se fabrica aquí no debe envidiar nunca a lo que llega de París y Nueva York, y nuestros modelos pueden presentarse sin miedo en cualquier salón, europeo o americano. Casi todos nuestros modelos son creación de la casa.

En relación a las características de diseño de las carrocerías frente a la de los autos completamente armados en origen, Francone decía:

> Nos gusta dar una característica especial a un Rolls Royce, aun admitiendo que tal como viene de Inglaterra es hermoso; pero pensamos que la industria nacional debe destacarse en algo, que debemos en nuestra casa dar al coche un *cachet* propio que haga decir al público: "¡Esta *limousine* la carrozó Francone!".

Fortunato Francone realizó trabajos sobre chasis de Rolls Royce, Lancia, Renault, Sunbeam y Packard.

La aparición de HAFDASA como fabricante nacional de chasis –según vimos al inicio de este capítulo– facilitó la posibilidad de aplicar diseños propios acorde a la demanda interna. El vínculo de Francone con esta empresa se había iniciado en los años veinte, cuando realizaba carrocerías sobre los chasis Hispano Suiza que importaba la sociedad Ballester Molina. Su participación fue muy activa en el diseño y construcción de las carrocerías de los dos prototipos de lujo con motor diésel presentados por la empresa a fines de 1939.

La participación de Francone se extendió también al ámbito del automovilismo deportivo, con una destacada actividad en la construcción artesanal de autos sport y de competición. Entre otros, realizó trabajos para corredores de la talla de Clemar Bucci, Ernesto Bossola y Eduardo Pedrazzini. En el año 1931 se había destacado por la construcción del "Insignia de Oro" de Juan Antonio Gaudino. Otro interesante trabajo fue el Tucker que realizó para Martín "Macoco" Álzaga Unzué y que, piloteado por Federico Kloden, obtuvo el cuarto puesto en las "500 Millas de Rafaela".

A mediados de la década de 1950 junto al piloto de Mecánica Nacional Fuerza Libre, Tulio Santín, Francone desarrolló un vehículo sport de dos plazas. El Santín-Francone fue construido sobre un chasis estándar de origen Ford y equipado con un motor Mercury V8. Su carrocería, realizada íntegramente en aluminio, se destacaba por su pureza y armonía de líneas e impecables detalles de terminación que superaban a muchos vehículos de procedencia extranjera. La pintura en blanco y negro reforzaba su elegancia, mientras que la baja altura le confería un aspecto netamente deportivo. El prototipo fue oficialmente presentado en abril de 1954.

La calidad y originalidad de la obra de Fortunato Francone fue reconocida por diversas instituciones que lo distinguieron con los siguientes premios: Gran Premio y Gran Diploma de Honor otorgado por el Gobierno de la Nación en la Exposición de la Industria Argentina de 1924 y 1925; Gran Diploma de Honor en la Gran Exposición Internacional de Vialidad, Transporte y Turismo de 1926; Primer Premio, Medalla de Oro y Gran Diploma de Honor en el Salón del Automóvil de 1927. Este mismo año recibió una carta de felicitación enviada por el presidente Marcelo Torcuato de Alvear.

José Argentieri

A mediados de los años veinte, José Argentieri contaba con dos galpones amplios ubicados en el barrio de Palermo, uno sobre la calle Salguero 2082 y el otro en Santa Fe 3429. Estas instalaciones incluían talleres completamente equipados de carpintería, ebanistería, enchapado, herrería, tapicería, pinturería, marquetería y mecánica.

Su especialidad eran las carrocerías doble faetón y cabriolet. En sus inclinaciones estéticas se observaba una clara intención por reproducir fielmente el estilo inglés, en especial en trabajos realizados sobre chasis de las marcas Ceirano y Wolseley. Otras marcas que sirvieron de base para la construcción de sus vehículos fueron Alfa Romeo, Cadillac, Daimler, Fiat, Lancia, Renault y Rover.

Mauricio Montanelli

La actividad del constructor Mauricio Montanelli se remonta a 1915, cuando luego de una prolongada estadía en París y otras ciudades europeas, en contacto con los adelantos de la industria automovilística del Viejo Continente, abrió su propio taller en la Avenida Alvear 3774 de Buenos Aires. Orientado tempranamente a la construcción de carrocerías de lujo, Montanelli realizó trabajos de construcción y reparación de carrocerías sobre chasis de las marcas Cadillac, Hispano Suiza, Jordan, La Salle, Packard, Renault y Rolls Royce. Se destacó por su especialización en la realización de carrocerías transformables (de cabriolet a faetón) sobre chasis Cadillac. Uno de estos vehículos fue utilizado por el presidente electo de Estados Unidos Herbert Clark Hoover, cuando visitó el país en diciembre de 1928, como parte de una gira sudamericana previa a asumir la presidencia.

En el taller de Montanelli, para la construcción de las carrocerías se utilizaba una estructura con montantes y traversas de madera de fresno y olmo bien estacionada, con escuadras de hierro forjado abulonadas, sobre las cuales se montaban los paneles metálicos de chapa batida y bombeada. También se realizaban trabajos de mecánica y de soldadura autógena.

Los trabajos de esta empresa llamaban la atención por el nivel de detalle y terminación de sus interiores, con tapizados realizados en cuero vaqueta flor, pisos alfombrados de lana de felpa, cortinas y cordones de seda, montantes cubiertos con madera de caoba con marquetería y un completo equipamiento que podía incluir teléfonos eléctricos embutidos con micrófono simulado en el tapizado. Para evitar trepidaciones y ruidos molestos en el habitáculo, los cristales eran de bordes pulidos con colizas forradas en felpa sin contramarco, su accionamiento se realizaba a través de mecanismos de subir y bajar construidos por el propio carrocero. Los detalles también se apreciaban en el exterior con herrajes pintados o niquelados, de gran atractivo y solidez.

Además de la fabricación de carrocerías, el taller realizaba transformaciones y reparaciones que incluían trabajos de pintura, tapicería, soldadura autógena, enchapado y mecánica.

En 1926 Montanelli recibió el Premio Revelación en el Noveno Salón del Automóvil. Una de sus creaciones fue enviada a Francia, donde recibió elogiosos comentarios.

Gerónimo Gnecco

Un lugar especial en la industria carrocera ocupa Gerónimo Gnecco, prolífico e innovador. Su extensa actividad abarcó la construcción de vehículos de lujo, coches fúnebres, colectivos, ómnibus, casas rodantes y vehículos especiales para uso publicitario. En el año 1903, con veintidós años de edad, Gnecco comenzó a trabajar por su cuenta. En 1908 alquiló su primer local para taller en la calle Gallo entre Santa Fe y Arenales, en la ciudad de Buenos Aires, donde trabajó hasta 1911, cuando se trasladó a un local más amplio en la calle Charcas, y más tarde, en 1918, a la calle Canning. La constante evolución le originó nuevamente la necesidad de más espacio, por lo que en 1929 pasó a instalarse en la calle Dorrego 1639, ubicación que mantuvo el taller, luego devenido en fábrica, con sucesivas ampliaciones. En 1944, Carlos Gnecco, hijo de Gerónimo, asumió el control de la empresa, junto con su hermano mayor, José Alberto.

En los comienzos, la empresa se dedicó a realizar trabajos sobre carruajes y posteriormente sobre automóviles de prestigiosas marcas europeas y norteamericanas, para los cuales construía carrocerías de diversos estilos, como doble faetón, landaulet, limusinas, torpedo.

Cuando el transporte automotor de pasajeros dio sus primeros pasos, Gnecco supo ver y valorar las posibilidades de desarrollo y realizó las modificaciones iniciales de los automóviles doble faetón que sirvieron a las primitivas líneas de colectivos porteños.

Sobre la calidad de los trabajos realizados en los talleres Gnecco puede leerse en una publicación de 1926: "Ha traspasado los lindes del país y desde Montevideo le llegan importantes encargos para la construcción de carrocerías de ómnibus".

Una parte importante de las carrocerías se realizaba dentro de la fábrica, como, por ejemplo, el trabajo de bombeado. La chapa se bombeaba a mano: en general, chapa 20 y chapa 18 para los paneles laterales. Los plegados se realizaban fuera de la fábrica y se sometían a un riguroso control de calidad.

Las instalaciones contaban con cañerías de aire comprimido para alimentar los tubos de oxígeno y acetileno requeridos para los trabajos de soldadura autógena y con dos grupos electrógenos de 250 kilovatios a fin de subsanar eventuales problemas de falta de energía. Incluían carpintería para la construcción de las estructuras de las carrocerías con madera viraró y lapacho, así como vidriero propio para la fabricación de ventanillas en vítrea y parabrisas.

En materia de vehículos para pasajeros fue muy frecuente modificar sedanes americanos de los años treinta y cuarenta, convirtiéndolos en rurales familiares, en una época en la cual no existía importación de nuevos autos.

Además, se fabricaron una gran variedad de carrocerías para camiones, casillas rodantes remolcadas y autopropulsadas, ambulancias (se esmerilaban los vidrios con moldes de papel), transporte de caballos, vehículos de propaganda y equipos de auxilio.[3]

Una especialidad de Carrocería Gnecco fue la producción de coches fúnebres, siendo su principal cliente en el rubro la cochería Lázaro Costa. Los trabajos estaban inspirados en los autos fúnebres norteamericanos y construidos sobre chasis Cadillac y Buick.

[3] De los talleres de Carrocerías Gnecco salieron dos unidades del Kaiser Carabela Limusina para uso presidencial, trabajo encargado directamente por IKA. En la fábrica se encargaron de prolongar la carrocería, diseñar los elementos de lujo del auto (bar, asientos especiales) e incluso mandar a hacer las alfombras del auto a la tradicional y centenaria casa Dándolo y Primi.

Incluían la extensión del chasis, modificación a mano de guardabarros, tapizado del interior en tela y un sistema de diseño propio para la sujeción del ataúd.

En cuanto a los vehículos para turismo sobresalió el Amún Rucá –expresión araucana que significa "Casa que anda"–, un modelo presentado en 1936 que impactaba con su carrocería de líneas aerodinámicas, pintada de plateado y sus 8,40 metros de extensión. Se montaba sobre un chasis de camión con una distancia entre ejes extendida a 5,10 metros y equipado con un motor de 80 hp. El interior disponía de espacio para seis pasajeros más el conductor. Los ambientes se distribuían en cabina del conductor, con terraza en forma de palco, ambiente principal con seis camas (cuatro rebatibles y dos convertibles en sillón), baño con inodoro químico (similar a los de la industria aeronáutica) y cocina completa, que incluía refrigerador automático.

El habitáculo ofrecía un cálido y esmerado confort con tapizado en cuero marroquí rojo y paneles revestidos en madera lustrada. El equipamiento incluía iluminación mediante luz indirecta, dos extractores de aire y sistema de calefacción que tomaba el aire caliente que generaba el propio motor del vehículo. Detalles de buen gusto podían apreciarse en la mantelería, vajilla de mesa y cristalería, donde cada una de las piezas llevaba la inscripción Amún Rucá.

Sin dudas, fue en el ámbito del diseño y construcción de colectivos y ómnibus de pasajeros de corta, media y larga distancia donde la empresa alcanzó mayor notoriedad. Sus carrocerías fueron totalmente innovadoras, marcando tendencias que luego serían empleadas por otros constructores. En todas ellas se puede apreciar un especial cuidado por las formas y por la aerodinámica.

La fabricación de carrocerías y vehículos especiales se mantuvo hasta mediados de la década de 1970, cuando las medidas económicas de Celestino Rodrigo y el famoso "Rodrigazo" de junio de 1975 afectaron la actividad industrial de manera irreversible. La empresa debió reconvertirse, dedicándose a la producción de cámaras frigoríficas modulares para carnicerías, laboratorios, peletería y florería. Se realizaron exportaciones a Bolivia y algunos equipos, especialmente construidos con paneles de aluminio y poliestireno, fueron enviados a la Base Matienzo de la Antártida Argentina.

Hoy aún subsisten los edificios, alquilados y dedicados a otros fines, pero a través de su magnitud se puede comprobar la capacidad productiva que tuvo esta empresa nacional, originada en el mundo de los carruajes, pero que evolucionó al ritmo de las necesidades del mercado automotor en todas sus manifestaciones.

El colectivo porteño

Como se anticipó más arriba, un rubro en el que los carroceros nacionales demostraron gran capacidad fue el de ómnibus para servicio urbano. Culminando la década de 1920, estos maestros habían logrado desplazar por completo la competencia extranjera en las unidades adquiridas por las principales compañías de transporte de Buenos Aires, entre ellas Titania, Buenos Aires y Nacional. Liderando este sector se encontraba la fábrica de carrocerías Sautour, cuyo propietario, León M. Sautour, se destacaba por la constante renovación de los modelos, impulsada por sus conocimientos e iniciativa. En las instalaciones ubicadas en Godoy Cruz 1540 se producían diez unidades mensuales, a cargo de cien operarios.

Nacido como fruto de la necesidad, el colectivo porteño supo hacerse un lugar en la historia y el patrimonio cultural argentinos al brindar respuesta adecuada a la demanda de movilidad en el ámbito urbano. Hoy, definitivamente reemplazados por los ómnibus, su esencia sobrevive a través del nombre que seguimos dando al transporte público que circula por las calles y avenidas de cada ciudad del país: "el colectivo".

A fines de los años veinte, el modelo agroexportador que sostenía desde las últimas décadas del siglo diecinueve la expansión de la economía argentina comenzaba a dar signos de agotamiento, al no poder extender su alcance geográfico. La exagerada concentración de la propiedad de la tierra expulsaba a grandes masas de campesinos, sobre todo inmigrantes, hacia los centros urbanos en busca de mejores oportunidades y la periferia de la ciudad de Buenos Aires comenzó a crecer de manera desmedida y caótica.

Pronto fue evidente la ausencia de una infraestructura de servicios acorde a la nueva situación. En 1928, la población de Buenos Aires había alcanzado el millón y medio de habitantes y el rígido sistema de transporte tranviario no podía ofrecer una respuesta adecuada a la demanda de movilidad de los habitantes de los barrios alejados del centro. Salvo la española Compañía Hispano Argentina de Obras Públicas y Finanzas (CHADOPyF), el resto de las empresas que controlaban el sistema eran de origen británico.

Por entonces, sólo se había inaugurado la línea A de transporte subterráneo, que se extendía hasta el barrio de Caballito. Pero la gran urbe contaba con un parque de siete mil taxis, exagerado para las posibilidades de los alicaídos bolsillos de la mayoría de los porteños, para quienes pagar un peso la tarifa por un trayecto reducido como el de Flores a Villa del Parque resultaba prohibitivo. Por su parte, para los taxistas la situación no era mejor y en una extenuante jornada laboral, que no conocía de horarios ni descansos, podían sentirse afortunados de regresar a sus casas con cinco pesos de recaudación en la billetera.

Es precisamente en las situaciones apremiantes donde la necesidad agudiza el ingenio. Cansados de deambular por las calles porteñas con sus taxis sedientos de pasajeros, un grupo de taxistas comenzó a reunirse en un bar y, café mediante, debatían alternativas que los pudieran sacar de la miseria. Una vez más, la tan mentada "viveza criolla" exigida al máximo, encontró una respuesta práctica y efectiva que, con el tiempo, demostró su validez y vigencia.

La idea era simple: un recorrido fijo con más de un pasajero a una tarifa accesible de diez centavos para cada sección que se abonaba al descender del vehículo. El sistema ya se había aplicado con éxito para llevar pasajeros hacia el hipódromo. La tarifa resultaba más cara que la de los ómnibus y tranvías, pero claramente más económica que la de los taxis.

En septiembre de 1928 faltaba sólo un mes para que Hipólito Irigoyen asumiera su segunda presidencia. En el mundo, nada hacía presagiar los nubarrones de la crisis que un año más tarde llenaría de histeria a Wall Street y haría tambalear la estructura misma del capitalismo.

El día 24 amaneció lluvioso, lo que no afectó la voluntad del grupo de emprendedores dispuestos a abandonar, de una vez por todas, su precaria situación. Había que animarse a salir y así lo hicieron los primeros ocho pioneros de esta historia: Aristóbulo Bianchetti, Rogelio Fernández, Lorenzo Forte, Antonio González, Felipe Quintana, Páez, Manuel Pazos y Rodríguez.

Además de tener un taxi en buenas condiciones, era imprescindible contar con una buena garganta para llamar la atención de los eventuales pasajeros, anunciando a los gritos el nuevo servicio.

Los medios de comunicación rápidamente recogieron la iniciativa y en su edición del 28 de septiembre de 1928 algunos diarios informaban sobre el servicio de la primera línea de taxis-colectivos, que realizaba el recorrido desde Lacarra y Rivadavia hasta Plaza Flores y luego su extensión hasta Primera Junta, abonándose diez centavos para el primer trayecto y sólo veinte para todo el recorrido. El servicio inicialmente transportaba hasta cinco pasajeros, con una frecuencia de cuatro minutos. En un alarde de creatividad, a esta primera línea se la denominó precisamente, "Primera".

Los resultados fueron alentadores y la recaudación se fue incrementando, con una mejora inicial de casi un ochenta por ciento. La invención no tardó en sumar adherentes y el 12 de octubre del mismo año entró en funcionamiento la línea "8" para hacer el recorrido Nazca y Rivadavia-Plaza de Mayo.

Tampoco podían faltar los detractores y enemigos, en cuyas filas se enrolaban los taxistas que no se incorporaban al nuevo servicio. En este caso, las diferencias se resolvían a puro pinchazo de neumáticos y refriegas callejeras que, según testigos, incluyeron algunos tiros. La competencia entre las dos líneas de colectivos también se hizo sentir cuando la Primera extendió su servicio hasta Plaza de Mayo. Esta vez, la solución fue más pacífica y negociada. Ambas líneas decidieron fusionarse e integrar una flota de ciento ochenta coches. Poco después aparecieron varias líneas más, entre ellas las actuales 33, 59 y 168. Por lo general, los números se elegían libremente, teniendo en cuenta el que usaba el tranvía o la línea de ómnibus con la que competían.

Enseguida el colectivo tuvo aceptación masiva entre el público porteño y hasta logró cambios en las pautas culturales como el acceso de la mujer sin acompañante a un servicio público de transporte. En mayo de 1929, pocos meses después del primer recorrido, los colectivos que circulaban por Buenos Aires sumaban cuatrocientas unidades. En 1933, con tres mil unidades en circulación, el Consejo Deliberante estableció las primeras ordenanzas para reglamentar su servicio. Entre otras disposiciones, se ordenaron las líneas con números del 1 al 70.

A diferencia del tranvía y los ómnibus, que contaban con guarda y chofer, en el colectivo todas las responsabilidades pesaban sobre el conductor, un verdadero polifuncional a quien, con justa razón, años más tarde Miguel Cantilo otorgaría los títulos de "capitán, timonel y cobrador".[4] Para defender sus intereses, los colectiveros comenzaron a agruparse y crearon la Federación de Líneas de Colectivos.

Los primeros taxi-colectivos fueron improvisados autos de alquiler con carrocerías doble faetón de techo de lona y capacidad para siete pasajeros, cuatro en las plazas traseras, dos en los transportines (pequeños asientos rebatibles) y un privilegiado que acompañaba al chofer sin por eso pagar de más. Las únicas diferencias respecto a sus antecesores eran que se tapaba el reloj taxímetro y se agregaba sobre el parabrisas un cartel normalmente realizado en madera y pintado a mano, donde se indicaba la línea y el recorrido.

La demanda sostenida obligó una vez más a buscar soluciones que se encontraron alargando precariamente los chasis, lo cual

[4] La canción *Tema para el Colectivero* integra el álbum *Cantilo y Punch* publicado en 1981: "Señor colectivero, capitán, timonel y cobrador / De esta fenomenal combinación / De perdido vagón de tren carguero / Y coche popular de pasajeros / Pintado de un color de carnaval. // Señor colectivero, comandante, piloto y mandamás / De esa cápsula pública y fugaz / De ese raro animal de aliento negro / Tan cómico con su perfil de cerdo / Su corneta infernal y su motor. // Te canto capitán, enojado pirata de las calles / Colectivero de mi Buenos Aires / Le canto a tu animal, al marrano de Troya de las calles / El colectivero de mi Buenos Aires / En que voy cada día a trabajar. // En la esquina chofer, no me arrime al cordón puedo saltar / Si quiere pare un poco más allá / Pero eso sí, señor, no clave el freno / Porque los pasajeros nos caemos / En un paso de tango sin control. // Señor colectivero, yo comprendo que es duro manejar / Con el tránsito loco que hay acá / Dar el vuelto y también cortar boleto / Y no perder minutos de ese tiempo / Que late en el reloj del corazón. [...]".

permitía elevar la capacidad a diez pasajeros. Sin embargo, esto era a costa de sacrificar la estructura del vehículo y, por supuesto, también la seguridad de sus ocupantes. Así nació el auto-colectivo.

Pronto aparecieron los talleres especializados. Entre los primeros se encontraba Calzón y Rodríguez Hermanos, quienes en su taller de Añasco y Donato Álvarez construyeron la primera carrocería especial para los taxistas José Fonte y José Chiofalo. Por supuesto que estas improvisadas soluciones no siempre contaban con el aval de las autoridades porteñas, que en algunos casos prohibían su circulación argumentando que se trataba de "un adefesio mal construido, además de elemental y casero".

El colectivo adoptó su fisonomía definitiva a partir de la década del treinta cuando comenzó a ser carrozado sobre chasis de camión corto, aunque conservando la herencia del auto en detalles como las puertas enterizas y las ventanillas con manija de subir y bajar.

La reglamentación municipal de 1933 limitó la extensión de los colectivos a once pasajeros para evitar que entraran en competencia con los ómnibus. Durante más de diez años esta disposición condicionó la capacidad de las unidades, pero no su evolución estilística. En ese lapso se incorporaron los letreros luminosos de destino de tres paños (con el número de línea en el centro), inspirados en los utilizados por los ómnibus, aparecieron las puertas plegadizas y se elevó la altura del techo permitiendo que algunos pasajeros viajaran de pie, pero todavía agachados. Para alejarlo visualmente del camión se aplicaron al colectivo unas polleras en los laterales que sirvieron para tapar el chasis. Otro cambio notable fue la ubicación de la rueda de auxilio en la culata, una tentación para niños, y no tanto, que viajaban "colados" subidos a la estructura que la alojaba. Hacia fines de la década, las formas de las carrocerías se hicieron más armónicas y redondeadas y perduraron así por mucho tiempo.

El esquema de color o "recorte" con el que se pintaban las carrocerías era muy distintivo. Una franja delgada sobre la línea base de las ventanillas servía de separación. De allí hacia el techo se utilizaba un color y hacia abajo y sobre el panel lateral, otro contrastante. A partir de la década de 1930 se hizo masivo el uso del filete, complementando el esquema cromático, además de dotar a los vehículos de una fuerte personalidad. Cuando la Corporación tomó a su cargo el sistema, todos los vehículos fueron pintados con un color crema matizados por una banda marrón. Esta disposición hizo desaparecer la carnavalesca policromía que había caracterizado al transporte de la ciudad.

Otro invento derivado de la necesidad del nuevo sistema fue la boletera. Comenzó a utilizarse por primera vez en marzo de 1932 en la línea 31, actual 60, aunque su implementación masiva llegó mucho más tarde, cuando la Corporación hizo obligatorio el sistema de boletos a principios de la década del cuarenta. Existía la obligación de entregar los boletos al descender del vehículo y el chofer los depositaba en una urna para control de la empresa.

Entre las primeras marcas de carrocerías de colectivos figuran la creativa e innovadora Gnecco y las más conservadoras "La Sin Rival" y "La Maravilla". Cada fábrica se distinguía por la forma particular del gotero y las viseras ubicadas en la parte superior de las ventanillas.

Los primeros taxi-colectivos estaban construidos sobre chasis de diversas marcas de autos aunque predominaban los Hispano Suiza y los Chevrolet, precisamente una de las primeras marcas en circular. Cuando la evolución llevó a montar las carrocerías sobre chasis de camiones, Chevrolet fue la marca dominante en las preferencias de los colectiveros alcanzando el cuarenta por ciento del parque del sector. Los modelos de 1947 y 1948 fueron muy exitosos y popularmente bautizados "Sapo". Pero, a partir de 1953 el panorama cambió completamente con la llegada de Mercedes-Benz a la Argentina y la importación, primero, y la producción nacional, después, de los primeros chasis LO 3500, los cuales cambiaron por completo la fisonomía de los colectivos y el paisaje callejero. Gracias a una mayor flexibilidad en las configuraciones de sus chasis, la marca de la estrella se transformó en la predilecta de las carroceras y las empresas de transporte, alcanzando con el correr de los años una participación casi monopólica del mercado al proveer el 97 por ciento del total de los chasis para colectivos.

El golpe asestado por esta iniciativa porteña, hija de la necesidad, fue certero al centro del orgullo y las ganancias de los británicos, quienes vieron reducidos sus hasta entonces monopólicos beneficios ante el imparable paso de estos ingeniosos taxis-colectivos. Las empresas inglesas de transporte comenzaron a presionar sobre las autoridades municipales para limitar el servicio de colectivos. La respuesta del gobierno fue favorable a las peticiones empresariales y una de las primeras medidas discriminatorias hacia la actividad de los colectivos fue gravar con patentes a los vehículos de nueve o diez pasajeros y eximir de tal contribución a los ómnibus.

Las presiones no terminaron ahí. En 1933, la crisis económica iniciada cuatro años antes llevó al gobierno a buscar una salida negociada con el Imperio Británico para recuperar los volúmenes de exportación previos al coletazo financiero mundial. La iniciativa derivó en el famoso acuerdo Roca-Runciman, que incluía la necesidad de convertir el sistema de transporte de Buenos Aires en un monopolio mixto entre las empresas británicas y el Estado argentino. De esta manera, los campeones del libre comercio, recurrieron a la complicidad del Estado para contrarrestar los efectos que les producía la "libre iniciativa" privada porteña, a la que consideraban una competencia desleal. El proyecto fue aprobado por el Congreso Nacional el 1° de octubre de 1936 luego de largos, tediosos y fogosos debates. Con el terreno legalmente allanado, se creó en 1939 la Corporación de Transporte de la Ciudad de Buenos Aires. Este organismo tenía como principal actividad la coordinación de todo el sistema de transporte porteño, incluidos subtes, tranvías, ómnibus y, por supuesto, colectivos.

El 4 de septiembre 1942 se inició la expropiación compulsiva de todos los colectivos cuyos dueños no hubieran aceptado incorporarse al nuevo ente. Los colectiveros agrupados en la Federación resistieron el embate del monopolio con paros y largos procesos judiciales. En octubre se declaró una huelga que duró cuatro meses. Finalmente, algunos colectiveros aceptaron vender sus unidades a la Corporación e incorporarse como empleados. Otros huyeron con sus unidades hacia la provincia de Buenos Aires, donde crearon nuevas líneas que sirvieron de base para la implementación del transporte público en el conurbano bonaerense.

Al momento de crearse la Corporación operaban en Buenos Aires 53 empresas de ómnibus, con 75 líneas, y 68 líneas de colectivos que transportaban anualmente 720 millones de pasajeros. Por su parte, los tranvías transportaban 383 millones de pasajeros y el subte 91 millones. Queda claro entonces que el transporte automotor había ganado la batalla frente al riel y nadie quería perderse el negocio de su explotación.

Lejos de satisfacer las necesidades para las que había sido creada, a poco de andar, la Corporación debió hacer concesiones y permitir la explotación privada de algunas líneas, especialmente para satisfacer la gran demanda de transporte surgida como consecuencia del acelerado proceso de industrialización por sustitución de importaciones iniciado a mediados de la década de 1930. La creación de la Corporación y el estallido de la Segunda Guerra Mundial condicionaron notablemente la evolución del colectivo. La falta de unidades nuevas producto del cierre de la importación y el aumento de la demanda llevó a las pocas empresas particulares a aprovechar al máximo el material rodante disponible. Para ello se vieron obligadas a dejar de lado la rígida reglamentación y aumentar la capacidad de transporte de las unidades. En algunos casos se recarrozaron los colectivos partiendo y extendiendo los chasis y en otros se utilizaron viejos chasis de camión que fueron carrozados especialmente. El resultado fueron nuevos colectivos, con más filas de asientos y ventanillas, y capacidades de entre 13 y 16 pasajeros. Visualmente los vehículos resultaban desproporcionados y notablemente estrechos al mantener el ancho original. La inclusión de los chasis con ruedas duales aportó estabilidad y seguridad.

Así nació el microómnibus, una configuración intermedia entre el viejo ómnibus y el colectivo de once asientos.[5] La Corporación

[5] Los ómnibus se carrozaban sobre chasis de camión, con ruedas duales. Las capacidades iban desde los 17 asientos hasta los 36. El diseño de sus carrocerías era herencia de los tranvías, con trazos predominantemente rectilíneos. Contaba con una plataforma trasera de acceso y otra delantera para descender. Los pasajeros podían caminar completamente erguidos por sus pasillos. El modo de explotación también era similar al de los tranvías, es decir, con conductor y guarda. El puesto del conductor estaba separado por una mampara de madera y vidrio.

se vio obligada a hacer el mismo trabajo que los particulares y extender sus unidades usadas, tarea para la que recurrió a sus propios talleres y también a carroceros independientes.

El fin de la guerra permitió reanudar la importación de chasis. El colectivo ganó en largo y altura, extendió su capacidad a 16 pasajeros, armonizó sus proporciones, pero mantuvo sus redondeces.

Con la organización de los salones, el Automóvil Club Argentino dio un fuerte impulso a la promoción del automóvil. *Fuente: Revista Automovilismo (ACA)*

Fortunato Francone fue uno de los más prolíficos carroceros de automóviles de lujo. Sus creaciones solían exhibirse en los Salones del Automóvil del ACA. *Fuente: Revista Automovilismo (ACA)*

La empresa de capital nacional Hispano Argentina desarrolló una extensa gama de productos que incluía desde la fabricación de buses y camiones a la construcción de prototipos de lujo equipados con motores diésel. Sus estrechos vínculos con el Ejército Argentino le permitieron proveerlo con camiones para el transporte de tropas. *Fuente: Archivo General de la Nación (AGN)*

Hispano Argentina fabricó íntegramente chasis de camiones y buses. *Fuente: Archivo General de la Nación (AGN)*

Prototipo de auto de lujo con motor diésel construido por Hispano Argentina. *Fuente: Archivo General de la Nación (AGN)*

A comienzos de la década de 1940, la empresa CATITA construyó este prototipo de camión con piezas provistas por diferentes autopartistas argentinos. *Fuente: Archivo General de la Nación (AGN)*

César Castano intentó producir en serie la pick up Castanito, inspirada en mecánica DKW.

César Castano posa junto a su creación, el Castanito.

El Castano Racer, primera creación de César Castano.

Fábrica de César Castano a comienzos de 1945.

A pedido de un cliente, Emanuel Maury construyó artesanalmente el automóvil Yruam. *Foto: Gustavo Feder*

Con innovaciones tecnológicas y constructivas, el Peona GP1 fue uno de los primeros intentos de construir un auto de carácter popular. *Foto: Gustavo Feder*

El motor del Peona poseía cuatro cilindros en línea y 900 centímetros cúbicos. Disponía de árbol de levas a la cabeza perforado y lubricación forzada por bomba de engranajes fundida en bronce. *Foto: Gustavo Feder*

Ñandú, vehículo multipropósito desarrollado por el Ejército Argentino durante la Segunda Guerra Mundial. *Fuente: www.cocheargentino.com.ar*

Planta Boca: Lavalle 1702. Segundo local de Ford Motor Company en Argentina. *Fuente: Archivo Ford Motor Argentina*

Ford fue la primera empresa extranjera en edificar una planta de montaje. Fue construida en el barrio de La Boca e inaugurada en 1922. *Fuente: Archivo Ford Motor Argentina*

General Motors siguió el ejemplo de Ford y construyó una importante planta de montaje en el barrio de Barracas. *Fuente: Archivo General Motors Argentina*

Publicidad de la Compañía Argentina de Cemento Portland donde se aprecia la vista aérea del Palacio Chrysler con su impactante pista de pruebas en su terraza. *Fuente: Revista Automovilismo (ACA)*

Último furgón Chevrolet producido en la fábrica de Barracas de General Motors hasta el fin de la guerra. La intervención de Estados Unidos en la Segunda Guerra Mundial interrumpió la exportación de componentes para el armado de automóviles. *Fuente: Archivo General Motors Argentina*

El carrocero Jerónimo Gnecco se destacó por sus diseños audaces y creativos. Sus trabajos variaban desde carrocerías de ómnibus y colectivos a vehículos publicitarios. *Fuente: Revista Ruedas Clásicas*

El nacimiento del colectivo y su rápida difusión dio origen a una floreciente industria carrocera. *Fuente: Archivo General de la Nación (AGN)*

Bibliografía consultada para el capítulo 2

Galasso, Norberto, *Cuadernos para la Otra Historia,* Buenos Aires: Centro Cultural "Enrique Santos Discépolo".

Lorenzo, Ricardo (Borocotó), 1953, *Medio siglo de automovilismo argentino,* Buenos Aires: Atlántida.

Parga, Alfredo, 1992, *Historia de una pasión: 100 años de automovilismo argentino,* Buenos Aires, Atlántida.

Scalabrini Ortiz, Raúl, 2001, *Política británica en el Río de la Plata,* Buenos Aires: Plus Ultra.

Sojit, Luis Elías y Miceli, Luis, 1956, *Enciclopedia de Oro del Automovilismo,* Buenos Aires: Editorial Sojit.

Fascículos, suplementos y revistas

"El Auto Colectivo", ediciones 502, 503 y 504, órgano oficial de la de la Cámara Empresaria del Autotransporte de Pasajeros.

"El automóvil en la Argentina", 1924, órgano oficial del Círculo Automovilista Argentino.

"Historia de la economía argentina del siglo veinte", n° 14, *Página/12,* suplemento.

Casal, Horacio N., "Historia del Colectivo", fascículo 21 de *La Historia Popular. Vida y milagros de nuestro pueblo,* Buenos Aires: Centro Editor de América Latina.

Colección de revistas de automovilismo, publicación oficial del Automóvil Club Argentino.

Magnum, n° 5, 6 y 7, año 1992.

Road Test, n° 32.

Páginas web

Benedetti, Héctor Ángel, 2010, "El Pabellón de las Rosas", en *El Sextante de Hevelius,* blog. Disponible en http://elsextantedehevelius.blogspot.com.ar/2010/05/el-pabellon-de-las-rosas.html.

Sitio web: BusArg.com.ar, en http://www.busarg.com.ar

Medidas de potencia

Aunque indican lo mismo –unidades de potencia–, cv y hp no son lo mismo. La unidad utilizada depende del origen del auto. Si bien en la mayoría de los casos la potencia se expresa en hp (por *horse power*, "caballos de fuerza"), algunos –los franceses– la indican en cv (por caballos de vapor).

Un hp difiere del cv en la cantidad de fuerza aplicada por segundo: la fuerza que genera un hp es 1,39 por ciento más poderosa que la del cv.

1 cv es igual a 0,9863 hp
1 hp es igual a 1,0138 cv

3 | Inicios de la producción seriada

Los años de la Segunda Guerra Mundial produjeron un fuerte estancamiento en el volumen del parque automotor nacional. El cierre de las importaciones a partir de 1942, motivado por la reconversión de la producción industrial para fines bélicos por parte de las naciones beligerantes, frenó la renovación de vehículos y afectó notablemente el mantenimiento del material rodante por falta de repuestos. La caída de las importaciones de unidades completas fue notable; pasó de 5.710 en 1942 a sólo 191 en 1945. Por otra parte, las ensambladoras locales de las automotrices estadounidenses se vieron obligadas a paralizar la producción por falta de autopartes esenciales.

Finalizada la guerra, la importación se reactivó a partir de 1946 y ese año se alcanzó la cifra de 20.986 vehículos. No obstante, el ingreso de vehículos importados y otros productos industrializados se vio fuertemente restringido a partir de 1949 por la acuciante falta de divisas, originada en la brusca caída de las exportaciones y en una significativa disminución en los términos del intercambio, que derivaron en un saldo negativo de la balanza comercial. Esta coyuntura afectó la disponibilidad de dólares, que se manifestó en la reducción de la cifra de vehículos importados, que sólo alcanzó 3.585 unidades en 1950.

La sumatoria de los factores antes mencionados y el crecimiento demográfico, alentado por nuevos flujos migratorios de posguerra, dieron como resultado un aumento en la relación habitantes por auto: pasó de 27 a 1, en 1930, a 47 a 1, en 1951, con 361.272 vehículos y una población de 17.111.000 habitantes. Cuatro años más tarde, la relación se había reducido a 43 habitantes por auto, con un parque de 477.755 vehículos (autos: 314.276; camiones: 148.576; ómnibus: 14.903). También era crítico el envejecimiento del parque automotor: en 1955 presentaba una edad promedio superior a los 18 años, muy por encima de los 2,65 registrados en 1925.

El rápido desarrollo del mercado interno, iniciado después de la guerra, fue alentado por una política redistributiva de ingresos con una marcada movilidad social ascendente por parte de las clases trabajadoras y medias, evolución que impactó positivamente en el crecimiento de la industria argentina. Este proceso, enmarcado en la industrialización por sustitución de importaciones, venía manifestándose desde mediados de los años treinta y a partir de 1944 tuvo un marcado impulso por parte del Estado con la creación del Banco de Crédito Industrial.

Autoar, primera radicación extranjera

En los años veinte, Piero Dusio era un destacado futbolista de Juventus, el equipo más importante de Turín, hasta que la lesión en una rodilla lo dejó fuera de las canchas definitivamente. Los hermanos Mirsan, quienes en ese entonces administraban el club, le ofrecieron la representación de una empresa textil de capitales suizos. En una semana, Dusio vendió tanto como lo que se había vendido en todo un año; por ello, le otorgaron la representación para toda Italia.

En poco tiempo, el éxito comercial le permitió adquirir automóviles sport y monopostos con los que Piero encontró rápidamente sus dotes como piloto de competición.

En 1933 logró el campeonato en la categoría debutantes y al año siguiente creó la Scudería Torino. En 1936 obtuvo el sexto puesto en el Grand Prix de Italia a bordo de una Maserati y en 1937 venció en su categoría en la Mille Miglia a bordo de un Siata. En 1938 alcanzó el cuarto puesto en la misma competencia, pero esta vez al comando de un Alfa Romeo 8C 2300; poco después y con el mismo auto venció en la Trepada del Stelvio.

Rápidamente logró consolidarse como uno de los mejores pilotos amateurs de Italia, llegando entre los tres primeros en catorce competencias. Entonces comenzó a gestar la idea de participar en competencias con autos de fabricación propia.

En 1939 Dusio había diversificado sus inversiones: incorporó a su actividad textil un banco, una cadena de hoteles y la fabricación de artículos deportivos. Estas lucrativas empresas dieron origen a un conglomerado comercial e industrial denominado Cisitalia, Compagnie Industrie Sportive Italia. Cuando se inició la guerra producía raquetas, ropa deportiva y bicicletas de la marca Beltrame; poco después obtuvo el contrato exclusivo para abastecer al ejército italiano con todos los uniformes y al alemán con telas enceradas.

En 1944, Dusio puso en marcha un ambicioso proyecto deportivo. La idea original era producir una serie reducida de monopostos livianos y maniobrables, todos con la misma potencia. Consiguió sumar al proyecto a Dante Giacosa, futuro jefe de diseño de Fiat Italia, y rápidamente comenzaron a trabajar con la idea de concebir un auto sencillo y económico. Encontraron como mejor alternativa utilizar un motor Fiat 1100 y adaptarlo a un chasis de Topolino, configuración que les permitiría alcanzar una excelente relación peso-potencia. Giacosa se ocupó del desarrollo del chasis y Dusio, de los aspectos comerciales y deportivos. Lograron el apoyo de Fiat para la provisión de motores y componentes mecánicos y de Pininfarina para la construcción del primer prototipo y la primera serie de 50 unidades. Finalmente, el programa quedó definido en 500 monopostos y 500 bipostos *spider* y cupé.

En forma casual, Giacosa se encontró en el taller de Dusio frente a un importante stock de tubos de acero al cromo-molibdeno y, aprovechando su experiencia de diseño en la sección aeronáutica de Fiat, se propuso aplicarlos en el desarrollo del auto. Así nació el primer deportivo con estructura tubular reticulada. Esta solución le otorgaba al vehículo una gran rigidez con una importante reducción de peso.

Por su parte, las prestaciones del propulsor habían sido notablemente mejoradas por los técnicos de la fábrica, liderados por Giovanni Savonuzzi, quienes lograron aumentar la potencia de 32 hp a 62 hp a un régimen de 6.500 revoluciones por minuto (rpm).

El monoposto, bautizado D46, debutó el 3 de septiembre de 1946 en dos pruebas en el circuito del Parco del Valentino en Turín durante la disputa de la Coppa Andrea Brezzi. Dusio preparó una eficiente estructura deportiva y presentó siete monopostos. El éxito fue rotundo. El propio Dusio se adjudicó la prueba, escoltado por Franco Cortese y Louis Chiron, ambos conduciendo también un D46. Raymond Sommer finalizó quinto a bordo de otro Cisitalia.[1]

Los éxitos deportivos se expandieron por toda Europa. Entre 1946 y 1949, los pilotos más reconocidos de la época probaron el D46; entre ellos, Ascari, Bonetto, Lurani, Nuvolari, Taruffi y Von Stuck.

Estos resultados entusiasmaron a Piero Dusio y en noviembre de 1946 encaró un nuevo desafío: la construcción de un auto para competir en los Grand Prix. En esta oportunidad, decidió recurrir a la colaboración de Porsche. El contacto se realizó en diciembre de 1946 en la localidad de Zell am See, Austria. Dusio encargó al departamento de diseño de Porsche el desarrollo del Grand Prix (proyecto Porsche Typ 360). Además de este auto, el acuerdo incluía el desarrollo de un coche sport de 1.500 centímetros cúbicos (cc) (Porsche Typ 370), un tractor de 11 cv (Porsche Typ 323) y una turbina (Porsche Typ 385). El responsable de estos proyectos fue Ferry Porsche debido a que su padre, Ferdinand, era prisionero de guerra en Francia. Por intermedio de la hija de Porsche,

[1] Esta carrera pasó a la historia por el episodio que protagonizó Tazio Nuvolari, pilotando uno de los Cisitalia D46, cuando, a poco de comenzar la competencia, repentinamente el volante se salió de la columna de dirección. Sin embargo, el talentoso piloto siguió conduciendo hasta detenerse en boxes para que los mecánicos del equipo resolvieran el inconveniente. Regresó a la pista y concluyó la carrera en el puesto trece, a seis vueltas del ganador.

Louise, Dusio inició gestiones con las autoridades francesas para lograr su liberación y lo consiguió, previo pago de un millón de francos. También obtuvo la libertad del doctor Piëch, yerno de Ferdinand y ex administrador de la fábrica Volkswagen. La suma abonada fue tomada como parte de los honorarios del proyecto.

En su edición de noviembre de 1948, la revista *Auto Italiana* anunciaba que ya se encontraba en las etapas finales la construcción del Grand Prix. Sin embargo, la situación económico-financiera del industrial italiano era insostenible, con quebrantos cercanos a los mil millones de liras. Para poder crear una verdadera estructura deportiva era necesario construir al menos seis vehículos y no contaba con el presupuesto necesario.

La llegada de la primera fábrica de autos extranjera al país fue resultado de una serie de factores coyunturales producidos en Italia y Argentina a fines de la década de 1940.

La radicación de la empresa de Piero Dusio estuvo motorizada por dos aspiraciones del presidente Juan Domingo Perón. Por un lado, crear un equipo argentino de pilotos y autos para competir internacionalmente y, por otro, dar impulso a la fabricación local de automóviles y autopartes. En este contexto se anunciaron planes para la construcción de un autódromo en la ciudad de Buenos Aires o sus cercanías; como primera opción se analizó la zona lindera al aeropuerto de Ezeiza, en construcción en aquellos años.

En enero de 1948, Clemar Bucci, flamante campeón de Mecánica Nacional, fue enviado a Europa por el gobierno argentino para establecer contactos con fábricas y equipos y tentarlos para radicarse en Argentina. Abocadas a planes de reconstrucción, Fiat y Alfa Romeo rechazaron el ofrecimiento. Pero un encuentro casual con Piero Dusio abrió las puertas a la solución. Entusiasmado por los planes del gobierno argentino, Dusio invitó a Bucci a recorrer las instalaciones de Cisitalia, donde tomó contacto con el Grand Prix diseñado por Porsche. Sin dudarlo, Clemar vio en ese monoposto el auto ideal para crear la Escudería Argentina. A partir de ahí se iniciaron las gestiones oficiales que culminaron con el arribo de Piero Dusio y su empresa al país.

El traslado a la Argentina surgió como una solución mutuamente conveniente que le permitió a la compañía italiana capitalizarse con facilidades otorgadas por el Estado argentino. Por su parte, el gobierno nacional encontraba una alternativa a los fabricantes norteamericanos, muy reticentes a invertir en el país, y al costoso desarrollo de una fábrica propia de automóviles.

La idea de constituir una automotriz nacional quedó en evidencia en el nombre de la firma, Autoarg (Automotores Argentinos); posteriormente, la letra "G" fue eliminada por razones fonéticas.

En una primera etapa, Dusio decidió preservar el nombre Cisitalia para la fabricación de autos sport y de carrera que, a un ritmo menor y con un plantel reducido de setenta operarios, se seguían produciendo en la península.

Por decreto 18.996 del Poder Ejecutivo Nacional del 10 de agosto de 1949, que declaraba la industria automotriz de vital importancia para el desarrollo económico nacional, se autorizó a la empresa Autoar la libre importación de maquinarias, instalaciones y materiales destinados a levantar en el país una planta industrial para la producción de tractores y automotores. La liberación quedaba sujeta a que la empresa contara con el asesoramiento, planos y patentes de un grupo técnico proyectista de reconocida capacidad, a juicio del Ministerio de Industria y Comercio. La importación incluyó 120 toneladas de dispositivos accesorios de la maquinaria ingresada, como matrices, herramientas de montaje, controles de producción y calibres. Adicionalmente, había diez cajones con documentación técnica de proyectos, marcas y patentes.

También se autorizaba el ingreso de vehículos para uso del personal, entre ellos un camión Fiat 626 con remolque Viberti, seis Fiat 1100 y dos Fiat 500. Un párrafo aparte merece el permiso de importación de quince autos de competición, entre los que se destacaban tres Grand Prix con motores de 1.500 cc y 380/400 hp; ocho monopostos para Fórmula Internacional 2, de 1.200 cc, sin compresor, de 85/90 hp y cuatro automóviles Fórmula Sport Internacional de 1.200 cc, sin compresor, de 80 hp. Por último, se permitía el ingreso de 50 chasis de tipo Turisport, de cuatro cilindros, semielaborados, con carrocerías desarmadas. Además de la importación de materiales y vehículos, la Dirección General de Migraciones otorgó 150 permisos de inmigración para operarios y técnicos especializados.

La sede de la empresa quedó establecida en la calle Charcas 650-658 de la ciudad de Buenos Aires. El 25 de diciembre de 1949 se realizó una convocatoria para suscribir acciones por un valor de cinco millones de pesos que se integrarían al capital inicial de diez millones.

Autoar había comprado unos terrenos de 2.755.154 metros cuadrados en el partido de Quilmes para construir su planta industrial, de los cuales 755.124 serían destinados, según el plan original, a la planta y el resto a una urbanización para obreros y empleados de la empresa. El ambicioso proyecto contemplaba la contratación de cinco mil empleados para una producción diaria de 50 unidades.

En el lanzamiento industrial y comercial, la empresa auguraba a sus accionistas un promisorio futuro basándose en la calidad de sus productos diseñados por el famoso Ferdinand Porsche, quien había diseñado el Volkswagen, considerado el automóvil más económico del mundo, y el Auto Union, el más veloz. En sus consideraciones sostenía que los técnicos y obreros argentinos estaban en un pie de igualdad con los norteamericanos y europeos en cuanto a su capacidad técnica, inteligencia y conocimientos.

A través de folletos ilustrativos se anunciaba una amplia gama de modelos utilitarios integrada por una rural, un furgón y una pick up, todos equipados con motor de cuatro cilindros y 60 hp, y, también, modelos de lujo, como una berlina de seis cilindros y dos mil cc y su versión cabriolet, diseñados –según la empresa– de acuerdo con las necesidades de transporte de Argentina y Sudamérica. El proyecto de esta berlina se había iniciado en Turín en 1947, mediante un acuerdo con Porsche; para adaptarlo a las condiciones locales, su desarrollo fue simplificado por técnicos, encabezados por Rudolf Hruska, que arribaron al país junto con Dusio. El objetivo era abaratar los costos utilizando elementos mecánicos disponibles en nuestro medio. La alternativa al motor Porsche original fue el Willys de los Jeep estadounidenses, ingresados al país a través de un acuerdo comercial entre el gobierno argentino y el de Estados Unidos por el cual se adquirieron tres mil unidades de rezago de la guerra. Sin embargo, la etapa de proyecto no fue superada y su construcción seriada no se concretó.

Autoar rural, pick up y furgón

La fábrica finalmente fue montada en la calle Almirante Brown 347 de la localidad de Tigre, al norte del Gran Buenos Aires, en instalaciones mucho más modestas que las previstas en el proyecto original. Allí comenzó la fabricación de la rural Autoar P.W.O., primer modelo en salir de la línea de montaje. Su producción se inició el 1 de diciembre de 1950 con una ceremonia a la que asistieron el presidente Perón, funcionarios del gobierno, el embajador de Italia Giustino Arpesani y Piero Dusio.

El diseño de este vehículo utilitario es una curiosa combinación de componentes europeos y norteamericanos, algo que se volvió a ver en otras marcas y modelos en la producción automotriz nacional. El chasis de largueros y travesaños fue desarrollado por los técnicos de Porsche, encabezados por el ingeniero Rupilius y Rudolf Hruska, mientras que el propulsor y la transmisión tenían origen en el Jeep Willys. Esta mezcla de procedencias se vio reflejada en el nombre del vehículo: la "P." hacía referencia a Porsche y "W.O." a Willys Overland.

El motor de 2.150 cc y 65 hp le permitía alcanzar una velocidad máxima de 105 kilómetros por hora (km/h). La transmisión era de tres velocidades, con la primera no sincronizada. La carrocería de tipo rural, con capacidad para siete pasajeros, tenía tres puertas: dos adelante y el portón trasero; se ofrecía en versiones Metálica y Madera, que sólo se diferenciaban por la ornamentación en ese material de la segunda versión. Fue diseñada en Argentina por el entonces joven italiano Aldo Brovarone, quien permaneció en el país hasta 1952 y posteriormente continuó su exitosa carrera profesional en Pininfarina.

La rural fue complementada con versiones pick up y furgón, con cabina metálica para tres pasajeros. La suspensión delantera, típicamente Porsche, era independiente, con barras de torsión y amortiguadores telescópicos, y la trasera, a ballestas con amortiguadores hidráulicos telescópicos; esto permitía una carga útil de 750 kilos. Respecto a las motorizaciones, se podía optar, además de por el motor Willys, por un Fiat de 1.900 cc de 70 hp (velocidad máxima de 125 km/h) o por un Simca-Vedette de 8 cilindros en V,

2.351 cc y 85 hp. Para la pick up se ofrecía también una motorización Fiat diésel de 1.400 cc.

Sobre la base de los utilitarios, fue desarrollado un cupé diseñado también por Brovarone, del que sólo se construyó un prototipo en 1951.

Las cifras de producción eran muy modestas y no superaban las 50 unidades por mes. Entre 1951 y 1958 se produjeron 597 rurales, 372 pick up y 58 furgones.

Además de ensamblar sus propios modelos, Autoar firmó un acuerdo con Industrias Aeronáuticas y Mecánicas del Estado (IAME) para la que fabricó alrededor de 14 mil chasis similares a los de la rural destinados a los primeros Rastrojeros. Hasta 1958 se entregaron 9.211 chasis.

El Grand Prix

Si bien este monoposto no fue fabricado en Argentina, su historia merece ser rescatada por su vinculación directa con el automovilismo argentino y por el deseo oficial de constituir un equipo nacional para competir internacionalmente.

Con Autoar en producción desde hacía unos meses, a principios de 1951, ingresaron al país un prototipo Grand Prix completo y uno semiarmado. Diseñado por un equipo de proyectistas liderado por Ferdinand Porsche, el innovador monoposto contaba con un motor central de 1.500 cc, 12 cilindros horizontales opuestos, block de aleación liviana, cuatro árboles de levas y cigüeñal de siete bancadas. Con dos carburadores y dos compresores tipo Zoller, se estimaba que su potencia podría alcanzar los 450 hp. Tenía caja de cinco velocidades, tracción integral opcional y suspensión independiente en las cuatro ruedas. El chasis tipo jaula estaba construido con tubos de cromo molibdeno y su carrocería en electrón, una aleación con abundante magnesio más liviana que el aluminio.

En Argentina, este monoposto adoptó la denominación de Autoar Especial. Su debut debía ser en la primera carrera de la Temporada 1951 en Buenos Aires. Sin embargo, el auto estaba todavía en plena experimentación y casi no había sido probado en Italia. Con el alejamiento de Porsche del proyecto, su desarrollo local había quedado a cargo de un grupo de ingenieros y técnicos de Autoar, quienes se encontraron con serias dificultades para llevar adelante el plan por la complejidad técnica y lo novedoso del diseño. Al mismo tiempo, se anunciaban cambios en la reglamentación de la Fórmula 1 para 1952, que elevarían la cilindrada a dos mil cc. Con este panorama desalentador, el proyecto fue suspendido y el auto se guardó en un galpón cerca de la fábrica.

Dos años más tarde, el proyecto fue reflotado. Autoar designó para su dirección al ingeniero Juan Rossi, futuro director de Fiat Argentina, quien había arribado al país en 1946 contratado por SIAM para producir motores térmicos. Durante ese año se realizaron ensayos estáticos y dinámicos. El 30 de enero, Clemar Bucci probó el auto en la Avenida Márquez, donde superó los 200 km/h. La mayor dificultad radicaba en las pérdidas de aceite por filtraciones que impedían alcanzar la máxima potencia, problema que fue resuelto por Rossi, quien logró que el motor alcanzara 365 hp en un ensayo realizado el 23 de abril. Alentados por este resultado, se decidió someterlo a la prueba del kilómetro lanzado con el objetivo de superar los 300 km/h.[2] La prueba definitiva se realizó el 18 de junio de 1953 en un tramo de la autopista Ricchieri y fue fiscalizada por la Comisión Deportiva Automovilística del Automóvil Club Argentino (ACA). Luego de dos pasadas en distintos sentidos, se alcanzó el promedio de 233,010 km/h; aunque marcó el récord sudamericano, era una marca muy por debajo de las expectativas. Esa fue la última vez que el auto rodó. El proyecto quedó definitivamente abandonado y el monoposto fue a pasar sus días a un olvidado taller de Autoar y luego, junto con otros bienes de la fábrica, vendido a un particular, quien lo exhibió durante un tiempo en una agencia de Belgrano. Enterado de su existencia, Ferry Porsche ordenó su adquisición y en 1958 fue trasladado a Alemania, donde, luego de un minucioso proceso de restauración, es exhibido en el museo de Porsche en Zuffenhausen.

[2] El kilómetro lanzado es un tipo de prueba con varias pasadas en distintas direcciones a lo largo de un kilómetro.

Autoar Panamericano

A mediados de 1958 se presentó una nueva línea de utilitarios frontales desarrollados sobre la misma base mecánica de la pick up Autoar. Bajo la denominación "Panamericano", fueron lanzados en versiones furgón, pick up y mixto, equipados opcionalmente con motores nafteros Fiat de 1.900 cc y 70 hp o Simca V8 de 2.301 cc. Tenían una capacidad de carga de una tonelada y una velocidad máxima de 125 km/h. El consumo era de 11 litros de nafta cada 100 kilómetros. Opcionalmente estaba disponible un propulsor Fiat diésel.

El chasis tenía una distancia entre ejes de 2.680 mm y trochas trasera y delantera de 1.400 mm. El despeje era de 230 mm. En forma similar a los Autoar rural y pick up, la suspensión del eje delantero era independiente por barra de torsión, mientras que el puente posterior presentaba ballestas longitudinales y cuatro amortiguadores.

La transmisión se realizaba con una caja de cuatro velocidades con la segunda, la tercera y la cuarta sincronizadas. Las dimensiones eran: 4,50 metros de largo, 1,85 de ancho y 1,98 de alto. Su radio de giro de 9,5 metros lo hacía apto para espacios reducidos en el ámbito urbano, al que estaba fundamentalmente destinado. En el caso del furgón, estas medidas permitían un volumen de carga de seis metros cúbicos. La versión furgón mixto, o minibús, especialmente diseñada para el transporte de personas, tenía una capacidad de 12 pasajeros. La carrocería contaba con una hilera de cuatro ventanillas corredizas en ambos laterales y dos puertas de acceso sobre el lateral derecho.

El NSU Prinz

Amparada en el Régimen de Promoción Automotriz, sancionado en 1959, Autoar amplió su línea de producción con la incorporación de un modelo tipo microcupé que había logrado una amplia difusión en Europa en la segunda mitad de los años cincuenta. El 8 de agosto de ese año se firmó un acuerdo con la NSU Motorenwerke de Alemania Federal para producir localmente el pequeño NSU

Prinz. Por resolución 174 del 9 de noviembre de 1959, la Secretaría de Industria y Minería aprobó los planes de producción del nuevo vehículo, que quedaba inscripto en la categoría "B", que incluía a los de cilindrada inferior a los 750 cc. La fabricación se inició en julio de 1960 y en el primer mes se terminaron 255 unidades de las mil previstas para ese año. Los planes estimaban un volumen de producción creciente que alcanzaría cuatro mil unidades en 1962, cinco mil en 1963 y seis mil en 1964.

Para ese entonces, las oficinas centrales de la empresa habían sido trasladadas a Viamonte 1693, esquina Rodríguez Peña, y se habían anunciado planes de expansión con la adquisición de un terreno de 17 hectáreas sobre la Ruta 202 en Don Torcuato, donde se construiría la nueva planta industrial.

El Prinz había sido presentado en Alemania en el Salón de Frankfurt de 1957 y rápidamente se transformó en un suceso de ventas tanto en su país como en otros de Europa Occidental. Estaba equipado con un motor bicilíndrico de cuatro tiempos refrigerado por aire mediante una turbina centrífuga, dispuesto transversalmente sobre el eje trasero, con un desplazamiento de 583 cc y árbol de levas a la cabeza, uno de los pocos que utilizaba esta solución en esos tiempos. Su desarrollo estaba basado en el motor de la moto Max, un monocilíndrico de 250 cc de 20 hp.

Las dos versiones, NSU Prinz y NSU Prinz 30, se diferenciaban por la potencia de los motores, 24 y 34 hp, lograda mediante diferentes relaciones de compresión: 6,3:1 y 7,6:1, respectivamente. También había modificaciones menores en la ornamentación de las carrocerías; el modelo 30 presentaba una terminación en dos colores y techo corredizo opcional. Como muchos autos de su categoría, el encendido estaba confiado a una dínamo arranque Dynastart que funcionaba con una batería de 12 voltios.

La transmisión era sobre el eje trasero mediante una caja de cuatro velocidades y un embrague monodisco seco de accionamiento mecánico. Sólo en el Prinz 30, los cambios eran totalmente sincronizados. El motor, la caja y el diferencial formaban un solo bloque. La suspensión era independiente en las cuatro ruedas; adelante, con brazos transversales triangulares y amortiguadores hidráulicos telescópicos coaxiales; el puente trasero presentaba semiejes oscilantes con doble cruceta y juntas universales de goma, amortiguadores hidráulicos telescópicos coaxiales y resortes helicoidales de largo recorrido.

Se trataba de un pequeño sedán de dos puertas con capacidad para cuatro pasajeros. Con el habitáculo totalmente ocupado, el tanque lleno y un equipaje de nueve kilos, alcanzaba un reparto de carga ideal, es decir cincuenta por ciento sobre cada uno de los ejes.

La carrocería, estampada en acero, era autoportante. Las dimensiones reducidas –de sólo 3.145 mm de longitud total, dos mil mm de distancia entre ejes, 1.200 mm de trocha y 1.420 mm de ancho– le daban un radio de giro de sólo 4.300 mm. A diferencia del modelo alemán, el NSU local incorporaba en el frontal la palabra Autoar en tipografía cursiva. La adaptación al medio argentino incluía un paragolpes de una sola pieza reforzado por las típicas uñas-defensas.

La buena relación peso-potencia lo convertía en el vehículo más ágil de su categoría. Las prestaciones eran modestas. La velocidad máxima del modelo 30 era de 120 km/h, mientras la versión base alcanzaba los 100 km/h. Su mayor virtud estaba en el consumo estimado en 6,2 litros cada cien kilómetros en el modelo Prinz 30. Con los 24 litros que cargaba el tanque de combustible, tenía una autonomía de 360 kilómetros.

El equipamiento era sencillo: calefacción y ventilación. Sobre el tablero se encontraba el cuadrante combinado velocímetro-cuentakilómetros, llave de encendido y accionamiento del limpiaparabrisas. Luces testigo de encendido, presión de aceite y nivel de combustible completaban el cuadro. El centro del tablero presentaba una depresión para poder instalar un equipo de radio opcional. Sobre el volante se encontraban las palancas para el comando combinado de la bocina, bocina-luz e indicador de giro.

Los asientos delanteros eran individuales, de regulación longitudinal y con respaldos reclinables para dar acceso a las plazas traseras. Su precio en 1961 era de 247.500 pesos, que lo hacía competitivo frente a sus rivales directos como el De Carlo 700 (278 mil), el Isard Royal 700 (279.500) y el Citroën 2 cv (255 mil). La producción cesó en 1962 con un total de 2.432 unidades.

Poco tiempo después, en marzo de 1963, los accionistas de Autoar dispusieron la liquidación y el cierre final de la empresa ante las continuas pérdidas económicas y la delicada situación financiera.

Cisitalia Argentina

Además de Autoar, Piero Dusio fundó en 1951 Cisitalia Argentina I.C.S.A. para producir autos de turismo y deportivos con mecánica Fiat. Durante la década de 1950 se importaron algunas unidades de los modelos 202, D46 y Sport, que fueron parcialmente montadas en el país en un taller ubicado sobre la Avenida Larrazábal en el barrio porteño de Mataderos. En 1960 la Secretaría de Industria y Minería aprobó por resolución 164 los planes para la fabricación de los modelos deportivos 750 *spider*, 850 *spider* y cupé, y los utilitarios frontales Week-End rural y Week-End furgón, con una producción inicial de mil unidades en 1962, 1.600 en 1963 y 2.360 en 1964. Todos estos modelos estarían equipados con motores Fiat de 767 y 847 cc derivados del modelo 600. Esta radicación incluía un acuerdo con la firma Abarth para el montaje de algunas versiones con equipamiento y prestaciones deportivas.

La inversión prevista para la ampliación de la fábrica, que se haría entre los años 1961 y 1964, ascendía a 92.900.000 pesos. La planta industrial de Cisitalia Argentina se encontraba en la localidad de Pacheco en un predio de 15 mil metros cuadrados, de los cuales diez mil eran cubiertos. Contaba con un plantel de 250 personas entre técnicos y operarios. La distribución y asistencia técnica de los vehículos estaba a cargo de la red de concesionarios de Fiat Argentina. Además de abastecer el mercado local, se pensaba exportar el excedente a países limítrofes. Entre 1961 y 1962 se fabricaron 171 automóviles, pero, debido al bajísimo porcentaje de integración nacional, le fue retirada la licencia para producir en el país por incumplimiento con el régimen legal vigente.

Cisitalia 750 y 850

El Cisitalia 750 estaba equipado con un motor Fiat de 767 cc y 35 hp. Alcanzaba una máxima de 125 km por hora. El modelo 850 tenía un propulsor Fiat 847 cc derivado del Fiat 600, pero con algunas modificaciones en el árbol de levas, bielas, cigüeñales y pistones que le permitían alcanzar 54 hp. Contaba con una excelente relación peso-potencia de 12 kg/hp que le permitía alcanzar 160 y 150 km/h el cupé y el *spider*, respectivamente.

Todas las versiones tenían un equipamiento completo que incluía butacas reclinables, calefactor, lavaparabrisas, cuentarrevoluciones y techo plegadizo en el *spider*.

Cisitalia Rural y Furgón

En 1960 la Secretaría de Industria y Minería aprobó por resolución 164 los planes para la fabricación de los modelos utilitarios frontales Week-End Rural y Week-End Furgón.

Ambos modelos estaban equipados con el motor Fiat 767 cc derivado del Fiat 600 y las carrocerías, con una puerta lateral, se diferenciaban por tener una sola fila de asientos en el caso del furgón y dos en la versión rural. La capacidad de carga era de 500 kilos.

Mercedes-Benz Argentina

La instalación de Mercedes-Benz en Argentina estuvo estrechamente ligada al dinámico y constante desarrollo industrial, agrario y minero del país en el período de posguerra. Sin embargo, este desarrollo no estaba acompañado de una adecuada infraestructura de transporte: el parque automotor de vehículos de carga y pasajeros era insuficiente, además de viejo y obsoleto. Por otra parte, la rigidez del diseño de la red ferroviaria no permitía satisfacer la creciente demanda de los pueblos aislados.

En 1946 el parque de camiones y camionetas era de sólo 142.697 unidades; cinco años después se había incrementado a 229.003.

Las estimaciones realizadas en la época sostenían que para renovarlo era necesario incorporar 30 mil camiones por año.

En esos años, Jorge Antonio, un joven empresario de aceitados vínculos con el gobierno nacional, había iniciado su exitosa carrera en el lucrativo negocio automotor –junto con sus socios Aguirre, Mastro y Rodríguez Ugarte– con la importación de vehículos de la empresa General Motors. Por su parte, Aguirre Mastro y Cía. S. A. representaba a Mercedes-Benz en el país desde 1949.

Las nuevas disposiciones del Banco Central que regulaban la importación de automotores sólo autorizaban a los residentes argentinos con cuentas en el exterior. La mitad de las unidades ingresadas al país debía ser para organismos oficiales, sindicatos y funcionarios, el resto podía ser vendido libremente. Los valores a los que se vendían variaban sensiblemente según su destino: 47 mil pesos para los organismos públicos y 121 mil pesos en el mercado libre.

Jorge Antonio estimaba que la necesidad del parque automotor en Argentina a principios de 1950 era de un millón de automóviles. Siguiendo ese razonamiento, solicitó al Banco Central permisos de importación para cinco mil unidades, 4.500 Chevrolet y 500 Pontiac. Estas cifras superaban ampliamente las de otros importadores de la marca y, en el fondo, constituían una jugada política tendiente a seducir a la principal automotriz del mundo para que fabricase autos y camiones en el país. Si los norteamericanos no aceptaban, había un plan B: llevar la misma propuesta a Mercedes-Benz.

Con una carta de recomendación de ejecutivos locales de General Motors, Antonio partió en un vuelo de Pan American con destino a Nueva York, donde lo esperaban directivos de la casa matriz. Anticipándose a un probable final no feliz de las negociaciones, previamente se había puesto en contacto con el barón Arnt von Korff, representante de Mercedes-Benz para Sudamérica, a quien le manifestó su intención de seguir viaje a Alemania para iniciar contactos comerciales.

En su estadía en Estados Unidos, que duró quince días, tuvo una serie de entrevistas con ejecutivos de General Motors, entre ellos su presidente, Charles Erwin Wilson, futuro secretario de

Defensa del gobierno del general Eisenhower a partir de 1953. Sin embargo y a pesar de la amabilidad con la que fue recibido, la respuesta fue tajante: "En la Argentina no nos interesa instalar una sola planta fabril. A lo mejor es posible dentro de cincuenta años".

A modo de compensación le ofrecieron una serie de facilidades comerciales para continuar con el negocio de la importación y lo invitaron a visitar las plantas de montaje de la empresa en Detroit. El impacto que le produjo ver las instalaciones fabriles lo convenció aún más de la necesidad de que Argentina contara con una fábrica de automóviles.

El plan B se puso en marcha y dieciocho horas de vuelo pusieron a Jorge Antonio en el aeropuerto de Frankfurt. De allí siguió viaje hasta Stuttgart, donde fue recibido por el director gerente de Daimler-Benz, el ingeniero Wilhelm Haspel. El panorama con el que se encontró Antonio era desolador, ampliamente contrastante con la pujanza que había visto del otro lado del Atlántico. La estructura de la fábrica había sido muy dañada por el bombardeo de la aviación enemiga, muchas de las máquinas estaban destruidas o habían sido tomadas como botín de guerra. La necesidad de divisas libres para destinar al proceso de reconstrucción era impostergable, Haspel fue contundente en sus primeras palabras: "Necesitamos imperiosamente que ustedes importen nuestros vehículos a su país. Hemos fabricado un nuevo modelo con motor diésel que, creo, irá muy bien en Argentina. Nuestra esperanza es Sudamérica. De allí, su país y Brasil". Antonio retrucó planteando que Argentina necesitaba fabricar camiones más que automóviles y que eran necesarios dos millones de estos vehículos para apoyar el esfuerzo industrializador en el que se encontraba el país. La respuesta de Haspel fue que si Argentina realizaba una compra con dólares libres, ellos se comprometían a instalar en el país la primera fábrica Mercedes-Benz fuera de Alemania.

Para Antonio, el resultado de su gira fue exitoso. Regresó al país con un acuerdo de facilidades para la importación de autos de General Motors y el compromiso de Mercedes-Benz de construir una fábrica.

Mientras se realizaban estas negociaciones, el Estado argentino planificaba convocar a una licitación internacional para adquirir

500 trolebuses destinados a renovar el deteriorado y obsoleto parque de la red de transporte urbano de pasajeros de las ciudades de Buenos Aires, Córdoba, Mendoza y Rosario. Esta información llegó a oídos del ingeniero Haspel a través de un representante de la embajada alemana. Inmediatamente se puso en contacto con Jorge Antonio, a quien le solicitó que viajara urgentemente a su país. La industria alemana en su conjunto necesitaba recuperarse y ganar mercados internacionales con base en su reconocida calidad, mostrando solvencia y, muy especialmente, ofreciendo precios competitivos y planes de financiación accesibles. En este contexto, la operación con Argentina era de vital importancia; las negociaciones se realizaron al máximo nivel de gobierno, encabezadas por el ministro de Economía, Ludwig Erhard, quien, por iniciativa del propio Haspel, recibió a Jorge Antonio en su despacho de Bonn.

Las empresas en condiciones de fabricar los trolebuses, además de Daimler-Benz, eran Henschel, del grupo Ferrostal, y Brown Boveri. Entre sus principales ventajas frente a la competencia, ofrecían un plazo de financiación de cuatro años.

El compromiso de Antonio con Haspel fue el de hacer todas las gestiones necesarias para que el gobierno argentino se inclinara por Daimler-Benz, pero además redobló la apuesta y ofreció adquirir al contado 2.500 automóviles con motores diésel. Esta operatoria implicaría para Antonio una retribución en concepto de comisiones de alrededor de un millón de dólares, que el empresario solicitó cobrar con maquinaria y en inversión de capital hasta completar la fábrica de camiones en el país.

El envío de la maquinaria no era sencillo: debía ser aprobado por las fuerzas de ocupación estadounidenses asentadas en Alemania. Antonio debió reunirse en Frankfurt con el alto comisionado John Jay McCloy, quien brindó su respaldo a las gestiones.

La respuesta oficial de Mercedes llegó apenas 48 horas más tarde; aceptaban la propuesta de Antonio y ofrecían, además, la entrega de algunos automóviles sin costo para venderlos en el país y destinar el beneficio a la constitución de la sociedad.

Al regresar a Buenos Aires, los socios locales desistieron de participar en el proyecto de radicación industrial. A pesar de esta defección, el plan continuó y finalmente el 6 de septiembre de 1951 se fundó Mercedes-Benz Argentina como Sociedad de Responsabilidad Limitada con un capital inicial de nueve millones de pesos. Jorge Antonio fue nombrado presidente del primer directorio de la sociedad; lo acompañaban Atilio Gómez, Germán Timmermann y César Rubín; el síndico era Roig. Jorge Antonio era el socio principal con las dos terceras partes del capital accionario.

La escasez de divisas que atravesaba el país obligó a Antonio a buscar ayuda financiera en el exterior. En París recibió el apoyo de Françoise Dreyfus, quien aportó cinco millones de dólares.

Faltaba todavía la aprobación del gobierno argentino para la compra de los trolebuses. Jorge Antonio y el barón Arnt von Korff fueron recibidos por el presidente Perón y sus ministros de Transporte, ingeniero Juan E. Maggi, de Comercio, Constantino Barros, y de Finanzas, Alfredo Gómez Morales, el jefe de Control de Estado, general Dalmiro Adaro, y el secretario de la Presidencia, mayor Carlos Aloé. En la reunión se interiorizó al presidente y a sus ministros sobre los planes de radicación de la fábrica de camiones. Cuatros días más tarde, Antonio fue nuevamente recibido por Perón, quien le brindó su respaldo. Hubo una tercera entrevista, esta vez gestionada por el embajador de Alemania Federal, a la que concurrieron el ingeniero Haspel, el embajador Terdengue y Jorge Antonio en calidad de presidente de Mercedes-Benz Argentina. En esta oportunidad, Haspel detalló al presidente los planes de radicación de la fábrica. Junto con el directivo alemán y su esposa, llegaron al país, como parte del plan de radicación, dos ingenieros alemanes para ocuparse de la dirección de la construcción de la planta de camiones. El plan contemplaba la contratación de técnicos argentinos y su capacitación técnica en Stuttgart en períodos anuales.

La radicación se realizó en dos etapas. En la primera se construyó una planta de montaje en la localidad de San Martín, sobre la Ruta 8, en un terreno vecino al actual Policlínico Eva Perón. Allí comenzaron, en 1952, las operaciones de montaje de unidades que llegaban semidesarmadas (SKD: *Semi Knocked Down).* Los primeros camiones fabricados correspondían a los modelos L3500/L4500, equipados con motor OM 312 de 90 cv y capacidad de carga de 3,5 y 4,5 toneladas, respectivamente. Completando la línea, se inició el montaje SKD de los primeros automóviles 170 SD, equipados con motor diésel, que fueron destinados especialmente a renovar el parque de taxis de Buenos Aires y otras ciudades del país. Una cantidad menor fue consignada al uso particular. También se importaron algunos chasis 170 Da/Db para construir variantes especiales de tipo rural, pick up, furgón y ambulancia. Estas modificaciones eran encargadas a carroceros locales.

El 170 D fue el primer automóvil con motor diésel desarrollado en Alemania en el período de posguerra. Su propulsor de 1.700 cc derivaba del naftero que equipaba el modelo 170 V (W 136 I), que, con 38 hp, alcanzaba las mismas prestaciones, pero con menor consumo de combustible (7,5 litros cada 100 kilómetros). El modelo 170 D y el sedán naftero 170 S fueron presentados en la Feria de Hannover en mayo de 1949 como los primeros desarrollos de Mercedes-Benz después de la guerra. Este modelo sentó las bases de la excelente reputación de la marca como constructora de automóviles diésel de larga durabilidad y gran economía.

A partir de mayo de 1950 se incorporaron algunas mejoras, como el propulsor diésel de 1.800 cc y 40 hp a 3.200 rpm, trocha trasera más ancha, mayor espacio interior, amortiguadores telescópicos y frenos más poderosos que le daban más seguridad y una mejor tenida. Se incorporaron elementos de confort como calefacción, asientos más anchos, selectora de cambios en la columna de dirección y baúl accesible desde el exterior. En 1952 se incorporaron otros cambios, como un nuevo ensanchamiento del eje trasero, parabrisas y lunetas más amplias y paragolpes de una sola pieza que dieron origen a un nuevo modelo denominado 170 DS.

Durante el primer año de producción en la fábrica argentina, se ensamblaron 1.196 automóviles 170 en todas sus versiones y 838 camiones con algunos componentes provistos por la industria nacional, como cubiertas, cámaras, baterías, cajas de carga, tanques de nafta y de agua.

Al mismo tiempo fue aprobada la adquisición de los 500 trolebuses a un valor de sesenta millones de pesos, que se pagarían en cuatro años. Las primeras 350 unidades llegaron al país en 1952 (175 Henschel y 175 M.A.N).

El 4 de septiembre de 1952 se produjo un cambio en la razón social de la empresa: se transformó en sociedad anónima y se adquirió el activo y pasivo de la sociedad anterior. La nueva empresa quedó constituida como Mercedes-Benz Argentina Sociedad Anónima, Financiera, Industrial, Comercial, Inmobiliaria y de Mandatos. Según su estatuto, la sociedad estaría orientada a la "fabricación integral de vehículos, al montaje de unidades con piezas suministradas por la casa matriz (Daimler-Benz AG) y a la importación y distribución de vehículos terminados".

El nuevo directorio quedó presidido por Jorge Antonio, quien adquirió la mitad más uno de las acciones de un capital total de veinte millones de pesos.

La segunda etapa significó una expansión acorde con la mayor complejidad que implicaba cumplir con el objetivo de alcanzar un incremento progresivo en la integración nacional de autopartes. En mayo de 1953 se adquirieron unas instalaciones fabriles abandonadas que iban a ser originalmente destinadas al montaje de tractores. Estaban ubicadas en el kilómetro 43,5 de la Ruta 3 en la localidad bonaerense de González Catán. La planta industrial, que tenía una superficie cubierta de 85 mil metros cuadrados, estaba emplazada en un predio de 217 hectáreas. Para adaptarla a la producción automotriz, fue reacondicionada y equipada con máquinas de chapistería, laboratorio de ensayos de materiales, oficinas técnicas y administrativas y taller de mantenimiento. Inicialmente, su capacidad de producción era de 600 unidades mensuales, destinadas al mercado local de carga y de pasajeros.

En un área de 130 hectáreas, alrededor de la fábrica, se realizó una urbanización (Ciudad Jardín) que incluía una escuela para los hijos de los empleados y viviendas para los obreros.

En paralelo a las radicaciones automotrices, se concretó la construcción de la fábrica de tractores Fahr, empresa vinculada a Daimler-Benz.

Ese mismo año comenzó la planificación de las líneas para la fabricación y montaje de unidades L 3500, L 4500, L 6600 y L 6600 con motor OM 315 de 145 hp. Se inició el montaje del primer chasis para colectivos LO 3500 y del camión L 5400. Según estimaciones de la Comisión Económica para América Latina (CEPAL), el transporte público de pasajeros para los años 1958-1962 requería la incorporación de treinta mil nuevas unidades. En 1954 se inauguró la Casa Central de Mercedes-Benz Argentina sobre la Avenida Libertador en la Capital Federal, con la presencia del canciller alemán Ludwig Erhard, entre otras personalidades. Se inició el montaje del camión L 6600, primer camión desarrollado después de la guerra, cuya producción en Alemania había comenzado en 1950. Se completaron ese año 348 unidades.

Mientras tanto, comenzaron las obras de construcción en la fábrica. Se edificó gran parte de su estructura y se instaló la producción de cajas de velocidades. Se incorporó a la línea de montaje el ómnibus OP 3500. El plan de nacionalización de autopartes avanzó rápidamente entre 1953 y 1955; progresivamente se incorporaron chasis, ejes delanteros y traseros, transmisión y cajas de velocidades.

A partir de septiembre de 1955, los cambios políticos de Argentina afectaron directamente a la empresa, que fue intervenida el 4 de octubre por decreto 296. El 9 de diciembre fue interdicta por el gobierno de facto de la "Revolución Libertadora" a través del decreto-ley 5.148 y quedó sujeta a la administración y fiscalización de la Junta Nacional de Recuperación Patrimonial. En julio de 1956 cerró la Planta San Martín y fueron despedidos 770 obreros y empleados; la producción se concentró en la fábrica de González Catán. El 20 de septiembre de 1957, la Junta resolvió transferir al Estado todos los bienes de la empresa. Por la intervención se paralizaron las obras de expansión, la producción y todos los proyectos en desarrollo. En ese momento se producían entre 250 y 350 camiones y unos 400 autos al mes. En 1955 se había alcanzado la quinta etapa de producción independiente, que incluía la fabricación completa de los camiones con excepción del motor. La etapa siguiente contemplaba la fabricación local del propulsor, con lo que se lograría una integración nacional del 85 al 90 por ciento, que no pudo concretarse por la paralización de los planes. Las inversiones y el envío de equipos y materiales previstos originalmente para la planta de Argentina fueron desviados a la fábrica que la empresa estaba construyendo en San Pablo, Brasil, donde se radicó en 1957.

Hasta 1956 se habían montado en el país 7.589 Mercedes 170, en todas sus versiones, mil camiones L 6600, 348 chasis para colectivo O 3500 y 3.272 camiones de las series L 3500/4500.

En 1958 el gobierno constitucional de Arturo Frondizi levantó la interdicción y se designó un nuevo directorio. A fines de ese año y luego de una reunión de los directivos de la empresa Arnold Wychodyl y Federico Fix –vicepresidente y apoderado, respectivamente– con las autoridades nacionales se anunció un plan de inversiones de cinco millones de dólares. El gobierno argentino autorizó la importación de motores de Alemania para reactivar la producción que se inició al año siguiente cuando se completaron en la planta de González Catán 105 chasis L 3500/4500 y 154 chasis sin cabina para colectivo LO 3500. En enero de 1959 quedó constituido un nuevo directorio presidido por Arnold Wychodyl; el Estado nacional todavía tenía intervenido el 46 por ciento del paquete accionario y estaba representado por el doctor Ceria. Tres años de paralización forzada habían convertido en muy crítica la capacidad financiera de la empresa.

La reactivación industrial se concretó el 20 de abril de 1959 con la terminación de dos camiones L 311 y el montaje parcial de otras diez unidades. Estos vehículos fueron presentados comercialmente dos semanas después. Ese mismo año finalizaron las obras de construcción de la Planta II, también denominada Planta Nueva, destinada en una primera etapa a la producción de las cajas de velocidades con sus respectivos engranajes y el complejo de engranajes del tren trasero. La segunda etapa contemplaba la producción integral de los motores. Comenzó la producción de los nuevos modelos de camiones L 312 y los colectivos LO 312. A lo largo de 1959 se produjeron 243 chasis L 312 y 205 LO 312.

El camión L 312, equipado con el motor OM 312 diésel de seis cilindros, 4.580 cc y 110 hp, se ofrecía en dos distancias de ejes, 4,20 metros y 4,83 metros. Tenía una capacidad de carga de seis toneladas.

IAME: el Estado empresario industrial

Las gestiones del empresario Jorge Antonio con las automotrices norteamericanas habían demostrado el desinterés de estas empresas en realizar inversiones destinadas a la producción en Argentina. La llegada de Autoar, primero, y Mercedes-Benz, después, abría perspectivas de solución a la problemática del transporte automotor en el país, pero sus volúmenes de producción y su limitada oferta de modelos no eran suficientes para abastecer la creciente demanda. Por su parte, las fábricas europeas, afectadas por las secuelas de la guerra, estaban abocadas a la recuperación local y no podían distraer sus escasos recursos en aventuras foráneas. La ausencia de una fuerte burguesía industrial con capacidad de hacer frente a la inversión necesaria para establecer una fábrica integrada que pudiera producir masivamente automotores, sumada a la escasez de divisas disponibles para la importación de automóviles, complicaba aún más el panorama. Frente a esta realidad, el Estado asumió el rol de impulsar la industrialización del país en aquellos rubros en los que la inversión privada nacional o extranjera había demostrado desinterés o insuficiencia de recursos.

Este proceso expansivo del rol del Estado en sectores de servicios y producción no fue un fenómeno excluyente de la Argentina de posguerra; otros países occidentales han seguido caminos similares. El caso emblemático en la industria automotriz fue la nacionalización de Renault en Francia, dispuesta por el general Charles de Gaulle en 1945. En Alemania el Estado de la Baja Sajonia controlaba una parte de las acciones en los comienzos de Volkswagen. Mucho más cerca, en Brasil, se había creado en 1942 la Fábrica Nacional de Motores (FNM), en la que el Estado tenía el 53 por ciento del capital accionario. A partir de 1949 esta empresa comenzó a fabricar bajo licencia camiones Isotta Fraschini y en 1960, una versión local del Alfa Romeo 2000 denominada FNM JK, en homenaje al entonces presidente Juscelino Kubitschek, fuerte promotor de la actividad automotriz en el país vecino.

Sin embargo, la participación del Estado nacional en áreas productivas consideradas estratégicas databa de mucho tiempo atrás, cuando las condiciones nacionales y el contexto internacional eran completamente diferentes. En 1927 se había creado en Córdoba la Fábrica Militar de Aviones (FMA), iniciativa pionera del gobierno de Marcelo Torcuato de Alvear, que ponía a la Argentina a la vanguardia tecnológica productiva en América Latina. Operativa desde 1928 con la producción bajo licencia de los aviones de origen inglés Avro 504, la fábrica había demostrado su capacidad no sólo para producir aviones bajo licencia, sino también para diseñar y desarrollar aeronaves siguiendo un criterio propio que satisficiera necesidades locales en materia de defensa y transporte aéreo. Su elevada integración nacional incluía la fabricación de fuselajes, estructuras de madera y metálicas, trenes de aterrizaje, motores e instrumental.

El panorama de la fábrica cambió notablemente a partir de 1943 cuando, con el impulso de las nuevas autoridades surgidas del golpe de Estado del 4 de junio, se produjo una serie de transformaciones que se enmarcaban en los nuevos objetivos fijados para el sector. Por decreto 11.822 del 20 de octubre se creó el Instituto Aerotécnico con el personal y patrimonio de la Fábrica Militar de Aviones. El mayor Juan Ignacio San Martín fue designado director y dependía de la Dirección General de Material Aeronáutico del Ejército. La nueva administración buscaba centralizar el desarrollo aeronáutico nacional mediante las tareas de investigación, reparación de material aeronáutico, fomento a la industria privada proveedora, fiscalización de la producción, compra de materiales y establecimiento de normas para su tratamiento. Otros objetivos eran la representación frente a organismos técnicos nacionales y extranjeros, la creación de lazos de cooperación con establecimientos educativos técnicos nacionales, la investigación sobre la aplicación y desarrollo de materias primas nacionales para alcanzar la independencia del extranjero y el estudio de la problemática del abastecimiento de combustibles y lubricantes para aviación.

En este período se lograron importantes avances en el diseño de nuevas aeronaves fabricadas con materias primas nacionales; en particular se destacó la aplicación de tecnologías para fabricar maderas laminadas con impregnación de resinas sintéticas para uso aeronáutico. Con este bagaje técnico cultural se fundaron las bases de una nueva industria cuyo ADN se reconoce en la experiencia aeronáutica que, además de sus instalaciones físicas, ofrecía una elevada capacidad humana y operativa.

El punto de partida para la fabricación de automóviles fue el decreto 24.103 del 30 de noviembre de 1951 por el cual se creaba la Fábrica de Motores y Automotores. Entre sus disposiciones, autorizaba al Ministerio de Aeronáutica a realizar una inversión de sesenta millones de pesos para la adquisición de licencias, modelos y estudios destinados a la producción e investigación automotriz. Esta iniciativa fue ampliada pocos días después con un nuevo decreto, el 22.056 del 12 de diciembre, que declaraba de interés nacional la fabricación de partes y accesorios para automóviles y maquinaria agrícola. El marco legal de esta norma era el decreto-ley 4.630/44, que beneficiaba a las industrias consideradas de interés nacional con medidas aduaneras proteccionistas, exenciones impositivas para la importación de materias primas y equipos, y subsidios, en particular en aquellas vinculadas a la defensa.

Finalmente, el 28 de marzo de 1952, por decreto 6.191 se creaba Industrias Aeronáuticas y Mecánicas del Estado (IAME), constituida a partir de todas las instalaciones y bienes del Instituto Aerotécnico.

La iniciativa fue del entonces ministro de Aeronáutica, brigadier Juan Ignacio San Martín, quien le propuso al presidente Perón que el Estado fabricara automóviles ante la negativa de varias fábricas automotrices que sostenían que en Argentina sólo se podrían ensamblar y no producir integralmente.

Los objetivos y funciones establecidos para el nuevo ente estatal fueron la investigación, fabricación y reparación de material aeronáutico y la promoción y producción automotriz.

El complejo industrial de IAME quedó integrado por diez fábricas: de Aviones, de Motores de Aviones, de Motores a Reacción, de Instrumentos y Equipos (para aviones y automóviles), de

Paracaídas, de Hélices y Accesorios, de Máquinas y Herramientas en el área aeronáutica y automotriz, de Tractores, de Motocicletas y de Automóviles. Además existía un departamento de Metalurgia común a todas.

Desde el punto de vista jurídico y administrativo, la empresa funcionaba de manera autárquica y tenía un directorio, una administración general y las administraciones de cada una de las fábricas que la integraban.

El directorio quedó constituido por seis integrantes, lo presidía el ministro de Aeronáutica y se completaba con cinco vocales, de los cuales al menos dos debían ser ingenieros aeronáuticos. Su primer presidente fue el brigadier Juan Ignacio San Martín, quien al mismo tiempo mantenía su puesto en el Ministerio.

Por su carácter autárquico, a partir del 1 de enero de 1953, IAME quedó desafectada del Presupuesto Nacional; por lo tanto, su operatividad y rentabilidad deberían ser alcanzadas con recursos propios, basados en la producción y comercialización de sus vehículos y, en menor medida, por los subsidios otorgados para las tareas de investigación aeronáutica. El funcionamiento y responsabilidad de sus administradores estaba regido por las mismas leyes comerciales que se aplicaban a la actividad privada. Para capitalizar la empresa y garantizar su funcionamiento inicial, el Banco de Crédito Industrial le otorgó un crédito, con garantía del Estado nacional, de 53 millones de pesos. Esta operación se concretó por ley 14.283 del 30 de septiembre de 1953.

La incorporación de esta industria dinámica transformó a Córdoba en el polo de desarrollo industrial y tecnológico más importante del país. Entre operarios, técnicos y administrativos llegó a ocupar a nueve mil personas, más del 50 por ciento de la mano de obra que empleaba el conjunto de las industrias cordobesas.

Además de su rol como impulsor de la producción seriada automotriz, la actividad de IAME dio lugar al desarrollo de un importante grupo de industrias autopartistas privadas, proveedoras de partes y componentes destinados al montaje final de las unidades. El vínculo no se limitó a la provisión de elementos, hubo también un enriquecedor intercambio tecnológico, capacitación y ayuda financiera. Esta modalidad registraba antecedentes durante la etapa aeronáutica: en 1947, 107 empresas proveían partes de motor y de planeador al Instituto Aerotécnico; el 32 por ciento de ellas estaba radicado en Córdoba.

El Banco de Crédito Industrial otorgaba préstamos a las industrias privadas que firmaran acuerdos con IAME. Estas sumas se destinaban a compras de materiales, jornales, gastos de fabricación o para cubrir otro tipo de desembolsos vinculados a la producción. Los préstamos se acordaban hasta 180 días de plazo, renovables por períodos iguales o menores.

El desarrollo de la industria automotriz y metalmecánica formaba parte de los objetivos del Segundo Plan Quinquenal, implementado a partir de 1953 durante la segunda presidencia de Juan Domingo Perón; en él se priorizaban el desarrollo de la industria pesada, la producción de bienes de consumo durables, bienes de capital y productos intermedios. De esta manera, se dio fin a la primera etapa de industrialización sustitutiva sencilla impulsada en el primer gobierno peronista.

La actividad de diseño y desarrollo de los primeros vehículos se inició en forma inmediata y en el increíble plazo de noventa días se construyeron los tres primeros prototipos, que fueron oficialmente presentados el 30 de abril de 1952 en la Primera Exposición Argentina de Automotores realizada en el Salón de Exposiciones de la empresa estatal Yacimientos Petrolíferos Fiscales (YPF). En una ceremonia que contó con la presencia del Presidente, fueron exhibidos un sedán mediano de dos puertas con capacidad para cuatro pasajeros, una rural de dos puertas y portón trasero para seis pasajeros y una pick up con caja metálica y 500 kilos de capacidad de carga.

Los tres prototipos estaban equipados con un propulsor de dos tiempos de 690 cc. Paralelamente se desarrolló una serie de vehículos utilitarios en versiones pick up con caja de madera, rural y furgón, además de varios vehículos para desfile, que fueron construidos sobre la base de la pick up. Estas unidades fueron exhibidas, en forma simultánea con los automóviles, en la Plaza de la República, junto al Obelisco de Buenos Aires. La presentación fue acompañada por la película *Nace una industria,* que documentaba el proceso de creación de los prototipos y que se exhibía en cines de todo el país.

Los planes oficiales anunciados por el Presidente el 1 de mayo de 1952 en el discurso de apertura de las sesiones ordinarias del Congreso estimaban una producción anual de cinco mil unidades entre automóviles y utilitarios, y se destacaba la elevada integración nacional de sus piezas.

Consorcio Industrial para la Producción Automotriz Argentina (CIPA)

Para coordinar, desarrollar y proteger las actividades técnicas, financieras, industriales y comerciales vinculadas a IAME, fue creado el Consorcio Industrial para la Producción Automotriz Argentina (CIPA). Este organismo, dependiente del Ministerio de Aeronáutica, quedó estructurado jurídicamente como sociedad anónima y su misión principal era lograr la coordinación y cooperación de todos los industriales relacionados con la producción automotriz nacional. Sus funciones incluían la asistencia técnica y financiera a los fabricantes, la importación de materias primas, de elementos o productos elaborados o semielaborados, conjuntos industriales y maquinarias y la comercialización de los productos de IAME, tanto en el mercado interno como en el exterior. Su directorio quedó constituido en 1953 y su primer presidente fue Alejandro Leloir, ex presidente del Banco de la Nación Argentina.

Institec Justicialista

Una vez decidida la producción de autos, el ingeniero José Higinio Monserrat fue designado director de la Fábrica de Automóviles.

Los prototipos presentados en la sede de YPF derivaron en el primer vehículo producido en serie por IAME, que recibió el nombre de Institec Justicialista. Estos desarrollos implicaron la construcción de las respectivas maquetas en madera en escala 1:1 para obtener, en una etapa posterior, las matrices destinadas a la fabricación de las piezas de las carrocerías. El objetivo era lograr un auto totalmente argentino, tanto en su concepción como en su fabricación; para ello fueron destinadas horas de experimentación en los gabinetes de ensayos de materiales, en los laboratorios químicos y en la sección de metalurgia, donde se preparaban y fundían las aleaciones y se ensayaban diversos productos y materiales. En la fabricación seriada se alcanzó una elevada integración nacional, que incluía motor, radiador, llantas, distribuidor y el instrumental de precisión.

Para su producción se construyó un pabellón especial de 15 mil metros cuadrados, de los cuales 6.713 eran cubiertos. El nuevo edificio, tipo Luria (hangar desmontable que usó la aeronáutica estadounidense durante la Segunda Guerra Mundial), fue construido entre el 2 de diciembre de 1951 y el 28 de junio del año siguiente. La producción comenzó el 11 de octubre de 1952. En sus instalaciones fue montada una prensa de 2.500 toneladas destinada a estampar en frío techo, capot y guardabarros de los Institec, partes que se construían con chapa de acero doble decapada con un bajo contenido de carbono. Para la construcción de las piezas plásticas, se utilizó un material a base de cafeína y fenólico de buen resultado en los ensayos. La tapa del distribuidor, las perillas de las manijas internas y el revestimiento del volante, entre otras piezas, fueron fabricadas con ese material.

El 23 de febrero de 1952 se puso en marcha el primer motor Institec, impulsor de dos tiempos y dos cilindros desarrollado y producido íntegramente en el país sobre la base de un propulsor DKW. El motor fue sometido a diversos ensayos en el Departamento Planta Motriz, en particular los destinados a relevar la curva de potencia, bajo la supervisión del ingeniero Raúl Gómez. Para la fundición del block y la tapa de cilindros se utilizó arrabio de Zapla, obtenido de los altos hornos de la Dirección General de Fabricaciones Militares.

El primer motor llevó la denominación M 700. Se trataba de un bicilíndrico de dos tiempos de 690 cc, con una relación de compresión de 6,3:1, que alcanzaba 24 cv a un régimen de 4.500 rpm. Estaba dispuesto en forma longitudinal en la parte frontal del auto y se refrigeraba por circulación de agua.

Su evolución fue el M 800, un propulsor completamente nuevo con cuatro cilindros y dos tiempos, de 800 cc de cilindrada, desarrollado por el ingeniero Monserrat a partir del motor de moto Püch de origen austríaco. Alcanzaba 36 cv con el mismo régimen que la versión anterior y una relación de compresión de 6,5:1. Los cuatro cilindros estaban dispuestos en "U", con dos cámaras de combustión. Estos cambios fueron incorporados en 1955 para unos pocos sedanes, pero no llegaron a ser utilizados en furgones ni en chatitas.

El Institec era un sedán de dos puertas con carrocería totalmente metálica de 4,29 metros de longitud, montada sobre bastidor con largueros a cajón construidos con chapa soldada. Con una distancia entre ejes de 2,40 metros, tenía capacidad para cuatro pasajeros. La transmisión se realizaba con caja manual de tres velocidades y embrague multidisco en baño de aceite. El motor y la transmisión formaban un monobloque. La tracción era delantera. La suspensión delantera era independiente con semiejes, elástico transversal y horquilla oscilante. La trasera, también independiente, incorporaba barra de torsión laminar con ocho hojas de cinco milímetros de espesor y amortiguadores telescópicos de doble acción. El Institec contaba con frenos a tambor en las cuatro ruedas, que eran de disco en acero estampado sobre las que calzaban neumáticos de 5.50 x 16 pulgadas. A fin de poder circular en los caminos argentinos, muchos de ellos todavía de huella, su despeje del suelo era de 20 centímetros, mayor que el de muchos automóviles de dimensiones superiores.

Teniendo en cuenta su cilindrada, las prestaciones eran muy buenas; podía alcanzar 100 km/h con el motor de 690 cc y 120 km/h con el de 800 cc; el consumo promedio de este último era de 13 kilómetros por litro.

Para probar la confiabilidad del Institec con el motor de 800 cc, en febrero de 1954 Pablo Gullé, piloto mendocino de Turismo Carretera, se propuso unir las capitales de Chile y Argentina en un viaje que incluyera diferentes tipos de caminos y terrenos. El piloto partió un jueves a las 13 horas desde Santiago de Chile y cinco horas más tarde había arribado a la ciudad mendocina de Las Cuevas. Luego de llegar a la capital provincial, lo sorprendió un temporal que lo acompañó hasta la ciudad de Río Cuarto, en la provincia de Córdoba. El tramo siguiente incluyó La Carlota

(Córdoba) y Venado Tuerto (Santa Fe) para continuar su marcha hacia la Capital Federal, a la que arribó el viernes a las 14.25 horas. El recorrido finalizó en el edificio que IAME tenía en la calle Paraná al 700, donde fue recibido por su director, el brigadier mayor Juan Ignacio San Martín.

El 1 de marzo, el piloto emprendió el regreso hacia su provincia natal. Partió de la Casa Rosada a las 9 de la mañana, donde fue despedido por el presidente Perón, Juan Manuel Fangio y el brigadier San Martín, entre otras personalidades. El viaje de regreso demandó 13 horas y 47 minutos a través de 1.150 kilómetros. Entre Pergamino (Buenos Aires) y Venado Tuerto sufrió el único inconveniente del recorrido, cuando se le rompió la bomba eléctrica de combustible. Una vez reemplazada por un repuesto original, el auto prosiguió su marcha hacia el destino final sin desperfectos.

Hasta 1955 se produjeron un total de 178 unidades, 154 de la versión de dos cilindros y 24 con el motor de cuatro.

Derivadas del sedán, se fabricaron las versiones utilitarias Chatita Institec y Furgón Institec, ambas con capacidad de carga de 500 kilos. A diferencia del prototipo, en la producción seriada, la caja de la pick up fue construida en madera.

Para el diseño de la chatita fue tomada como referencia la pick up que había construido César Castano en 1946 y cuya producción seriada no se concretó. En 1952 el ingeniero Raúl Gómez visitó el taller de Castano, donde se encontraba el motor completamente desarmado y con todas las piezas en cajones. Con la ayuda de operarios, armaron el propulsor, un dos tiempos similar al DKW, que inclusive llevaba piezas originales de esa marca pero con dínamo y arranque, y lo instalaron en el vehículo. Una vez armada la pick up, se puso nuevamente en marcha y el ingeniero Gómez y Castano partieron en ella hacia la planta de IAME en Córdoba. Allí se iban a realizar los estudios de factibilidad para su producción en serie, pero con la nueva carrocería derivada del sedán. Durante el viaje, el motor presentó problemas con el distribuidor, lo que obligó a realizar su reparación.

La producción de la chatita se mantuvo hasta 1957 y se alcanzó un total de 2.659 unidades. Por su parte, del furgón se construyeron 726 unidades hasta 1956. Ambos vehículos fueron equipados inicialmente con el motor M 700 y, a partir de septiembre de 1955, con el propulsor Wartburg tricilíndrico.

Rastrojero

El nacimiento del Rastrojero, el vehículo más exitoso y de mayor producción de la empresa estatal, tuvo, curiosamente, un origen accidental, consecuencia de una compra inadecuada por parte del Instituto Argentino para la Promoción del Intercambio (IAPI), organismo público que monopolizaba el comercio exterior. El gobierno argentino había comprado 2.500 tractores Empire para contribuir a la mecanización del campo, afectado también por los años de cierre de la importación. Sin embargo, una vez arribados al país, se comprobó que los vehículos no habían sido diseñados para esa función, sino que se trataba de unidades destinadas al acarreo de aviones y traslado de equipajes en los aeropuertos. Frente a esta situación, en una visita a la fábrica en la segunda quincena de febrero de 1952, el ministro San Martín dispuso que el material disponible se aprovechara para otros fines. La respuesta fue la creación del Departamento de Recuperación de los Tractores Empire. Allí se le propuso al ingeniero Raúl Gómez construir un camión liviano aplicando la mayor parte de las piezas del tractor.

En forma simultánea al diseño de los Institec, Gómez y su equipo se pusieron a trabajar para desarrollar este vehículo utilitario. El primer paso fue conocer de primera fuente el lote de tractores que se encontraba en el puerto de La Plata.

El proyecto comenzó en el Departamento de Transporte, que dependía del vicecomodoro Rubí Lutereau, entonces secretario técnico, única dependencia que contaba con personal idóneo para participar en un proyecto considerado de gran envergadura. El jefe del Departamento era el señor Heredia, apodado el Negro, y el segundo jefe era el señor Pfister, quien resultó fundamental para la obtención de los repuestos necesarios para armar los prototipos, que finalmente resultaron dos, una pick up y una rural.

El estudio realizado por el ingeniero Gómez determinó que del tractor se podían aprovechar el motor –eliminándose el regulador de velocidad–, el embrague y la caja de velocidades, las crucetas, la bocha del diferencial, el radiador y la caja de dirección.

El primer paso del proyecto fue definir el bastidor, cuya parte delantera estuvo inspirada en el Ford 1937. Se construyeron los dos primeros con chapas de acero SAE 4130 dobladas y soldadas, obtenidas en los depósitos de material aeronáutico.

El esquema de suspensión también era similar al Ford. La delantera presentaba un elástico transversal, pero con amortiguadores tubulares; la trasera, dos elásticos semielípticos con las tomas para amortiguadores, pero sin ellos, para que pudiera tolerar una carga del orden de los mil kilos.

El diferencial fue armado con la bocha retirada del tractor Empire alesando las dos salidas transversales y colocando cañoneras hechas de tubo con los extremos torneados, uno para que entrara en la bocha del diferencial y otro para colocar el rodamiento y el retén de aceite y fijar el plato del freno. Todos los trabajos de mecanizado fueron realizados en los talleres de la Fábrica de Motores de IAME a cargo de los ingenieros Sanguinetti y Giraudo y en el taller del señor Rappa. Los trabajos se realizaron en forma totalmente empírica; como no se contaba con documentación previa, se recurría al método de ensayo y error.

El trabajo de chapa no se hizo directamente sobre el vehículo, sino en el hangar 90 de la Fábrica de Aviones, a cuyo cargo se encontraba el ingeniero Guillot.

El diseño de la carrocería, en particular su frontal, estuvo inspirado en las cupecitas que competían en Turismo Carretera, con los característicos guardabarros que tenían como finalidad no juntar demasiado barro teniendo en cuenta que el vehículo debía circular por el campo y por caminos de tierra, a menudo anegados.

Para la construcción de la cabina se realizó una estructura de madera que fue montada sobre el bastidor. Sobre la estructura se moldearon y soldaron entre sí las piezas que constituyeron la parte fija de la cabina. En el interior se colocó un asiento enterizo, fijo, sin regulación, y un conjunto de pedales adquiridos de apuro en un desarmadero. La caja de carga de madera, incluidos sus herrajes, fue construida en la carpintería y herrería de mantenimiento.

El nombre "Rastrojero" fue propuesto por Gómez, quien sostuvo que si era un vehículo para el campo debería andar entre los rastrojos. El brigadier San Martín estuvo de acuerdo y en forma inmediata se mandaron a construir las insignias a la Fábrica de Máquinas y Herramientas a cargo del vicecomodoro Monfort. Las placas con el nombre se hicieron en un pantógrafo, el método más rápido para obtenerlas.

Luego de 87 extenuantes jornadas, los prototipos se terminaron de construir, pocos días antes del 1 de mayo de 1952, fecha en que estaba previsto presentarle al presidente de la República los automóviles Institec en el edificio sede de YPF en Buenos Aires. A último momento se decidió que se presentaran también el Rastrojero y la rural Gauchita para exhibirlos en la Plaza de la República.

Poco tiempo después de conocer los prototipos, la fábrica Autoar propuso proveer a IAME el mismo chasis que equipaba a su rural y pick up para la producción seriada de los Rastrojeros. La empresa envió una pick up para ser evaluada por el Departamento de Recuperación de Tractores Empire. La evaluación técnica fue favorable y de inmediato se iniciaron las negociaciones técnicas y comerciales en las que participaron por parte de IAME, el ingeniero Monserrat, y por Autoar, los señores Piacentini, Varela, el ingeniero Rupilius, director técnico de la fábrica, el ingeniero Alberto Antolín Solache y los señores Castro Justo y José María Telechea.

Se alcanzó un acuerdo por el cual se establecía la provisión de todos los planos y documentación técnica y el compromiso de no efectuar modificaciones de diseño, materiales ni procesos sin la autorización previa por escrito del Departamento de Recuperación de Tractores Empire. Además, fue prevista la posibilidad de utilizar toda esa documentación para construir o hacer construir por cuenta de IAME chasis similares a los que se compraban a Autoar. Consecuente con la idea de desarrollar proveedores locales y ampliar la base de la industria autopartista, se pudo celebrar un contrato de provisión de chasis con la Cámara de la Industria Metalúrgica de Córdoba (CIMECOR), presidida por el ingeniero Infante. También colaboró en ese emprendimiento el ingeniero Sablich, quien había trabajado en la Fábrica de Automóviles.

El control de calidad de los chasis se hacía en la propia fábrica de Autoar, donde IAME había instalado un puesto de inspección a cargo del inspector Gualtieri.

Una vez definidas la provisión de los chasis por parte de Autoar y CIMECOR y la construcción de las carrocerías en IAME, quedaban todavía por resolver los proveedores de una gran cantidad de piezas restantes necesarias para el montaje final del Rastrojero.

La forma empírica y vertiginosa en la que se habían desarrollado los prototipos no estuvo acompañada de la necesaria documentación técnica de cada una de las piezas; por lo tanto, para su provisión sólo se disponía de muestras que se enviaban a los diferentes talleres, método que atentaba contra un control de calidad preciso y que condujo a la desesperación de los encargados de inspeccionarlas, el ingeniero Brenan y el señor Genari, y a los encargados de compras Ortiz y Precursor Gómez.

Por otra parte, los controles de calidad fueron la pesadilla de muchos talleres, no acostumbrados a producir piezas en cantidad para una gran empresa. Uno de ellos manifestó su enojo: "Desde que entró el metro a mi taller estoy perdiendo plata".

La producción de los primeros Rastrojeros se inició en unas barracas que se construyeron detrás de las instalaciones del Departamento de Transporte hasta que se irguió un hangar Macomber, próximo a la pista del aeródromo. La prueba final de los vehículos a medida que se iban entregando se realizaba sobre la parte de hormigón.

Rastrojero diésel

El éxito del Rastrojero sorprendió inclusive a los más optimistas. En 1953, su primer año de producción, se entregaron 1.080 unidades y al año siguiente fueron 1.281, que agotaron la existencia de los motores nafteros disponibles. Poco antes de llegar a esta cifra, el ingeniero Monserrat había viajado a Alemania, donde estableció contacto con el fabricante Borgward. Rápidamente comprendió que lo mejor para el utilitario de IAME, por su mayor economía y rendimiento, era continuar su producción con impulsores diésel.

Se analizaron alternativas para la provisión de los futuros motores y se presentaron cuatro ofertas: Borgward, Fiat, Jenbach y Perkins.

La alemana Borgward estaba representada en la Argentina por Establecimientos Mecánicos San Isidro (EMSI), empresa que tenía sus talleres en la calle Fondo de la Legua cerca de la actual Panamericana, en la localidad de Martínez, en el norte del Gran Buenos Aires. La firma se dedicaba a la reparación de trolebuses y su contacto fue Rodolfo Freude, quien presentó un motor diésel cuatro cilindros.

Fiat y Perkins también exhibieron motores de cuatro cilindros. Por su parte, la austríaca Jenbach estaba representada por el importador Enrique Platé, quien ofreció un motor diésel dos tiempos, dos cilindros con bomba de barrido. El análisis realizado concluyó que se trataba de un motor demasiado voluminoso y pesado y no se podía instalar en los chasis del Rastrojero.

Los motores restantes fueron instalados en tres chasis tomados de la línea de producción para ser ensayados y evaluados en la Fábrica de Motores bajo la supervisión del ingeniero Monserrat y el jefe de Taller, el señor López.

El primer prototipo de Rastrojero diésel se armó el 18 de julio de 1953 con el motor Borgward. El 30 de ese mes se montó la segunda unidad con el propulsor Perkins. Ambas unidades fueron testeadas a lo largo de más de setenta mil kilómetros. El último en ser experimentado fue el impulsor provisto por Fiat, que fue sometido a pruebas similares.

Los ensayos demostraron que el motor Perkins resultaba demasiado pesado, lo cual obligaba a rediseñar el chasis y las suspensiones; el Fiat presentó problemas de temperatura y además debía ser adquirido junto con el embrague, caja y diferencial. Por último, el Borgward resultó el más apropiado. Se firmó un acuerdo entre IAME y Borgward para la provisión de veinte mil propulsores; además, la compañía alemana se comprometía a establecer una fábrica a partir de la entrega del motor número siete mil. Así nació, el 4 de marzo de 1954, Borgward Argentina S.A. La empresa erigió en Isidro Casanova un complejo industrial de 12 mil metros cuadrados en el que comenzaron a producirse a partir de 1959 los primeros motores. En las negociaciones realizadas en Alemania participaron el vicecomodoro Lutereau y el señor Freude. Allí se definieron las partes a importar, que fueron: los motores con caja de velocidad, diferencial completo, caja de dirección con columna y volante. Mediante una orden de compra adicional se adquiría la tubería de alimentación de combustible, desde el tanque hasta el motor. Estas piezas se recibían en los mismos cajones, pero no estaban declaradas.

La fabricación del Rastrojero diésel comenzó en 1954. Ese año se completaron 300 unidades. A partir de la incorporación del motor Borgward se inició una nueva era en la historia del modelo, que sumó a su reconocida simplicidad y robustez la economía y confiabilidad del impulsor provisto por la empresa alemana. Se trataba del modelo D4M de 1.758 cc con una potencia de 42 cv a 3.400 rpm. Al mismo tiempo, se llevó a cabo una reestructuración dentro de la Fábrica de Automóviles. Se destinaron dos hangares Luria para los Institec, mientras que para el utilitario se habilitó un Macomber (hangar más chico que el Luria).

Mientras tanto, el ingeniero Gómez había sido designado al frente del Departamento de Rastrojero, cargo que ocupó hasta septiembre de 1955, cuando fue nombrado administrador interino de la Fábrica de Automóviles. Se mantuvo en el cargo hasta el 30 de abril de 1956, fecha en la que se retiró de IAME para desempeñarse en la industria privada. En el momento de su alejamiento se habían fabricado más de cinco mil Rastrojeros, cifra que evidencia el éxito del utilitario de la empresa estatal. En 1955 las 3.337 unidades fabricadas representaban el 70 por ciento del total de IAME y el 50 por ciento de toda la producción automotriz nacional.

En 1953 la Asociación Cordobesa de Volantes autorizó la participación de un prototipo de Rastrojero diésel en pruebas de regularidad. Se lo inscribió en la categoría principiantes con una tripulación integrada por el ingeniero Gómez como piloto, el ingeniero Sanguinetti como cronometrista y el señor Casasola como mojonero. El equipo obtuvo el primer lugar y al año siguiente volvió a participar de la prueba y alcanzó la segunda ubicación. A pesar de estos alentadores resultados, a partir de 1955 se dispuso dejar de presentar al Rastrojero en esta competencia.

La rural que no fue

Además de la versión pick up, IAME intentó producir en serie una versión rural similar al prototipo Gauchita presentado en 1952. A mediados de 1955 entregó chasis a diversos carroceros para que realizaran propuestas de este modelo, que fueron sometidas a estudios técnicos y económicos. La propuesta ganadora fue la del ingeniero Troglia, quien aprobó el estudio técnico. Mientras se realizaba el estudio económico, se produjo el golpe de Estado de septiembre de 1955. Las conclusiones del estudio estuvieron listas en diciembre de 1955. El final de esta historia está marcado por la intolerancia política vivida en esa época. Relata el ingeniero Raúl S. Gómez, jefe del proyecto:

> Vino el doctor Alizón García, que era el ministro de Defensa de la Nación, a ver los vehículos. En un momento determinado preguntó: "¿Y esto cuándo se hizo?". "En enero de 1955", fue la respuesta. "Entonces no puede ser, porque fue durante el gobierno peronista". Así terminó el concurso. Así terminaron con la rural.[3]

Justicialista Sport

El 7 de abril de 1953 fue presentado el Justicialista Sport, un automóvil de carácter deportivo con una original carrocería construida en fiberglass (plástico reforzado con fibra de vidrio). La aplicación de este material puso a IAME en una posición de vanguardia tecnológica: hasta ese momento, sólo dos constructores a nivel mundial lo habían empleado en la industria automotriz. Uno de ellos fue el inglés Sydney Allard, quien ese mismo año lo había utilizado en el Allard Clipper, un microcupé de tres ruedas del que se produjeron artesanalmente una veintena de unidades. El otro caso fue el de General Motors, que la empleó en el Corvette, cuya producción se inició el 30 de junio en la planta de Flint (Michigan),

[3] "El nacimiento y desarrollo del Rastrojero", conferencia dictada el 24 de noviembre de 2003.

pocos meses después de la presentación del Sport. Sin embargo, la fabricación en serie del auto argentino se inició posteriormente a la del deportivo norteamericano.

Las ventajas de esta nueva tecnología residían en que no eran necesarias costosas inversiones en el desarrollo de la matricería, se lograba la construcción de piezas más livianas que no requerían de pintura y no eran afectadas por los agentes corrosivos. Las reparaciones también se simplificaban ya que se podía utilizar el mismo material con el que se las construía. Como desventaja, su uso se limitaba a la producción de series cortas, con una intensa participación de mano de obra, que incrementaba el costo unitario.

El innovador auto de IAME estaba equipado con un motor Porsche de 1.488 cc, con cuatro cilindros horizontales en disposición Boxer y válvulas en "V" ubicadas sobre la culata. Desarrollaba 55 cv a 4.400 rpm, con una relación de compresión de 7:1. La refrigeración se realizaba por aire y la alimentación de los cilindros se efectuaba a través de dos carburadores Solex 32-PBI. A diferencia de los deportivos de Stuttgart, el motor estaba ubicado en la parte frontal.

La transmisión se realizaba con una caja manual de cuatro velocidades con un embrague monodisco; la tracción sobre las ruedas delanteras era a través de un diferencial de engranajes helicoidales y semiejes flotantes.

La carrocería se montaba sobre un bastidor con largueros de chapa de acero a cajón; el sistema de suspensión derivaba del de la empresa alemana. La delantera era independiente, con brazos paralelos longitudinales y barras de torsión; la trasera, también independiente, con barra de torsión, lámina transversal de seis hojas de cinco milímetros de espesor y amortiguadores hidráulicos de doble efecto.

Montaba cuatro ruedas de disco de acero estampado de 3,25 por 16 pulgadas sobre las que se calzaban neumáticos de 5,00 por 16 pulgadas. Los frenos eran hidráulicos y a tambor en las cuatro ruedas.

Con una longitud de 4.150 mm, una altura de 1.350 mm y una distancia entre ejes de 2.400 mm, el conjunto pesaba sólo 750 kilos. Esta muy buena relación peso-potencia le permitía alcanzar una velocidad de 150 km/h, además de otorgarle una buen ratio de consumo de diez kilómetros por litro de combustible.

El diseño de su carrocería tuvo diferentes variantes hasta alcanzar su forma definitiva. Hubo un total de seis versiones, que incluyeron modelos sin techo ni puertas, convertibles con techos de quita y pon, y una versión de techo duro 2+2 que fue finalmente la seleccionada para la producción seriada. Sus líneas estuvieron inspiradas en la trompa del Paxton Phoenix, del diseñador norteamericano Brook Stevens, y en la cola de la Ferrari 212 Inter Ghia (un ejemplar de este modelo perteneció al presidente Perón).

El carácter deportivo del auto se transmitía en el interior con un completo panel de instrumentos de tres cuadrantes con el velocímetro en el centro, tacómetro, indicadores de nivel de combustible, aceite, temperatura y amperímetro. El tablero, construido en el mismo material de la carrocería, incluía una guantera con llave que llevaba en su tapa la palabra "Justicialista" en tipografía cursiva. El habitáculo presentaba dos butacas individuales y un pequeño asiento sobre las plazas traseras para alojar un equipaje liviano. Los cambios se efectuaban mediante una palanca ubicada en el piso, que terminaba en un pomo esférico blanco, que llevaba bajorrelieve el esquema de posición de cada marcha. El volante de tres rayos incluía aro de bocina.

El auto argentino alcanzó trascendencia internacional cuando fue presentado en el Hotel New Yorker de Nueva York junto a un modelo sedán. Su diseño fue reconocido internacionalmente el 12 de febrero de 1954 en el Salón del Automóvil realizado en el Madison Square Garden, donde obtuvo el Gran Premio a la Elegancia.

La producción se realizaba de manera muy artesanal en una planta especial. Se inició en 1953, cuando se completaron los primeros cuatro cupés; en 1954 se fabricaron 28 y en 1955 se terminaron las últimas 135 unidades.

Si bien no fue diseñado para competir, el 30 de enero de 1955 una decena de Sports participaron de la primera carrera mundial de autos monomarca con carrocería plástica. La prueba se desarrolló en el Autódromo de Buenos Aires en el marco del Undécimo Gran Premio Ciudad de Buenos Aires de

Fórmula Libre y se disputó en el circuito 7, cuya extensión era de 2.680 metros y 85 centímetros. Fueron diez vueltas con un recorrido total de 26 kilómetros y 408 metros. En la competencia se alzó con el triunfo José Félix López, quien empleó un tiempo de 15 minutos 30 segundos 1/10 con un promedio de 102,215 km/h. El ganador recibió como premio, de manos del Presidente, el auto que había conducido.

Entre junio y octubre de 1953 se desarrolló un nuevo prototipo denominado Sport Especial o Prototipo Sport, que incluía muchas de las piezas del Sport de serie, pero estaba equipado con un motor Porsche de 1.500 cc, relación de compresión de 8,2:1 y 72 hp a cinco mil rpm. Según sus constructores, podía alcanzar 190 km/h. Este prototipo incluía muchos adelantos que incrementaban sus prestaciones, entre ellos un bastidor tubular de un milímetro de espesor que le otorgaba una gran rigidez estructural, al mismo tiempo que alivianaba su peso. Otra innovación fue la aplicación de las campanas de freno como plato de rueda que se ajustaban con cazoletas a las llantas, mientras las ruedas se sujetaban con tuercas mariposa. Esta solución permitía acercar el centro de la cruceta al plato de la rueda, lo que acortaba su brazo de giro y le otorgaba una dirección más liviana. Por otra parte, se facilitaba el montaje o desarmado de las ruedas en caso de avería. El esfuerzo por alivianar el peso total –de 600 kilos– se manifestaba en la construcción del tanque de combustible en chapa de aluminio. Pesaba seis kilos y tenía una capacidad de 136 litros. Para reducir la altura del centro de gravedad y lograr mayor estabilidad, el despeje del auto quedó en 14 centímetros, de esta manera la altura de la base del parabrisas se redujo a 85 centímetros. La carrocería, con capacidad para dos pasajeros, era la misma que la del auto de serie con la excepción del agregado de dos tomas dinámicas de aire sobre el capot para el carburador y el radiador de aceite, y tres entradas adicionales sobre la nariz del frontal. Las puertas fueron eliminadas y en su lugar se practicaron dos aberturas sobre la carrocería que llegaban a la base del bastidor.

El prototipo usaba neumáticos de 5,00 x 16. La suspensión era independiente en las cuatro ruedas. En el eje delantero presentaba horquilla y ballesta transversal; en el trasero, barra de torsión y ballesta longitudinal de ocho hojas. Se completaba con amortiguadores hidráulicos telescópicos de doble efecto en las cuatro ruedas.

Prototipos con motor modular V8

En abril de 1954 se presentó un innovador motor modular de disposición V8 destinado a equipar automóviles deportivos. Desarrollado por un grupo de técnicos supervisados por el subadministrador general de IAME, ingeniero aeronáutico Ambrosio Luis Taravella, esta original planta motriz, que tenía la particularidad de permitir su configuración en módulos de dos cilindros, fue montada en dos nuevos prototipos desarrollados entre 1954 y 1955.

Se trataba de un propulsor de tres litros con ocho cilindros dispuestos en V a 90 grados, con un diámetro de 80 mm, una carrera de 75 mm, relación de compresión de 7:1 y una potencia de 115 hp a 4.300 rpm. El enfriamiento se hacía por aire a través de una turbina axial accionada por el mismo motor. El conjunto pesaba 200 kilos.

En su diseño se tuvo en cuenta que pudiera funcionar con nafta tanto de 75 como de 80 octanos, lo que variaba la relación de compresión de 6,5 a 7,25.

Los cilindros fueron construidos en aleación de aluminio cromado y las tapas también en aluminio con válvulas al tope. La alimentación se realizaba a través de cuatro carburadores dobles verticales. El cigüeñal fue construido en aleación de acero al cromo níquel y apoyaba en cinco bancadas.

El primer prototipo de motor V8 fue puesto en marcha el 7 de abril de 1954 en el Laboratorio de Ensayos de Motores. Pruebas posteriores realizadas en junio de 1954 determinaron las curvas de potencia-cuplas, consumo de combustible y características generales del motor.

Uno de los prototipos llevaba una carrocería abierta tipo barchetta y el otro era un cupé Gran Turismo de dos plazas. Ambas carrocerías fueron construidas en material plástico aprovechando la experiencia recogida en la construcción seriada del Sport.

El modelo GT tenía un largo total de 4.750 mm, una altura de 1.400 mm y una distancia entre ejes de 2.650 mm. Su peso se estimaba en 1.200 kilos, su velocidad máxima en 160 km/h y su consumo en 15 litros cada 100 kilómetros.

El diseño se asemejaba a la interpretación de los vehículos norteamericanos de mediados de los años cincuenta que habían hecho los carroceros europeos, en particular los italianos, como Boano, Ghia, Pinin y Touring, quienes se focalizaron en suavizar y ajustar proporcionalmente las exageraciones del estilo estadounidense. Se caracterizaba por un parabrisas panorámico y una luneta envolvente realizada en dos piezas con tabique central. En la parte trasera se destacaban las luces dispuestas en forma de aleta sobre la extensión del guardabarros, un diseño claramente inspirado en los trabajos contemporáneos de Ghia. En el frontal se acentuaba la extensión del capot, fuertemente inclinado, que incluía dos buches para las tomas de aire. Sobre el centro de la parrilla agresiva, con luces de giro proyectadas en sus laterales, se ubicaba la insignia "V8". Las ornamentaciones cromadas y el esquema bitono de la carrocería también eran un guiño al diseño norteamericano de posguerra.

El prototipo fue enviado a Francia para representar al país en el Salón del Automóvil de París de 1955. Poco tiempo después se produjeron los acontecimientos políticos que derivaron en el golpe de Estado de septiembre de 1955. Desde entonces nada se supo de la suerte del auto, aunque algunas versiones sostienen que retornó en barco al país.

El prototipo abierto presentado en 1954 mostraba un diseño emparentado con los cupé Sport, con una trompa similar tipo tiburón pero más alta por estar montada sobre un chasis tubular, con la línea del capot extendida sobre el plano frontal. La parrilla incluía una ornamentación central cromada, que simulaba las alas de un avión, una referencia obligada al origen de la empresa. El auto carecía de paragolpes tanto en el frontal como en la cola. El habitáculo alojaba sólo dos butacas individuales, no tenía capota y el parabrisas envolvente estaba construido en una sola pieza de material plástico transparente.

Un detalle que sobresalía visual y funcionalmente fue la aplicación de las campanas de freno como plato de rueda, la misma solución que se había empleado en el prototipo Sport Especial. Su desarrollo, como así también el del propulsor V8, fue interrumpido después de 1955.

Ómnibus

Además de los autos de turismo y los utilitarios, IAME se propuso aportar a la solución del transporte público de pasajeros en el ámbito urbano. Entre 1953 y 1955 fabricó algunos buses denominados "Juan Perón", construidos a partir de estructuras y paneles de carrocerías Inducar realizados en la planta de Córdoba y montados sobre chasis Leyland. Fueron pocas unidades y se destinaron a la línea 100 de la Corporación del Transporte de la Ciudad de Buenos Aires que cumplía el recorrido Retiro-La Plata. En 1953, un prototipo similar fue construido por la carrocera El Halcón y destinado a la empresa de transporte de larga distancia El Cóndor.

Tanto en la Capital Federal como en otros centros poblados del país, el déficit de unidades destinadas a este servicio se había tornado crítico durante los años de la guerra. A partir de 1947 la importación de ómnibus Mack y General Motors comenzó a aliviar parcialmente el problema. También llegaron nuevos chasis de camión para ser carrozados en talleres privados y de la propia Corporación. La oferta se amplió con la importación a partir de 1948 de los trolebuses norteamericanos Westram y los alemanes Mercedes Benz, Henschel y M.A.N. En este marco, los ómnibus IAME contribuyeron a paliar parcialmente este déficit.

Dirección Nacional de Fabricaciones e Investigaciones Aeronáuticas (DINFIA)

Las políticas llevadas adelante por el gobierno de la llamada "Revolución Libertadora", surgido luego del golpe de Estado de septiembre de 1955, marcaron un notable retroceso en los planes de producción e investigación que venían desarrollándose tanto en el ámbito aeronáutico como en el automotor. Muchos de los proyectos fueron cancelados o reducidos.

En el área automotriz fueron abortados los trabajos de investigación del motor V8 y se dejaron de producir los automóviles sport con carrocerías plásticas. La producción se concentró en el Rastrojero diésel y los utilitarios Institec.

En sólo un año, la fabricación se redujo casi a la mitad: se pasó de 4.741 unidades en 1955 a 2.643 en 1956. La incidencia de la producción de IAME en el total de la industria automotriz, que representaba en 1954 y 1955 más del 85 por ciento, descendió a poco más de la mitad en 1956 y siguió descendiendo hasta menos del 20 por ciento en 1959, año en el que fue sancionado el régimen de promoción del sector. Muchos de los contratos con proveedores fueron desafectados, lo que provocó un serio perjuicio a la industria autopartista privada.

La intolerancia política que sobrevino en ese período histórico se vio reflejada en la denominación de los autos. La aplicación del decreto 4.161, que prohibía, entre otras restricciones, mencionar la palabra "Justicialista", obligó a renombrarlos. Pasaron a llamarse Camioncito Liviano Institec y Furgón Institec. En las carrocerías fueron eliminadas todas las referencias políticas y el logo del frontal con la leyenda partidaria fue reemplazado por una "I", de Institec, enmarcada en un cuadrado.

El propio nombre del complejo industrial iba a durar poco. En 1957 por decreto-ley 766, del 23 de enero, IAME pasó a denominarse Dirección Nacional de Fabricaciones e Investigaciones Aeronáuticas (DINFIA). Otros cambios sucedieron en la organización de la empresa. Por decreto 13.140, del 22 de octubre de 1959, se modificó el estatuto y la constitución del Directorio, el cual quedó integrado de la siguiente manera: un director nacional (presidente del Directorio) y siete vocales en lugar de cinco, designados todos por el Poder Ejecutivo y propuestos por el ministro de Aeronáutica.

Su estructura contemplaba tres direcciones: de Producción, del Instituto de Investigaciones Aeronáuticas y Espaciales (IIAE) y del Centro de Ensayos en Vuelo (CEV), además de las dependencias administrativas y de servicios. La Dirección de Producción estaba integrada por ocho fábricas independientes. Con estos cambios, su primer director fue el comodoro Roberto Huerta.

DINFIA había heredado de IAME 8.273 empleados, 217 mil metros cuadrados de superficie, 3.500 máquinas herramientas y una potencia instalada de 19.500 hp.

La producción del sedán Justicialista se interrumpió en 1955 y fue reanudada en 1957 con un nuevo motor Wartburg importado de Alemania Oriental, de tres cilindros, 901 cc y una potencia de 37 cv. La carrocería mostraba cambios en el frontal y el auto llevaba la nueva denominación, Sedán Graciela, que lo alejaba de toda referencia política al período anterior.

Incorporaba una nueva caja de velocidades de cuatro marchas con segunda, tercera y cuarta sincronizadas. La transmisión se realizaba a través de un embrague monodisco seco; detrás de él se ubicaban el acople trasero y el diferencial.

Como se trataba de un motor dos tiempos, al combustible se le agregaba aceite en una proporción del 4 por ciento del total de la mezcla. El consumo era de 10 kilómetros por litro, lo que le permitía una autonomía de 270 kilómetros gracias a su tanque de 27 litros. De esta versión se construyeron 2.280 unidades hasta 1962.

Menos suerte tuvieron los utilitarios. Del furgón se fabricaron 170 unidades en 1956, cuando fue discontinuado. De la chatita se completaron 77 unidades en 1956 y 37 en 1957, año en el cual cesó su producción.

Graciela Wartburg

En enero de 1962 se presentó el sedán Graciela Wartburg (GW) con la misma mecánica que la versión anterior, pero con una carrocería de cuatro puertas correspondiente al modelo Wartburg 311. La nueva carrocería, importada de Alemania Oriental, se montaba sobre un chasis de largueros de forma rectangular construido en chapa de acero de dos milímetros de espesor. Con una distancia entre ejes de 2,45 metros y una longitud total de 4,29 metros, disponía suficiente espacio para alojar cinco pasajeros. Sus tres ventanillas laterales y la curvatura del parabrisas y luneta le otorgaban una gran visibilidad y luminosidad en el interior. El confort y seguridad de marcha se confiaban a su esquema de suspensión independiente en las cuatro ruedas, con ballesta transversal adelante y longitudinal en combinación con barra estabilizadora sobre el eje trasero. La velocidad máxima se estimaba en 120 km/h y podía recorrer 14 kilómetros con un litro de mezcla nafta-aceite. El lanzamiento fue precedido por una intensa prueba a través del mismo recorrido de cinco mil kilómetros en el que se había disputado el Quinto Gran Premio para Coches Standard, que comprendió las provincias de Buenos Aires, Córdoba, Mendoza, San Juan, La Rioja, Catamarca, Tucumán y Santiago del Estero. El auto desarrolló una velocidad promedio de 90 a 100 km/h sin mostrar ningún desperfecto y adaptándose sin problemas a caminos montañosos y accidentados, en los que se comprobó la eficacia de la tracción delantera y la barra estabilizadora. Su construcción fue breve y sólo se montaron 646 unidades entre 1962 y 1964.

Prototipo pick up plástico

Sobre el mismo chasis del Rastrojero fue desarrollado un prototipo de pick up con carrocería en plástico reforzado en fibra de vidrio. Se trataba de una versión doble cabina de dos puertas, con capacidad para siete pasajeros ubicados en cómodos asientos regulables longitudinalmente. En su diseño sobresalían los trazos rectilíneos, contaba con faros dobles en el frontal y pintura bitono. Según los estudios del fabricante, el peso de esta carrocería representaba la mitad de una similar realizada con chapa de acero. Otras ventajas que brindaba el material plástico eran sus propiedades antisonora, anticorrosiva, antitérmica y la muy buena adherencia de la pintura.

Con una longitud de 4.740 mm, un ancho de 1.770 mm y una altura de 1.670 mm, el conjunto completo tenía un peso de 1.300 kilos y una capacidad de carga de 300 kilos.

Estaba previsto equiparla con el propulsor naftero Borgward de 60 hp y también con el propulsor diésel de la misma marca de 42 hp.

Dinborg

Como se mencionó antes, el inesperado éxito del Rastrojero, que agotó rápidamente el stock de casi 2.500 motores Willys nafteros, obligó a IAME a buscar una alternativa diésel para continuar la producción de su popular utilitario. El acuerdo alcanzado para la provisión de 20 mil propulsores D4M, que derivó en la constitución de Borgward Argentina S.A. el 4 de marzo de 1954, fue ampliado poco antes de que la empresa de origen alemán entregase los primeros propulsores de industria nacional.

Esta ampliación, celebrada en 1958, establecía la fabricación en el país bajo licencia de Borgward Alemania del camión frontal B-611 y del sedán Isabella. De esta manera, se respondía a la necesidad de DINFIA de diversificar su producción y de Borgward de hacer pie en el país aprovechando la política de promoción de la industria automotriz. Las tratativas comenzaron a dar resultados positivos cuando el 18 de abril de 1958 por el decreto 5160 se autorizó a la estatal DINFIA a concretar la fusión con la empresa alemana. De este convenio resultó el nacimiento de una nueva sociedad integrada en proporciones iguales por ambas empresas bajo la denominación Dinborg Industrias Argentinas Automotrices S.A.C.I.F. La empresa quedó constituida el 1 de diciembre de 1958 y fue autorizada para operar el 17 de abril de 1959 a través del decreto 4.448. Ese mismo año, la Secretaría de Industria y Minería aprobó los planes de producción que contemplaban 500 unidades del Isabella en 1960, cifra que se incrementaría progresivamente: 1961, dos mil; 1962, tres mil; 1963 y 1964, cuatro mil.

Para el camión B-611 los volúmenes de producción previstos eran mayores. Para 1960 se estimaban 1.900 unidades, que se elevarían a cinco mil en 1961 y seis mil en 1962, 1963 y 1964. Estos planes fueron aprobados a través de las resoluciones 82 y 91 del 8 y 11 de septiembre de 1959, respectivamente.

El primer directorio de la empresa quedó presidido por el comodoro Enrique S. von Borowski, representante de DINFIA, y como vicepresidente fue designado Rodolfo Freude, en representación de Borgward.

La forma operativa del emprendimiento estableció el armado final de las unidades en la planta de DINFIA en Córdoba y la producción de los propulsores en el establecimiento que Borgward tenía en Isidro Casanova, Buenos Aires. En una primera etapa, la integración nacional se estimaba en un 60 por ciento. Los planes contemplaban, además, la ampliación de las instalaciones en unos terrenos de 54 hectáreas adquiridos por la empresa en las cercanías de Ferreyra, Córdoba.

La responsabilidad de la distribución de los vehículos Borgward quedó a cargo de la empresa DIACAR.

Borgward Isabella

El Borgward Isabella era un vehículo mediano con una carrocería autoportante de dos puertas construida en acero. Sus 4,4 metros de longitud le permitían transportar con comodidad cinco pasajeros.

Se ofrecía en dos versiones diferenciadas por equipamiento, terminación y motorización. La versión base estaba equipada con un motor naftero de 1.493 cc que, con una relación de compresión de 7,1:1 y 64 hp, le permitía alcanzar una velocidad máxima de 130 km/h. Estaba montado en el frontal sobre un subchasis y apoyado en tres puntos de goma; el bloque era de fundición de hierro y los cilindros tenían camisas colocadas a presión. Los pistones eran de aleación de aluminio, con cuatro aros cada uno. Con este propulsor, el Isabella consumía alrededor de un litro cada once kilómetros y su autonomía, teniendo en cuenta los 47 litros de capacidad del tanque de combustible, se aproximaba a los 500 kilómetros.

Por su parte, la versión más lujosa, denominada TS, ofrecía el mismo propulsor, pero con una relación de compresión elevada a 8,2:1. Esto se traducía en un incremento en la potencia, que alcanzaba 80 hp. Esta mejora se notaba también en las prestaciones del auto que le permitían obtener una velocidad máxima de 150 km/h.

La versión TS se convirtió rápidamente en una buena opción entre los vehículos de lujo. Tenía un agradable interior con capacidad para cinco pasajeros y ofrecía un muy buen nivel de equipamiento, que incluía instrumental completo con un velocímetro de lectura horizontal, cuentakilómetros con parciales de "vuelta a cero", indicador de temperatura del tipo de aguja en grados centígrados, indicador de combustible y reloj eléctrico.

El habitáculo tenía asientos individuales adelante, regulables longitudinalmente y con respaldo reclinable para permitir el acceso y egreso a las plazas traseras. Los asientos estaban tapizados en cuero y se ofrecía como equipamiento opcional techo corredizo y carrocería con terminación bicolor. Como equipo de serie en las dos versiones, se ofrecía calefacción y desempañador.

En ambos modelos la transmisión era de tipo convencional con tracción trasera, caja manual de cuatro marchas totalmente sincronizadas y embrague monodisco seco con comando hidráulico. El comando de la caja de velocidades se encontraba en la columna de dirección.

La suspensión delantera era independiente mediante trapecio deformable transversal con resortes helicoidales y amortiguadores hidráulicos telescópicos concéntricos. La trasera, también independiente, estaba integrada por un sistema de semiejes columpiante con resortes helicoidales y amortiguadores hidráulicos telescópicos. El Isabella contaba con frenos hidráulicos de tambor en las cuatro ruedas, que eran de 13 pulgadas.

Además de su aceptación comercial en el mercado local, el Isabella tuvo un exitoso paso por el automovilismo deportivo. A comienzos de los años sesenta participó en los Grandes Premios Argentinos en la categoría Turismo Standard, fiscalizada por el Automóvil Club Argentino. Estuvo representado por el equipo El Trébol Rojo, integrado por Roberto Lamela Díaz, Juan Ángel Diez, Ángel Edmundo Cacuri y Alfredo López Quijada. En 1961 tuvo una destacada actuación en el Gran Premio Internacional y logró el sexto y séptimo lugar en la clasificación general al comando de Gastón Perkins y Roberto Lamela Díaz, respectivamente.

Se produjeron un total de 1.096 Borgward Isabella. El cierre de la casa matriz obligó a discontinuar en la Argentina la producción del lujoso sedán.

Borgward B-611

El camión B-611 se presentaba como un vehículo versátil, ideal para el traslado y reparto de cargas en el ámbito urbano e interurbano gracias a la corta distancia entre ejes de 2,60 metros y una longitud total de 5,20 metros. Disponía de una cómoda cabina frontal totalmente metálica, de gran visibilidad, con capacidad para tres pasajeros, que se montaba sobre un chasis convencional de largueros y travesaños construidos en acero. La flexibilidad de su diseño permitía adaptar al camión para ofrecerlo de fábrica en distintas versiones: pick up con caja de madera, furgón y minibús con capacidad para 13 pasajeros. A su vez, el chasis ofrecía la posibilidad de aplicarle diferentes carrocerías para su uso como ambulancia, furgón térmico, remolque, etcétera.

Estaba equipado con el mismo motor del Rastrojero, es decir, el D4M de 1.798 cc y 42 hp, que se ubicaba en su parte frontal. El chasis presentaba suspensión independiente adelante mediante paralelogramos de brazos desiguales, resortes helicoidales y amortiguadores hidráulicos telescópicos coaxiales. Atrás, el esquema era más conservador con eje rígido, elásticos longitudinales y amortiguadores hidráulicos telescópicos. Los frenos eran hidráulicos en las cuatro ruedas, de doble acción sobre las delanteras.

Su capacidad de carga era de 1.750 kilos, la velocidad máxima se estimaba en 75 km/h y el consumo a una velocidad de crucero de 56 km/h era de 9,8 litros cada cien kilómetros.

A pesar de ser un vehículo utilitario, una serie de opcionales permitían mejorar el confort y la seguridad, entre ellos, radio, calefacción, lava parabrisas, cuenta revoluciones, faros de niebla y faros de iluminación asimétrica.

Se produjeron 1.556 unidades hasta 1961, cuando el cierre de Borgward en Alemania implicó también el fin de la experiencia Dinborg. Sin embargo, el B-611 tuvo una sobrevida de casi treinta años, con leves lavadas de cara y cambios de nombres y fabricantes, de la mano de Industrias Kaiser Argentina (IKA), Industrias Mecánicas del Estado (IME) y Massey Ferguson (Imetal). Por su parte, la producción de Borgward Argentina continuó con los propulsores diésel y su suerte quedó estrechamente vinculada a la de IME y, en menor medida, a Sociedad de Automóviles Franco Argentinos (SAFRAR-Peugeot), a las que siguió proveyendo de motores hasta el cierre de la empresa a comienzos de los años ochenta.

Industrias Kaiser Argentina (IKA)

El rápido crecimiento de la economía norteamericana durante la inmediata posguerra estimuló a industriales de rubros diversos a sumarse a la dinámica producción automotriz. Henry J. Kaiser fue uno de ellos. Su compañía, Kaiser Industries Corporation, había consolidado una sólida posición industrial que abarcaba un conglomerado de actividades tan variadas como la obtención de yeso, cemento, acero, aluminio, construcciones civiles, aeronáuticas, aeroespaciales y electrónica. Durante la Segunda Guerra Mundial había prestado valiosos servicios al gobierno estadounidense con la construcción de los buques Hoover y Liberty.

En agosto de 1945 se asoció con Joseph W. Frazer, ex presidente de Willys Overland y de Graham Page Motor Corporation, para constituir Kaiser-Frazer Corporation. El objetivo era crear dos marcas distintas que llevarían los apellidos de los socios y que apuntarían a dos segmentos de mercado diametralmente opuestos. Mientras los Kaiser estaban orientados a las familias de menores ingresos que buscaban autos económicos, los Frazer estaban focalizados en seducir a las clases de mayor poder adquisitivo, con vehículos lujosos de un elevado nivel de equipamiento.

El diseño de los primeros vehículos estuvo definido en enero de 1946 y en junio del mismo año comenzó la producción en la fábrica de Willow Run, Michigan, que había pertenecido a Ford. Los Kaiser Special y Custom y el Frazer fueron presentados como modelos 1947 y en el primer año de producción fueron acompañados por una buena demanda que alcanzó las 139 mil unidades. Se trataba de dos sedanes de cuatro puertas, medianos para el estándar norteamericano, equipados con un motor Continental Red Seal de seis cilindros en línea, válvulas laterales y una potencia de 100 hp, que K-F producía bajo licencia. Compartían la mecánica y la carrocería y sólo se distinguían por cambios ornamentales menores. El primer prototipo Kaiser incluía tracción delantera, pero la falta de tiempo de desarrollo obligó a la empresa a adoptar una solución convencional para la producción seriada.

Con todo, la nueva sociedad mostraba claros signos de debilidad frente al poderío de Chrysler, Ford y General Motors, que controlaban con comodidad el mercado norteamericano. En la primera mitad de los años cincuenta se hicieron evidentes las dificultades que tenía la empresa para hacer pie con solvencia dentro del segmento de automóviles de turismo. Si bien sus nuevos modelos Deluxe, Special y Henry "J", presentados en 1951, permitieron elevar las ventas a 230 mil unidades, no era suficiente para revertir la situación, que continuó en los años siguientes con caídas en las ventas y acumulación de stock de autos sin vender. Suerte similar afrontaban los otros fabricantes menores como Studebaker, Packard, Hudson y Nash; estos dos últimos se fusionaron en 1954 y dieron nacimiento a la American Motor Corporation (AMC). Los Kaiser aventajaban claramente a los Frazer en volumen de ventas; esta razón y la baja tasa de rentabilidad convencieron a Frazer para dejar la sociedad en 1951.

Henry Kaiser comprendió que la mejor manera de hacer pie en un mercado tan competitivo era especializándose en una línea de producción que pudiera ofrecer mayor fortaleza frente a sus rivales. En 1953 adquirió Willys Overland para constituir una nueva empresa, Willys Motors. La apuesta de 62.300.000 dólares le permitió incorporar a su producción los utilitarios Jeep, Willys Station Wagon y Willys Pick Up, vehículos que se sumaron a la producción de autos de pasajeros. Esta adquisición implicó concentrar toda la línea de producción en la ex planta Willys en Toledo, Ohio, y la vieja factoría de Willow Run fue adquirida por la General Motors, que había sufrido un incendio en su fábrica de cajas automáticas de Livonia y necesitaba urgentemente reanudar la producción, la cual abastecía no sólo a su propia línea de productos, sino también a otros fabricantes. La venta permitió capitalizar a Kaiser por un valor de 26 millones de dólares, que ayudaron a recuperar la sangría de capitales y las pérdidas por 34 millones de 1954.

En 1955, luego de producir 750 mil autos, Kaiser decidió abandonar el segmento de los automóviles de turismo y concentrarse en los utilitarios de la vieja línea Willys. El último sedán producido fue el Manhattan, un modelo derivado del Kaiser Deluxe de 1951 y que había recibido un refrescante *restyling* en 1954 de la mano del diseñador Howard *Dutch* Darrin.

Esta decisión, basada en la imposibilidad de crecer en el mercado doméstico, fue acompañada del proyecto para desarrollar la empresa fronteras afuera, en países que estaban iniciando un acelerado proceso de industrialización por sustitución de importaciones y que, al mismo tiempo, necesitaban con urgencia renovar su insuficiente y obsoleto parque automotor.

En agosto de 1954, Henry Kaiser realizó una gira por Sudamérica, que incluyó Argentina, Brasil, Colombia y Venezuela y en la que se analizaron las particularidades que presentaban los mercados automotores de cada país, además de sus respectivas capacidades industriales, infraestructura de caminos, transporte, provisión de energía y demás factores que incidían en la producción y comercialización de automotores. En una primera evaluación, se llegó a la conclusión de que tanto Argentina como Brasil ofrecían las mayores ventajas y posibilidades de desarrollo.

En el país vecino, Willys ya contaba con una amplia red de distribuidores y una planta de ensamblaje en San Pablo, donde se armaban modelos con tracción integral.

En Argentina, los automóviles Kaiser-Frazer se comercializaban desde abril de 1947, cuando fueron oficialmente presentados en el Salón de Actos del Automóvil Club Argentino por la firma importadora S. Ring y Cía.

El proceso de industrialización por sustitución de importaciones, iniciado en Argentina a partir de mediados de la década de 1930 y profundizado desde 1946, había estado orientado a la producción de bienes de consumo, pero su desarrollo evidenciaba signos de debilidad por su fuerte dependencia en materias primas, insumos y combustibles que, al ser importados, producían un fuerte drenaje de divisas. Estas erogaciones afectaron la balanza de pagos, hecho que se agudizó a fines de la década del cuarenta y comienzos de la siguiente.

La culminación de esta etapa de sustitución "fácil" obligaba a reorientar la producción hacia los bienes de capital, maquinaria, energía y materias primas. Se buscaba la creación de industrias de base y el desarrollo de obras de infraestructura. Estos objetivos fueron planteados en el marco del Segundo Plan Quinquenal. Para su logro, era necesaria la movilización de enormes recursos del

Estado a través de sus ingresos tributarios y organismos públicos como el Instituto Argentino para la Promoción del Intercambio (IAPI) y el Banco Industrial, además de recurrir a la emisión monetaria y al endeudamiento público. Sin embargo, por la magnitud de las inversiones necesarias para el desarrollo de las industrias de base, también era necesario el aporte de capital privado, tanto nacional como extranjero.

La visita de Kaiser coincidía con las nuevas políticas económicas aplicadas por el gobierno del general Perón, que flexibilizaba su postura frente al capital foráneo a través de la ley 14.222 de Inversiones Extranjeras, sancionada en agosto de 1953.

Esta norma ofrecía beneficios a los capitales extranjeros que se orientaran a la industria y a la minería a través de la instalación de nuevas plantas o asociándose con las ya existentes. Ofrecía la posibilidad de remitir utilidades al exterior a partir del segundo año de la radicación por un equivalente al ocho por ciento anual del capital registrado. El Poder Ejecutivo podía eximir total o parcialmente del pago de derechos de aduana a las maquinarias, equipos y otros bienes de capital vinculados con la puesta en marcha de una industria.

La ley estuvo en vigencia hasta 1955. En ese breve período se produjeron radicaciones por un total de 12 millones de dólares, de los cuales, el 65 por ciento correspondió a la inversión de capital que permitió la constitución de Industrias Kaiser Argentina. Esta radicación fue gestionada oficialmente en julio de 1953 por Milton Eisenhower, hermano y representante del entonces presidente de Estados Unidos, en oportunidad de su visita oficial al país. Otras inversiones comprendidas en la misma norma fueron las de las empresas químicas Merck y Monsanto, las alemanas Siemens y Bayer, y la italiana Fiat, que adquirió la planta de tractores Pampa de IAME donde estableció las bases para el desarrollo de su complejo industrial Fiat-Concord en Ferreyra, Córdoba.

En el caso de IKA, la ley 14.222 le permitía la conversión en dólares de las ganancias en pesos hasta el ocho por ciento de su inversión por cada año a partir de 1957, y a partir de 1965 se incrementaría al diez por ciento anual durante diez años.

Luego de su visita al país, Henry Kaiser elaboró una propuesta de inversión para presentar al gobierno argentino. El 1 de octubre de 1954 fue recibido por las máximas autoridades encabezadas por el presidente Perón, el brigadier San Martín, ministro de Aeronáutica y director de IAME, el brigadier Santiago Díaz Bialet, el doctor Alfredo Gómez Morales, ministro de Asuntos Económicos, y el doctor Miguel Revestido, ministro de Finanzas.

Las negociaciones fueron rápidas y satisfactorias. Tres días más tarde se alcanzó un compromiso rubricado en una Carta de Acuerdo, la cual fue firmada por autoridades nacionales, de IAME, Henry Kaiser como representante de Kaiser Motors, y Edgard Kaiser en representación de Willys Motors. La propuesta de Kaiser contemplaba la constitución de una sociedad mixta integrada por Kaiser, el Estado argentino a través de la empresa IAME y accionistas privados.

Tanto Kaiser como IAME aportarían en conjunto más del 51 por ciento del capital (38,2 Kaiser; 21,6 IAME) a través de maquinarias, equipos, herramientas, dispositivos y matrices. El resto del capital sería aportado por inversionistas privados mediante la suscripción pública de acciones.

La inversión de Kaiser fue establecida en 140 millones de pesos moneda nacional, equivalentes a diez millones de dólares. Por su parte, el aporte de IAME fue de 80 millones de pesos (5.700.000 dólares), que incluía, además de equipos y herramental, la construcción de edificios. Los equipos estaban destinados a la realización de las matrices de la carrocería y herramental del motor del futuro Jeep argentino; algunos serían construidos localmente a partir de especificaciones y diseños de Kaiser y otros importados de Alemania Oriental y Checoslovaquia por un valor de 1.300.000 dólares. El monto de la inversión fue establecido por una Comisión Mixta de Valuación.

A fin de capitalizar a la nueva sociedad, se autorizó la importación de mil unidades semidesarmadas del modelo Kaiser Manhattan para ser comercializadas en el país.

El Estado argentino, a través del Banco de Crédito Industrial, aportaría una línea de crédito a fin de hacer frente a los gastos de preproducción. Se estableció un programa de producción de cinco años en el que se fijaba una paulatina disminución de los componentes importados.

Otro punto del acuerdo contemplaba los requerimientos en moneda extranjera, que serían provistos en iguales condiciones que para el resto de la industria argentina.

En la carta no se establecía la localización de la planta, pero sí se fijaba que debía estar construida en un plazo menor a un año y que a partir de los 24 meses se iniciaría la entrega de los primeros vehículos, cuya producción se incrementaría progresivamente hasta alcanzar las 40 mil unidades anuales en el término de tres años.

Siguiendo el modo de producción en Estados Unidos, la empresa se comprometía a encargar el 40 por ciento de las autopartes a proveedores locales y se reservaba la producción directa del 60 por ciento restante.

Constitución de Industrias Kaiser Argentina S. A.

Luego de las negociaciones que culminaron satisfactoriamente con la Carta de Acuerdo, el 19 de enero de 1955 fue firmado el convenio entre IAME, Kaiser Motor Corporation, Willys Motors Inc. y Kaiser Engineers por el cual quedó establecida la nueva entidad destinada a fabricar integralmente automotores en el país. El convenio fue rubricado en el despacho presidencial con la presencia del presidente Perón. IAME estuvo representado por el ministro de Aeronáutica, brigadier mayor Juan Ignacio San Martín, y Edgard F. Kaiser lo hizo como presidente de Kaiser Willys.

Los principales puntos del convenio fueron los siguientes:

- Constitución de Industrias Kaiser Argentina S. A. cuyo objetivo fundamental era establecer una planta industrial para producir cuarenta mil automotores por año.
- El capital financiero de la nueva entidad entre bienes productivos y efectivo se elevaría a 360 millones de pesos moneda nacional.

- El aporte de capital de Kaiser Willys ascendía a 115 millones de pesos, equivalentes a ocho millones de dólares, según la cotización del mercado libre vigente en Buenos Aires en el momento de firmarse el acuerdo. Este aporte estaba constituido por maquinarias y equipos que serían importados desde Estados Unidos. La inversión de IAME en maquinarias, herramientas, matrices, moldes y otros elementos quedó establecida en 80 millones de pesos.
- Las instalaciones de la nueva planta industrial serían emplazadas en las cercanías de la ciudad de Córdoba e incluirían planta de ensamblaje, de estampado y de fabricación de motores.

El establecimiento de IKA implicaba el desarrollo de un importante sector autopartista nacional, cuya producción estaba destinada a proveer a la nueva fábrica. De esta manera, Argentina alcanzaba el liderazgo regional en producción integral automotriz.

La fabricación de las cuarenta mil unidades incluía una oferta diversificada que debía ser lo suficientemente flexible para ajustarse a la demanda. De esa cifra, se estimaba que la mitad estaría destinada a la producción del Jeep de doble tracción; diez mil unidades corresponderían al modelo sedán de cuatro puertas; cinco mil para la camioneta rural en tracción simple y doble, y las cinco mil restantes, para la pick up de una tonelada. Por su parte, la planta de motores debería producir 65 mil propulsores anuales de cuatro y seis cilindros.

En el acuerdo quedó establecido que la planta debería estar operativa a más tardar en 1956 con la producción del Jeep, cuya fabricación plena se lograría en 1957. Por otra parte, se establecía alcanzar la máxima capacidad productiva en 1959 con una elevada integración nacional.

Paralelamente, se realizaron los estudios y planificación tendientes a diseñar y construir los edificios de la nueva planta industrial. El responsable de estos estudios fue el ingeniero George Havas, quien con esa finalidad realizó cuatro viajes a la Argentina entre fines de 1954 y principios de 1955, lo que le permitió confeccionar los planos preliminares de la futura planta industrial que incluiría las siguientes dependencias:

- Edificio para montaje de los cuatro tipos diferentes de vehículos.
- Edificio para ensamblaje de motores con sistema rotativo mecánico a los efectos de transportar directamente los motores a las líneas de montaje adyacentes.
- Planta de prensado para estampado de estructuras.
- Edificio de asistencia social con comedor y otras facilidades para 2.500 empleados.
- Edificio para administración.
- Usina eléctrica para generación de fuerza motriz.

Para lograr la capitalización total de la nueva sociedad hasta lograr la cifra de 360 millones de pesos, se permitió la participación de inversores privados argentinos, quienes aportarían la diferencia entre ese monto y la suma conjunta de IAME y Kaiser.

Tal como había establecido la Carta de Acuerdo, el Estado argentino realizó un importante aporte de capital a través del Banco de Crédito Industrial, con un préstamo de 200 millones de pesos, destinado a financiar los gastos de preproducción.

El Directorio de la nueva sociedad quedó integrado por Henry J. Kaiser como presidente, Edgard F. Kaiser como vicepresidente y el ingeniero James McCloud como director y gerente general. La representación de IAME quedó en manos de Santiago Díaz Bialet y Carlos F. Maurino.

Ubicación de la planta

Una vez constituida la nueva sociedad y fijados sus objetivos, quedaba por definir la ubicación de la planta industrial. Según lo establecido en el convenio, debía estar instalada en la provincia de Córdoba. En la dirección de la empresa había opiniones encontradas. Por un lado, George Havas y el brigadier Díaz Bialet estaban de acuerdo en que se instalara en la provincia mediterránea, mientras que James McCloud planteaba su preferencia por el área metropolitana de Buenos Aires. Además, McCloud deseaba concentrar la administración y la producción de la empresa. Por su iniciativa, IKA contrató los servicios de la empresa norteamericana

Fantus, especializada en localización de plantas industriales, estudios demográficos y de mercado.

El estudio arrojó como conclusión la conveniencia de la radicación industrial en Buenos Aires. Esta opinión estaba fundada en razones logísticas y de mercado. Casi el cincuenta por ciento del mercado potencial y la mayoría de los proveedores se encontraban en esta región; además, la cercanía con el puerto facilitaba la logística de las piezas y material importado necesario para la producción. Sólo el veinte por ciento de los vehículos producidos podría ser absorbido por Córdoba. También se consideró como alternativa Rosario, por su cercanía con las acerías Somisa y Acindar y porque disponía de una desarrollada infraestructura portuaria.

Por su parte, la provincia de Córdoba ofrecía un superávit energético obtenido a partir de 1953 con la inauguración de las obras de infraestructura de la Empresa Provincial de Energía (EPEC). Su cercanía con el complejo industrial de IAME, sumada a su red de proveedores locales y la posibilidad de expansión futura, hacían que fuera una buena alternativa.

La decisión final fue tomada por Edgard Kaiser, quien se inclinó por Córdoba. Faltaba definir la locación del terreno. Se analizaron diferentes alternativas y se optó por una propuesta de la familia Nores Martínez, que ofreció la donación de 30 hectáreas en la localidad de Santa Isabel, a siete kilómetros del centro de la capital provincial. Esta superficie resultaba insuficiente para los planes futuros de la empresa. Un acuerdo posterior con los Nores Martínez permitió adquirir 45 hectáreas adicionales.

El diseño y construcción de la planta industrial fue ejecutado por Kaiser Engineers. Las obras se iniciaron el 12 de marzo con la remoción del primer terrón de tierra sobre un terreno de 808.173 metros cuadrados de superficie.

Casi en simultáneo, el 10 de marzo de 1955, Industrias Kaiser Argentina y el gobierno argentino firmaron un acuerdo, a través del Instituto Mixto de Inversiones Mobiliarias (IMIM), para el ofrecimiento público de 1.649.341 acciones ordinarias a un valor nominal de 100 pesos con el objetivo de capitalizar la nueva empresa. La confianza del público en IKA quedó demostrada de manera contundente con la suscripción de todas las acciones el 1 de abril de 1955, primer día de su ofrecimiento. El total del capital ofrecido fue de 220 millones de pesos, distribuidos en 8.600 inversores.

Para facilitar la instalación de la fábrica, la provincia de Córdoba habilitó a la empresa EPEC el tendido de una línea aérea de 34 mil voltios destinada a proporcionar fluido eléctrico a la futura fábrica con una capacidad de siete mil kilovatios.

Otro incentivo que ofrecía la provincia era la vigencia de la ley 4.302/1952, que otorgaba importantes beneficios a las empresas que se instalaran en su territorio para producir artículos considerados críticos y las eximía del pago de diversas contribuciones territoriales, impuestos municipales y sellos. Una ventaja adicional importante era la presencia de abundante mano de obra calificada y barata; en esos tiempos regía en la provincia la "quita zonal" sobre los salarios, que implicaba para las empresas un ahorro de un 20 por ciento en los costos de la mano de obra en relación con los trabajadores de la Capital Federal.

La nueva planta industrial se convertía, por sus instalaciones, en la más completa y compleja de Sudamérica. Por ejemplo, la planta de prensas contaba con tres fosas de 6,40 metros de profundidad. Para resistir el impacto de estas prensas –la mayor era de dos mil toneladas– y asegurar la inmovilidad del terreno, debieron proveerse pilotajes de hasta 12 metros por debajo de las fosas.

La construcción sumaba más de 69 mil metros cuadrados de superficie cubierta, distribuidos de la siguiente manera: planta de prensas: 4.488; planta de ensamblaje: 38.200; planta de motores: 22.800; depósito: 3.600.

Por sus dimensiones, la planta de ensamblaje era la de mayor importancia. En ella estaban previstas dos líneas de producción de alto ritmo enteramente mecanizadas, una para automóviles de turismo y la otra para vehículos utilitarios. Este sector disponía de un complejo equipamiento industrial que incluía cadenas transportadoras, soldadoras múltiples y automáticas y remachadoras en frío. El conjunto garantizaba una calidad de terminación similar a la de los vehículos estadounidenses. En el entrepiso de la planta de ensamblaje se encontraba el sector de tapicería, elevado un par de metros del piso para evitar la contaminación del tapizado y los asientos con elementos de la fábrica.

En la planta de motores se realizaban las operaciones de fundición en bruto de los bloques, que luego se mecanizaban. Los propulsores terminados se probaban en la misma planta.

El complejo industrial se completaba con diversas instalaciones auxiliares: planta de transformadores, planta de compresores, dispositivos de ablandamiento del agua, torre y tanque de agua de 500 mil litros y planta de purificación de aguas servidas.

La proyección, la construcción y los traslados de equipos hacia la planta de Santa Isabel implicaron la coordinación de un grupo profesional de trabajo con sedes en las ciudades norteamericanas de Oakland y Toledo, y las argentinas de Buenos Aires y Córdoba. La construcción de la planta demandó doce meses, lo mismo la mudanza de las instalaciones desde Estados Unidos. Fueron trasladadas nueve mil toneladas de equipos y maquinarias hacia el puerto de Buenos Aires, lo cual demandó un total de trescientos embarques. De allí continuó el envío vía terrestre hacia Córdoba, a través de seiscientos viajes en camión y también por ferrocarril. Se tendió un ramal ferroviario especial hacia la planta de prensas. En los vagones se cargaban matrices y materia prima, las cuales se descargan en la planta mediante dos grúas puente de cincuenta toneladas de capacidad, diseñadas y construidas en Argentina. El mecanismo de coordinación fue tan preciso que en algunos casos las maquinarias llegaban a la planta sólo tres días después de haber arribado al puerto. Fue la mayor mudanza industrial de la época. Al mismo tiempo, se radicaron en el país ochenta técnicos norteamericanos que arribaron con sus respectivas familias para supervisar la operación.

Interdicción y rehabilitación

Entre el inicio de la construcción de la planta y la producción del primer Jeep se produjeron los sucesos políticos que culminaron con el derrocamiento del gobierno constitucional de Perón. IKA fue interdicta y sometida a la acción de la Junta Nacional de

Recuperación Patrimonial, entidad creada por el nuevo gobierno y que tenía como finalidad investigar casos de corrupción en los cuales se vincularan empresas privadas con funcionarios del gobierno anterior. La Fiscalía Nacional de Recuperación Patrimonial había dictaminado que el contrato de constitución de la sociedad se hallaba afectado de anomalías sustanciales que hacían procedente su impugnación e interpretó que se apartaba de la ley 14.222 de radicaciones extranjeras para beneficiar a Kaiser Motors Corporation. Este acontecimiento puso en duda la continuidad del proyecto industrial en ejecución. Finalmente, la empresa fue rehabilitada en junio de 1956, al considerarse, entre otros puntos, que no había intervenido en delitos tales como haber desposeído a la Nación de bienes materiales e inmateriales y que su origen no se debía a un proceso de corrupción. De la larga lista de empresas interdictas, IKA fue la primera en ser excluida.

En enero de 1957 arribó al país el vicepresidente de IKA, Edgard F. Kaiser. En sus declaraciones a la prensa había manifestado los importantes logros alcanzados por la empresa en el país en sólo dos años, entre ellos el incremento del ritmo de producción que permitía fabricar cuarenta mil unidades anuales y un Jeep cada quince minutos. Particularmente hizo énfasis en el importante ahorro de divisas obtenido, ya que, según su estimación, con lo que costaba importar un Jeep, IKA producía cuatro. Al mismo tiempo y para ampliar ese objetivo, sostuvo que la fábrica podía incrementar ese ahorro con la ejecución de matrices y herramientas que le permitieran producir y exportar hacia la planta de Toledo, Estados Unidos, paneles de carrocerías de Jeep y rural Willys.

En 1957 se fabricaron un total de 12.889 automotores y se produjo la unidad 15 mil. IKA había logrado un paso muy importante hacia una mayor integración nacional con la fundición de los bloques de motor y la producción de los ejes traseros. A fines de ese año se realizó una importante inversión de un millón de dólares destinada a la adquisición de equipos, matrices y maquinarias de origen norteamericano y europeo, cuyo objetivo era la producción propia de ejes propulsores, cajas de velocidad y de transferencia. Con esta fabricación se logró, a partir de 1958, un ahorro de divisas estimado en ciento cincuenta dólares por cada vehículo de tracción simple y trescientos dólares para los de tracción integral.

El 13 de febrero de 1958 salieron de la línea de producción los primeros vehículos equipados con bloques de motor de seis cilindros de fundición nacional. El bloque era la última pieza del motor que no se fabricaba localmente. Con estas piezas fundidas por la empresa Acinfer en San Nicolás, provincia de Buenos Aires, se lograba una reducción de divisas del orden de sesenta dólares por motor. En 1960, esta empresa se transformó en uno de los principales proveedores de IKA para la que producía:

- En fundición gris: block de seis cilindros, múltiples de admisión y escape para seis cilindros, volante motor, tapa de seis cilindros, block de cuatro cilindros y carcasa de cajas de cambios.
- En fundición maleable: caja de engranajes para la dirección del Carabela, brazo del pedal de embrague, soporte del cojinete para la carcasa del diferencial, puente delantero y trasero, carcasa del brazo derecho y del brazo izquierdo para punta de eje, puentes delantero y trasero, caja portacorona para el puente delantero del diferencial, carcasa para el diferencial, caja de dirección para Jeep, caja para el mecanismo de dirección del Bergantín, soporte del brazo de suspensión para el puente trasero y carcasa del diferencial para el puente delantero.

En marzo de 1958 llegó a Santa Isabel una máquina fresadora copiadora tridimensional automática Heylingstaedt, importada de Alemania. Este equipo formaba parte de una inversión de medio millón de dólares destinada a producir en Córdoba toda la matricería necesaria para la fabricación nacional de vehículos, inclusive matrices gigantes para el estampado de partes de carrocerías, lo cual le permitía a IKA la programación de los nuevos modelos que se fabricarían. De esta manera, se constituía el taller de matricería más importante del país y uno de los más grandes de Sudamérica.

Estas inversiones iban acompañadas de un incesante aumento en las cifras de producción que alcanzaron las veinte mil unidades el 30 de abril de 1958 y meses más tarde, el 25 de septiembre, el vehículo treinta mil. El elevado contenido nacional significaba un ahorro de un 76 por ciento respecto a unidades similares importadas.

Con tres vehículos en producción, Jeep, Estanciera y Kaiser Carabela, IKA produjo ese año 22.612 unidades, cifra que representaba el 81 por ciento de toda la producción automotriz nacional. De haber sido importado ese total, se hubieran necesitado 55 millones de dólares para su adquisición. Con la producción local se alcanzó un ahorro de 44 millones de la misma moneda.

El crecimiento de la producción iba acompañado del aumento del personal. De las 425 personas que empleaba la empresa al iniciar su actividad en 1955, se llegó a 1.459 en 1956 y a 3.860 en 1958. Si a esta cantidad se le suman los empleados en las empresas proveedoras y el personal de servicio de los más de 150 distribuidores, cuarenta mil familias estaban vinculadas a IKA en 1958.

La expansión de IKA impactó en la creación de un núcleo de industrias subsidiarias que la abastecían de autopartes. De las sesenta industrias proveedoras de 1955 se pasó a 850 tres años más tarde. Los elevados estándares de calidad exigidos a través de rigurosos mecanismos de control contribuyeron a elevar el nivel técnico de los proveedores.

Con una venta anual de 2.500 millones de pesos en 1958, el movimiento económico de la empresa representaba el uno por ciento de la renta nacional total.

Aviones Lockheed-Kaiser Argentina

Un decreto firmado por el presidente de la Nación en diciembre de 1959 alentaba el desarrollo de la industria aeronáutica con la finalidad de aliviar la problemática del transporte aéreo de cabotaje. Industrias Kaiser Argentina y Lockheed Aircraft International, a través de su subsidiaria Lockheed Aircraft Corporation, firmaron un convenio para constituir Aviones Lockheed-Kaiser Argentina y producir en el país el modelo CL-402, un monomotor de transporte utilitario. Bajo la presidencia de James McCloud, la nueva empresa quedó establecida en mayo de 1960 con un capital de 160 millones de pesos en maquinarias, equipos, instalaciones y capital operativo.

El primer prototipo del avión que se produciría en Argentina fue desarrollado y construido en la planta de Georgia acorde a las necesidades de transporte de nuestro país y la disponibilidad de recursos técnicos y materiales. En la misma planta fue sometido a diversas pruebas a mediados de 1959.

El CL-402 era un avión totalmente metálico de ala alta, apto para operar en pistas cortas y en terrenos planos sin mejorar. Estaba equipado con un motor a pistón Continental modelo 10-470-C de seis cilindros horizontales opuestos refrigerado a aire y alimentado por inyección de combustible. Su capacidad le permitía transportar seis pasajeros o bien 500 kilos de carga. Se lo consideraba el avión ideal para enlace militar y también podía adaptarse como ambulancia, fumigador, taxi aéreo y avión fotográfico.

Con la misma política de integración nacional llevada adelante en la producción automotriz, los primeros aviones fueron construidos empleando un cincuenta por ciento de piezas de origen local, porcentaje que estaba previsto elevar al 75 por ciento. Sólo se importaban materias primas, como acero y aluminio, y aparatos eléctricos especiales no disponibles en nuestro medio. Para su fabricación se habilitó una planta anexa en el complejo de Santa Isabel, donde se estimaba una producción de 500 aviones entre 1961 y 1965. El primer avión construido voló el 1 abril de 1961 exitosamente. No obstante, la falta de demanda y la competencia de aeronaves similares importadas fueron obstáculos insalvables para la empresa, que dispuso discontinuar el proyecto en febrero de 1962, luego de producir muy pocas unidades.

Producción de autopartes: Industria Latinoamericana de Accesorios S.A. (ILASA) y Transax

Uno de los puntos críticos para resolver en la etapa de radicación era la capacidad de los autopartistas locales para satisfacer la demanda de una industria de producción a escala masiva con estándares de calidad internacionales. Hasta ese momento, la industria argentina de autopartes se había limitado al mercado de reposición, con volúmenes de fabricación reducidos y con una baja tecnificación en sus métodos productivos. El establecimiento de IKA modificaba completamente el panorama y significaba una profundización del proceso que ya se había iniciado a comienzo de la década de 1950 cuando entró en actividad IAME.

Consciente de esta problemática, IKA apostó a producir internamente muchas de las autopartes, particularmente las de mayor complejidad tecnológica. Esta iniciativa le garantizaba el abastecimiento a tiempo y con la calidad requerida y al mismo tiempo le permitía convertirse en proveedora de otras terminales automotrices con las que compartía algunos componentes.

Los primeros pasos se dieron en 1956 con la adquisición de una serie de máquinas herramienta a la empresa Vianini S.R.L. para la producción de engranajes. Con este equipamiento y *know-how* se pudo pasar a una etapa evolutiva posterior que implicaba la producción de cajas de velocidad bajo licencia Borg Warner y diferenciales Spicer mediante un acuerdo con Dana Corporation.

Con el aporte de la empresa aeronáutica Lockheed Aircraft International, se constituyó en 1963 la sociedad Industria Latinoamericana de Accesorios S.A. (ILASA), empresa que inició sus actividades productivas con la fabricación de piezas destinadas a la parte eléctrica y electrónica del automóvil, como mazos de cables, tubos y cintas plásticas. Su planta industrial estaba localizada en el kilómetro 7,5 del camino a Pajas Blancas, Córdoba.

Como parte del proceso de sustitución de importaciones, se adquirió la licencia de ACF Industries para fabricar localmente los carburadores Carter.

Otras actividades incluyeron la producción de columnas de dirección y la fabricación integral de asientos desde la estructura hasta la inyección de la espuma de poliuretano y el tapizado. Como proveedora, ILASA se destacaba por la fabricación de sofisticadas piezas de fundición de aluminio de alta presión, con la instalación de equipos de última generación, en su momento, únicos en América Latina.

A través de un acuerdo con Dana Corporation, IKA comenzó a producir en su División de Ejes y Transmisiones los diferenciales Dana 44. Esta nueva actividad fue ampliada luego de un convenio con las empresas Chrysler Fevre, Ford Motor Argentina, General Motors, Los Cedros (Studebaker) y SIAM Di Tella para proveerles elementos de transmisión. Esta expansión productiva hizo necesaria la adquisición de una nueva planta industrial y la creación en 1964 de la empresa Transax, dedicada sólo a la fabricación de los ejes de producción Dana modelos 30 y 44 y diferenciales Renault.

Productos industriales

Paralelamente a la producción automotriz, IKA mantenía una activa fabricación de productos industriales. Este renglón abarcaba equipos generadores, de soldadura eléctrica Hobart Brothers, de bombeo Gorman Rupp y los compresores y motocompresores Schramm.

Una experiencia inédita fue el desarrollo de los motores IKA de cuatro y seis cilindros para uso en la industria y agricultura. Prolijos ensayos precedieron la puesta a punto de este proyecto y se orientó la investigación para su aplicación en los más variados usos y la máxima adecuación a los tipos de combustibles disponibles en Argentina. Otro punto que se tuvo en cuenta fue el uso de la mayor cantidad de piezas de producción seriada para garantizar una adecuada provisión de repuestos.

Estos motores, impulsados con gas natural y licuado, tuvieron una amplia aplicación en equipos electrógenos, pozos petrolíferos e inclusive se los ensayó exitosamente en vehículos automotores.

Nace el Jeep argentino

Sólo trece meses después de iniciada su construcción, la planta de Santa Isabel ya se encontraba en condiciones de iniciar la producción. El 27 de abril de 1956 salía de la línea de montaje el primer Jeep de fabricación nacional. El programa de producción para 1956 consistía en cuatro mil vehículos Jeep y Pick Up Jeep en sus versiones de tracción simple y doble, de los que efectivamente se fabricaron 2.400 unidades. El vehículo ya era conocido en el medio local hacía más de una década. El primero había arribado al país en mayo de 1943, en plena Segunda Guerra Mundial, para ser exhibido en un local de Avenida Colón 450 de Buenos Aires. Se trataba de una unidad fabricada por Ford Motor Company, equipada con un motor de cuatro cilindros, 2.199 cc y 60 hp, tracción integral y caja de transmisión de seis velocidades.

Los primeros que se comercializaron en Argentina fueron importados por el representante local Willys, Hampton, Watson y Cía. En marzo de 1946, la agencia Lutteral, Chapman y Compañía exhibía algunas unidades en su local de Cerrito y Viamonte. Finalizada la contienda, el IAPI adquirió un remanente de unas tres mil unidades como material de rezago de la guerra.

Diseñado en tiempos de guerra como vehículo multipropósito apto para desempeñarse en todo tipo de terrenos, en Argentina su uso estaba previsto fundamentalmente para acompañar las tareas agrícolas en zonas de caminos malos o precarios. El Departamento de Agricultura de Estados Unidos había evaluado su potencial para los tiempos de paz. El jefe de la división de Investigaciones y Equipo Agrícola de dicho departamento, R. B. Gray, luego de una serie de ensayos en las ciudades de Auburn, Alabama y Bettsville, había concluido que el Jeep era de gran utilidad para trabajos de arado, rastrillado y otras operaciones agrícolas. En uno de estos experimentos, el Jeep había tirado un arado de 40 centímetros que realizó un surco de más de 17 centímetros en un campo de algodón, con un consumo de 23 litros de nafta por hectárea. En otra prueba pudo arrastrar una carga de 585 kilos sin que se deslizaran las ruedas. Su peso reducido de poco más de 890 kilos (vacío), su agilidad apoyada en la tracción integral y la potencia de su motor Go Devil de 60 hp (Willys L134, cuatro cilindros en línea y 2.199 cc) le otorgaban excelentes perspectivas comerciales en la posguerra.

La palabra "Jeep" no corresponde a ningún vocablo inglés. Su origen proviene de la clasificación oficial del vehículo General Purpose War Truck (camión de guerra para uso general), que solía abreviarse con las iniciales y características GPW 1/4 Ton 4x4. El sonido en inglés de la pronunciación de las dos primeras letras "GP" derivó en la palabra "Jeep", con la cual se popularizó mundialmente.

El primer modelo para uso civil fue fabricado por Willys-Overland el 16 de junio de 1945. Ese año se construyeron 1.824 unidades, cifra que se elevó a 71.475 en 1946. El 22 de abril de 1947 se produjo la unidad cien mil, 25 mil de las cuales fueron destinadas a la exportación. La versión de uso civil había sido modificada en un 60 por ciento con respecto al diseño original de aplicación militar.

La presentación comercial del Jeep argentino se realizó en simultáneo en varios puntos del país. En Buenos Aires se lo exhibió el 4 de mayo de 1956 en los salones del Plaza Hotel.

La versión local difería del modelo original estadounidense. Su propulsor derivaba del Continental 6L-226 de seis cilindros, al que se le habían recortado dos cilindros para reducir su desplazamiento a 2.480 cc, lo cual dio origen a un nuevo propulsor denominado Continental 4L-151. El motivo de este desarrollo, enteramente local, se fundaba en la necesidad de racionalizar la producción utilizando el mismo herramental con el que se produciría el motor más grande, destinado a los futuros modelos que tenía previsto fabricar IKA. Con este motor de 6,9:1 de relación de compresión, se lograba una potencia de 76,6 hp a un régimen de 3.600 rpm. Uno de los puntos más críticos era el elevado consumo, estimado en veinte litros de nafta cada cien kilómetros.

El modelo argentino fue lanzado al mercado con una integración local del 39,5 por ciento. Las principales partes del motor –cigüeñal, block, cabeza de cilindro, volante, pistones, pernos y cojinetes– eran nacionales, así como los filtros de aceite y aire y las juntas. También las partes del sistema de dirección (volante, caja, barra y biela), elásticos y amortiguadores fueron provistas por fabricantes locales. Otras piezas nacionales con las que se produjeron los primeros Jeeps fueron: batería, ruedas, cámaras, neumáticos, asientos, tapizados, pintura, radiador, parabrisas, caño de escape y tapa de maza. De las partes de la carrocería, sólo era argentino el panel de la puerta trasera.

La integración nacional y el aporte de proveedores locales fueron objetivos principales en los primeros años de actividad de IKA. La intención era producir localmente la mayor cantidad de piezas y sólo quedaban fuera del esquema aquellas cuya complejidad tecnológica y escala reducida no justificara su producción local. La propia fábrica tomó a su cargo la producción de muchas de las autopartes y estimuló la radicación de nuevas empresas proveedoras.

En agosto de 1956, IKA contaba con el concurso de 360 proveedores argentinos para quienes se habían emitido 1.221 órdenes de compra por un valor de 320 millones de pesos. Para esa fecha, el Jeep argentino alcanzaba una integración nacional del 63 por ciento. En diciembre del mismo año ya se había elevado al 78 por ciento y exactamente un año más tarde, el contenido argentino había trepado al 85 por ciento. Según la propia fábrica, con esta integración se lograba un ahorro de 1.200 dólares en relación con un vehículo similar importado. La meta de la empresa era ofrecer al mercado argentino un vehículo económico y eficiente.

El primer Jeep de producción nacional llevaba la denominación interna JA (Jeep Argentino) y se ofrecía en las versiones de tracción integral (JA-1A) y tracción simple (JA-1B). Su carrocería era totalmente abierta, sin techo ni puertas y se montaba sobre un chasis de largueros en "U" con travesaños en acero laminado.

Las dimensiones eran de sólo 3.604 mm de longitud, 2.057 mm de distancia entre ejes, 1.822 mm de ancho y una trocha de 1.225 mm. Para lograr un buen desempeño en todo tipo de terreno, su despeje era de 203 mm. Por su corto voladizo anterior y potencia, podía realizar trepadas con una pendiente del 60 por ciento. Tenía un peso de 1.070 kilos y una capacidad de carga de media tonelada. Estaba equipado con una caja Borg-Warner de tres velocidades, con segunda y tercera sincronizadas. Las versiones con tracción en las cuatro ruedas disponían, además, de caja de transferencia con alta y baja. El conjunto de transmisión se completaba con un embrague monodisco seco de accionamiento hidráulico y diferencial con piñón y corona con engranajes hipoidales. El eje trasero era de origen Dana. La suspensión en ambos ejes se efectuaba a través del tradicional sistema de elásticos semielípticos y amortiguadores hidráulicos telescópicos. Los frenos eran hidráulicos autoajustables, a tambor en las cuatro ruedas, con campanas de 279,4 mm de diámetro.

Destinado originalmente a un uso general, tanto de cargas como de pasajeros, IKA rápidamente amplió la oferta con la presentación de la versión pick up, más larga, de cabina metálica totalmente cerrada y con puertas. Ofrecía mayor confort y protección para los pasajeros y una capacidad de carga de media tonelada. La distancia entre ejes fue extendida a 2.654 mm. Se mantuvieron las dos opciones de transmisión y las nuevas denominaciones de los modelos fueron JA-2A, para el de tracción integral, y JA-2B, para el de tracción simple. Por último, fueron incorporados nuevos modelos con caja de carga más larga y de mayor capacidad. Una variante de este modelo, denominado JA-3C, estaba destinada a uso como vehículo de pasajeros, con asientos posteriores y capota de lona que cubría íntegramente el habitáculo. Esta diversidad en la oferta respondía a la gran demanda de automóviles, tanto de pasajeros como comerciales, que las limitaciones a la importación, por la escasez de divisas, y la limitada capacidad de producción de las fábricas ya instaladas no podían satisfacer.

La reducida oferta de verdaderos autos de turismo fue suplida parcialmente por algunos carroceros locales que tomaron el chasis largo del Jeep para transformarlo en vehículo de pasajeros, con cabinas cerradas y dos filas de asientos. Otros fabricantes ofrecían versiones montadas sobre el chasis de la pick up y de un modelo JA-3UB como furgón cerrado con puerta atrás, cabina simple, cabina doble y combinaciones mixtas como doble cabina con caja de carga (con protección lateral en madera) y furgón con doble fila de asientos y ventanilla lateral trasera, entre otras variantes. Para su construcción se empleaba, en la mayoría de los casos, chapa decapada número 18 con tratamiento antioxidante y terminación con laca a la piroxilina. En algunos casos, la extensión del techo y otras partes de la carrocería se realizaba en plástico reforzado. Las carrocerías metálicas se soldaban al chasis, mientras que las plásticas se abulonaban. Al iniciarse la década de 1960, las principales fábricas de carrocerías para Jeep eran Camena, Compreg, Mancar, Rudal, Sabu, Facma y Picar.

Un factor que contribuyó al éxito comercial fue la rápida instalación de una extensa red de talleres de servicio mecánico distribuidos en todo el país. Esta red mostró su eficacia cuando comenzaron las demandas de los primeros usuarios que encontraron fallas en el funcionamiento de sus Jeeps, en particular aquellos que los utilizaban para recorrer largas distancias, función para la cual no había sido diseñado el vehículo, pero que desempeñaba ante el déficit crónico de automotores de pasajeros.

Además de ser el primer vehículo de producción nacional realizado en grandes series, el Jeep se adjudicó el mérito de ser también el primero en ser exportado. En 1963, con el envío de doce unidades a Paraguay, se inició un ciclo de exportaciones no tradicionales para nuestra industria. En el marco de los acuerdos de la Asociación Latinoamericana de Libre Comercio (ALALC), comenzaron a exportarse unidades a Bolivia, Colombia, Chile, Ecuador, Guatemala, Perú y Uruguay.

La producción del Jeep se mantuvo con pocos cambios en el diseño durante más de veinte años, hasta el 30 de marzo de 1978, y se alcanzó un total de 85.441 unidades. La demanda se había reducido a un mínimo y los últimos ejemplares fueron destinados a satisfacer los requerimientos de Gendarmería Nacional, Ejército y otros organismos públicos. Entonces, la empresa ya era controlada totalmente por Renault Argentina.

Estanciera

Los planes originales de fabricación para 1957 contemplaban el automóvil de turismo Kaiser Manhattan. Sin embargo, y por pedido del gobierno nacional, su producción fue postergada con el argumento de que el proceso de recuperación de la economía nacional demandaba la fabricación de vehículos utilitarios que urgentemente reclamaban los sectores agrarios y mineros. Por tal motivo, IKA decidió dar comienzo al programa de producción de la camioneta rural de seis cilindros Willys Station Wagon, rebautizada "Estanciera". El nombre fue sugerido por Manuel Ordóñez, gerente de Relaciones Públicas, quien desde los primeros tiempos del proyecto comenzó a denominarla así. Ya era conocida en el país por la importación en la inmediata posguerra a través de Hampton, Watson y Cía., empresa que la comercializaba con el nombre Jeep Camioneta Rural.

La presentación comercial se realizó el 2 de mayo de 1957 en el Centro de Entrenamiento Técnico de IKA en la ciudad de Buenos Aires. En la muestra también se exhibieron los nuevos modelos de pick up Jeep JA-2PB, JA-2PA y JA-3CB, de chasis largo, y el JA-ICA, de tracción en las cuatro ruedas.

El nuevo modelo que Industrias Kaiser Argentina ponía a disposición del público venía a ocupar un espacio vacío destinado a satisfacer necesidades de uso tanto en el ámbito rural como urbano, tal como lo reflejaba la frase publicitaria que acompañó el lanzamiento comercial: "Un vehículo gaucho en el campo y caballero en la ciudad".

Fue el primer producto de la fábrica totalmente carrozado. Su trocha delantera y trasera de 1.447 mm y su despeje de 203 mm lo hacían apto para los caminos de huella. Con un largo máximo de 4.476 mm y una altura de casi dos metros (1.917 mm), ofrecía un interior amplio con capacidad para siete pasajeros y un espacio de carga ampliable mediante la remoción de los asientos, lo cual permitía transformar el vehículo en un furgón con capacidad de carga de hasta 500 kilos. El piso de la sección delantera estaba cubierto de goma, mientras que el espacio de carga disponía de listones de madera. Los asientos estaban forrados en cuero color gris y el techo estaba tapizado en plástico de polivinilo del mismo color.

El carácter práctico se mostraba en los detalles funcionales. Su amplio portón trasero se dividía en dos paños. El superior incluía la luneta de dos piezas y se articulaba en el techo, mientras que el inferior, abisagrado en su base, se plegaba hasta ras del suelo para facilitar las operaciones de carga y descarga.

Al tratarse de un utilitario, su equipamiento estaba resumido a lo esencial. El tablero de instrumentos disponía de voltímetro, cuenta kilómetros, indicadores de presión de aceite y carga de batería. El velocímetro estaba dispuesto en el centro del panel frontal e incluía indicadores de nivel de combustible y temperatura de agua. Las Estancieras se entregaban completas, con asientos traseros, limpiaparabrisas auxiliar, viseras para sol, apoyabrazos, luz interior y rueda de auxilio.

Las opciones de pintura para la carrocería eran amplias, de un solo tono o dos combinados. En monocolor se podía optar entre Gris Bruma, Azul Cascada y Verde Lago. En combinados, Rojo Circo como color principal y Blanco Espuma como intermedio, o Verde Lago y Blanco Espuma, Gris Bruma y Gris Crucero, y Negro Embajada y Rojo Circo. El conjunto se realzaba con las tazas cromadas.

El esquema de suspensión era similar al del Jeep. Adelante presentaba un eje rígido con ballestas longitudinales y amortiguadores hidráulicos telescópicos de doble efecto. El puente trasero, también rígido, era de tipo semiflotante con ballestas longitudinales y amortiguadores hidráulicos telescópicos de doble efecto. Los engranajes eran hipoidales.

El lanzamiento de la Estanciera implicó también el debut del propulsor Continental 6L-226 de seis cilindros en línea, 3.771 cc de desplazamiento y 115 hp de potencia a 3.800 rpm. Si bien se trataba de un motor confiable, su viejo diseño con válvulas laterales lo hacía anticuado, con un bajo rendimiento específico y elevado consumo de combustible, estimado en 20 litros cada 138 kilómetros (6,9 km/litro a 80 km/h), pero era el único propulsor que IKA podía producir a un costo razonable y con una escala que permitía su aplicación en el resto de los vehículos de la línea. Había que reducir costos y racionalizar la producción compartiendo la misma línea de maquinado de block con el cuatro cilindros del Jeep.

La transmisión era con caja de tres velocidades, con segunda y tercera sincronizadas, y embrague monodisco seco de 235 mm de diámetro. Opcionalmente se podía solicitar con tracción en las cuatro ruedas. En este caso, incluía una caja de transferencia de tipo selectivo, con alta y baja, desmultiplicaciones 1:1 y 2,46:1, respectivamente. Se podían obtener así seis velocidades de avance y dos de retroceso. El equipo eléctrico lo integraba una dínamo Shunt de alto rendimiento y batería de 13 placas y 6 voltios.

La nueva rural de IKA usaba neumáticos tipo Super Cushion de 6,70 por 16 pulgadas. Los frenos eran hidráulicos autoajustables, con campanas de 279,4 mm en las cuatro ruedas.

Según comentó James McCloud años más tarde, la Estanciera significó el verdadero despegue de ventas para IKA. El 19 de septiembre de 1957, pocos meses después de su presentación, una Estanciera se convirtió en la unidad número diez mil de IKA.

En 1959, a sólo dos años del lanzamiento, su producción representaba la mitad del total de la empresa. La línea fue ampliada en diciembre de ese año con la introducción de la versión furgón. Este modelo presentaba características similares a la rural, pero con la caja trasera sin ventanillas y con un volumen de 3,2 metros cúbicos. El acceso de la carga se facilitaba con dos puertas verticales articuladas en los laterales. Pensado como vehículo de reparto, estaba destinado a ser empleado en la industria, el campo y el comercio. Ofrecía una capacidad de carga de 500 kilos y opcionalmente podía solicitarse con tracción en las cuatro ruedas.

Ese año se produjeron 24 mil unidades, incluidas las nuevas versiones. Otro hito se alcanzó el 29 de julio cuando una Estanciera se convirtió en la unidad 50 mil producida por IKA desde 1956.

En septiembre de 1959 se sumó la versión pick up, llamada "Baqueano". El nuevo vehículo comenzó a fabricarse en enero de 1959. Este utilitario, denominado internamente TA-1PB, lucía una cabina similar a la Estanciera, con capacidad para tres pasajeros, pero se diferenciaba del modelo de origen por una caja construida en chapa de acero que incluía portón trasero y cuyas medidas eran 2.032 mm de largo, 1.232 de ancho y 400 de alto. Su capacidad de carga era de mil kilos. La simplicidad del diseño de la caja con paneles lisos y plegados, un ancho inferior al de la cabina y los pasarruedas salientes le daban un particular aspecto rústico. Inspirados en el Jeep, los diseñadores ubicaron la rueda de auxilio en el exterior del panel lateral trasero.

El Baqueano estaba equipado con el propulsor Continental 6L-226. Caja y cabina se montaban sobre un bastidor con largueros tipo "U" construidos en acero laminado. Se ofrecía en versiones con tracción simple e integral. El esquema de suspensión era similar al de la Estanciera. En relación con ésta, el nuevo utilitario de IKA presentaba algunas diferencias dimensionales. Tanto su distancia entre ejes como su longitud total eran mayores. En el primer caso, 2.997 mm contra 2.654, y en el segundo, 4.667 mm contra 4.476. Las trochas también diferían. En el Baqueano, la delantera era de 1.452 mm (1.480 si la tracción era doble) contra 1.447 de la Estanciera, que tenía cotas iguales en ambos ejes. La trocha trasera

era de 1.620,8 mm. La pick up se montaba sobre ruedas de disco con neumáticos de 7,00 por 16 pulgadas.

La fabricación del Baqueano se extendió hasta octubre de 1963, cuando dejó su lugar a la Gladiator, una verdadera pick up mucho más actualizada que IKA introdujo para enfrentar con mayores posibilidades a sus rivales. Las cifras de producción arrojaron un total de 1.051 unidades de tracción doble y 6.641 de tracción simple.

Con un concepto similar al utilitario de una tonelada, pero con una apariencia más armónica, IKA desarrolló el Baqueano 500. Esta nueva versión, que completaba la oferta de pick ups, fue presentada a mediados de 1961 junto con el Kaiser Bergantín 6. A diferencia de su hermano mayor, el 500 fue montado sobre la plataforma del Kaiser Carabela, de allí su mayor distancia entre ejes (3.010 mm) y su menor altura (1.912 mm contra 1.953). La denominación refería a su media tonelada de capacidad de carga. El hecho de tener chasis de automóvil le confería un andar más confortable, en particular por la suspensión delantera independiente, pero sacrificaba tonelaje de transporte y rigidez estructural.

La caja, construida en chapa de acero estampada, mantenía el ancho de la cabina otorgándole al utilitario un aspecto más integrado. Medía 1.740 mm de largo, 480 de ancho interior y 1.002 de alto.

El Baqueano 500 ofrecía una carrocería en terminación bitonal, similar a la de la Estanciera, con detalles más lujosos, como baguetas, tazas cromadas y neumáticos con banda blanca. Los opcionales se limitaban al calefactor y la radio.

Su producción fue discontinuada en simultáneo con el modelo de una tonelada y se fabricaron 5.530 unidades.

La Estanciera se mantuvo sin grandes novedades hasta 1965, año en el que IKA comenzó a producir el nuevo motor Tornado, destinado originalmente a equipar la nueva línea Rambler. El nuevo propulsor traía como principal novedad la disposición del árbol de levas a la cabeza y cámara de combustión de tipo esferoidal, configuración que permitía aumentar el rango de potencia y, al mismo tiempo, reducir el consumo de combustible, dos ítems en los que el motor anterior presentaba grandes desventajas. El Tornado Special (OHC 181), como fue denominada la versión que se incorporó a la

Estanciera, tenía una cilindrada de 2.960 cc, una relación de compresión de 7,65:1 y una potencia de 115 hp a 4.200 rpm.

Otro cambio importante llegó con la introducción de la suspensión delantera independiente con paralelogramo deformable, elástico transversal y amortiguadores hidráulicos telescópicos de doble efecto, novedad que significó una mejora en el confort de marcha y estabilidad direccional del vehículo. El sistema estaba inspirado en el aplicado en el mediano Kaiser Bergantín.

Por su parte, un *restyling* menor fue presentado en 1966 cuando se incorporó una nueva trompa derivada de la versión brasileña producida por Willys Overland Brasil (WOB), que incorporaba una renovada parrilla que reemplazaba a la típica de barras verticales. Estos cambios se sumaron a los ya realizados, como el nuevo parabrisas curvo de una sola pieza y la luneta trasera enteriza.

La producción se mantuvo hasta 1970 y se fabricaron 71.030 Estancieras y 13.222 Baqueanos.

Kaiser Carabela

Con la experiencia de dos años a plena producción y el éxito de la Estanciera, Industrias Kaiser Argentina se disponía a dar un importante paso para completar su oferta comercial con la presentación del primer automóvil de turismo fabricado en gran serie en el país y Sudamérica: el Kaiser Carabela.

El 18 de abril de 1958, una impecable unidad de color azul metálico se lucía en los salones de la agencia oficial Lutteral, Shulman y Compañía, empresa que inauguraba ese día su nuevo salón de ventas en Avenida 9 de Julio y Alsina. Un nutrido grupo de periodistas tuvo la exclusividad de ser el primero en conocerlo. Para la presentación fue especialmente invitado el campeón del mundo de automovilismo Juan Manuel Fangio, quien se sentó a bordo junto a James McCloud para la correspondiente foto de prensa.

El Carabela inició su producción en marzo de 1958 con una integración nacional del 80 por ciento, que incluía bloque del motor, tapa de cilindros, radiador, pistones, aros, árbol de levas, ruedas, mazas, conjunto de frenos, sistema eléctrico y todas las piezas estampadas de la carrocería. Muchos de los componentes eran comunes con la Estanciera. Del veinte por ciento importado, la mayor parte correspondía a piezas forjadas. Este porcentaje fue rápidamente reducido con la inauguración en 1959 de la nueva planta de forja de siete mil metros cuadrados y una capacidad de producción de diez mil toneladas anuales, suficientes para abastecer a IKA y a otras ramas industriales, como la aeronáutica, la naviera y la ferroviaria. Estas instalaciones fueron construidas por la empresa SIFCO de Ohio, Estados Unidos, que recibió acciones en pago por su inversión.

El nuevo sedán venía a paliar el escaso parque de automóviles de pasajeros, estimado en 1958 en sólo 18 cada mil habitantes. El lanzamiento comercial se produjo el 25 de julio y la buena demanda inicial fue respondida con las 2.158 unidades producidas el primer año a un ritmo de veinte diarias.

Al iniciarse la fabricación, el Carabela ya era conocido en nuestro país. En realidad, se trataba de la versión nacional del Kaiser Manhattan, modelo que había sido importado por Kaiser en 1955 luego de ser discontinuado en su país. Poco más de mil vehículos ingresaron como parte del acuerdo firmado con el gobierno nacional para capitalizar IKA. Sin embargo, el modelo argentino se diferenciaba del original. Los cambios más importantes tuvieron que ver con su adaptación a los malos caminos nacionales, la experiencia recogida por IKA con la Estanciera y con estas unidades importadas. Las rutas y calles argentinas fueron un verdadero laboratorio de ensayo previo a la producción seriada. En el Carabela fue reforzado el chasis, fundamentalmente los puntos de unión de la "X" y el travesaño posterior con los largueros, también de mayor solidez. Se reemplazaron los elásticos de la suspensión trasera y se aumentó la altura respecto al suelo.

Sin rivales en la industria nacional, era, por precio y calidad, una muy buena respuesta a los autos importados de similares características.

Con 5,47 metros de largo, 1,90 de ancho y 1.638 kilos, el Carabela era el auto más largo, ancho y pesado de la industria automotriz argentina. Su amplio espacio interior de poco más de 1,60 metros entre puertas, sumado a una generosa distancia entre ejes de tres metros, permitía albergar cómodamente a seis pasajeros. Estas cualidades, sumadas al confortable andar brindado por sus mullidas suspensiones, lo transformaban en el auto ideal para recorrer largas distancias a buena velocidad de crucero.

El equipamiento incluía guantera iluminada, encendedor y cenicero para las plazas traseras, ubicados en el respaldo del asiento delantero, radio a botonera y luces de cortesía dispuestas debajo del tablero y en los parantes centrales, las cuales se encendían al abrirse las puertas delanteras y traseras respectivamente. A diferencia del Manhattan, el Carabela estaba tapizado en cuero Sedanap combinado con nylon y ofrecido en varias combinaciones de color. Los paneles de puertas y apoyabrazos se presentaban en dos colores, el piso era totalmente alfombrado y el techo estaba forrado en gamuzón. Entre otros opcionales, se ofrecía reloj de guantera, calefacción y neumáticos con banda blanca.

Su original carrocería había sido rediseñada en 1954 por Herb Weissinger sobre el trabajo anterior del diseñador de Kaiser, Howard Darrin. Era un sedán de cuatro puertas que ofrecía una muy buena visibilidad gracias a su amplio parabrisas, grandes ventanillas laterales y luneta trasera envolvente de tres piezas. El parabrisas, expulsable en caso de accidente, y el tablero acolchado en goma y recubierto en cuero, eran buenos detalles que hacían a la seguridad pasiva del auto.

Para estampar la carrocería era necesaria una tonelada de acero, de la cual, 500 kilos eran recortes y se vendían como chatarra. IKA vendía anualmente seis mil toneladas de recortes.

Sin abusar de los embellecimientos, el Carabela tenía la dosis justa de cromados en detalles como las molduras que recorrían todo el lateral inferior, las tasas con la infaltable "K" de Kaiser en su centro, la ornamentación en la moldura del capot y en la tapa de apertura del baúl. También podían verse reforzando la línea de cintura, en el parante trasero y acompañando a las impactantes luces traseras que avanzaban sobre el borde superior del guardabarros, buenos referentes visuales a la hora de estacionar marcha atrás. Estaba equipado con el viejo pero confiable motor Continental 6L-226, de seis cilindros en línea y válvulas laterales, similar al de la Estanciera. Sin duda, el consumo no era uno de sus puntos favorables. En 1960 los tests de la revista *Parabrisas* determinaron un rendimiento de cinco kilómetros por litro a 120 km/h y siete kilómetros por litro a 80 km/h. Eso sí, podía emplearse nafta común. En estas pruebas, la velocidad máxima alcanzada fue de 138 km/h. A pesar de los casi 1.700 kilos, más el peso de los ocupantes, el auto frenaba muy bien, aunque perdía estabilidad si se abusaba de los frenos hidráulicos y a tambor en las cuatro ruedas.

La transmisión Borg Warner era de tres marchas hacia adelante y marcha atrás, con segunda y tercera sincronizadas. Uno de los elementos recientemente nacionalizados fue el embrague de tipo monodisco seco, el primero completo que fabricaba una empresa nacional, en este caso Wobron bajo licencia de Borg Warner. La carrocería se montaba sobre un chasis de largueros en "U" reforzado por una "X" y travesaños transversales. La suspensión delantera era independiente mediante trapecios deformables, resortes helicoidales y amortiguadores hidráulicos telescópicos. La trasera era tipo Hotchkis con eje rígido y dos elásticos semielípticos de ballestas dispuestos longitudinalmente.

Además del modelo de lujo, IKA desarrolló una versión taxi que se destacaba por su menor equipamiento y presentación. El primer prototipo estuvo listo en 1958. En su interior fueron reemplazados los tapizados de cuero por unos en vinilo de gran durabilidad y fácil lavado y las alfombras de felpa por unas más económicas de goma. En el exterior fueron eliminados muchos cromados superfluos, entre ellos los aros de las ópticas reemplazados por piezas en fiberglass. La parrilla pasó a ser pintada en lugar de cromada.

Un detalle particular era el cartel de taxi construido en fibra de vidrio y alojado en el borde superior del parabrisas. Se encendía automáticamente cuando se levantaba la bandera de "Libre". Para identificarlo fácilmente, el auto fue pintado de color negro desde el techo hasta la base de las ventanillas, el resto era de amarillo vivo. Este esquema cromático fue inverso al que SIAM hiciera popular en Buenos Aires en la década de 1960.

Con fines promocionales y, al mismo tiempo, para experimentar la respuesta del nuevo vehículo, el 28 de octubre IKA entregó quince Kaiser Carabela taxi a treinta integrantes de la Asociación Obrera de Taxímetros de Córdoba. Las unidades fueron otorgadas en comodato gratuito para su explotación y beneficio exclusivo en un acto oficial al que concurrieron James McCloud, Luis Varela, gerente de Relaciones Institucionales de IKA, el Gobernador y el Vicegobernador de la provincia de Córdoba, el Intendente Municipal y representantes de la entidad gremial.

Los quince Carabela fueron desplegados en semicírculo en la explanada de la Casa de Gobierno provincial. IKA tenía la intención de obtener el permiso de las autoridades nacionales para abastecer las partes y componentes necesarios para la producción de taxímetros y dar respuesta al déficit del sector. De acuerdo con sus estudios, el requerimiento de divisas para partes y componentes por unidad era inferior a 250 dólares, lo cual representaba el diez por ciento del valor de un vehículo importado; es decir que la terminal cordobesa estaba en condiciones de producir cinco mil unidades por año con la misma cantidad de divisas necesarias para importar quinientas unidades completas. Esta versión del Carabela fue el primer modelo de serie ofrecido como taxi, pero su demanda fue escasa y sólo se construyeron 57 unidades.

La producción total del primer auto para pasajeros de IKA fue de 10.282 vehículos y se extendió hasta 1962, cuando su concepción constructiva con chasis había quedado totalmente perimida frente a la aparición en nuestro país de los compactos norteamericanos: Falcon de Ford, Chevrolet 400 de General Motors y Valiant V 200 de Chrysler. Pero IKA ya había elegido un sucesor, el Rambler de American Motors presentado ese mismo año.

La rural Autoar combinaba un chasis de inspiración Porsche, mecánica Willys y diseño original de Aldo Brovarone. *Fuente: Archivo General de la Nación*

La producción de Autoar se realizaba de manera semiartesanal en su planta instalada en Tigre, norte del Gran Buenos Aires. *Fuente: Archivo General de la Nación. Colección personal de Sergio Lugo*

La Galerita NSU Prinz fue fabricada por Autoar a partir de 1960. *Foto: Gustavo Feder*

Cisitalia Spider con equipamiento Abarth. *Foto: Carlos Pereyra*

Mercedes-Benz Argentina, la primera fábrica de la empresa fuera de Alemania. *Fuente: Mercedes-Benz, 60 años en Argentina*

Los primeros Mercedes-Benz producidos en Argentina. *Fuente: Mercedes-Benz, 60 años en Argentina*

La pick up Institec estaba equipada con un motor de dos tiempos de inspiración DKW. Su capacidad de carga era de 500 kilos. *Fuente: Archivo General de la Nación*

El sedán Institec, presentado en 1952, marcó el comienzo de la producción de IAME. *Fuente: Archivo General de la Nación*

El éxito del Rastrojero sorprendió a los propios directivos de IAME. El cambio de motorización de naftera a diésel potenció su demanda y lo convirtió en el utilitario más económico y accesible del país. *Fuente: Archivo General de la Nación*

El Justicialista Sport fue uno de los primeros autos del mundo con carrocería en poliéster reforzado. *Fuente: Catálogo de productos IAME*

Perón prueba uno de los prototipos del Justicialista Sport

Brigadier Juan Ignacio San Martín, presidente de IAME y ministro de Aeronáutica.

El prototipo IAME V8 marcó un alto grado de investigación y desarrollo. Estaba equipado con un motor modular de ocho cilindros en V de inspiración aeronáutica. *Fuente: Archivo General de la Nación*

James F. McCloud en su oficina de IKA junto a una panorámica de la planta de Santa Isabel, Córdoba. *Fuente: gentileza de Kimball McCloud*

Con setenta mil metros cuadrados de superficie cubierta, la planta de IKA era la más moderna e integrada de América Latina. *Fuente: Archivo General de la Nación*

Con una integración nacional cercana al cuarenta por ciento, en 1956 IKA inició con el Jeep la producción industrial en Argentina. *Fuente: Archivo General de la Nación*

El Isabella, un lujoso y funcional sedán dos puertas mediano, fue producido en el país como fruto de la fusión de la estatal DINFIA y Borgward de Argentina. *Foto: Gustavo Feder*

El camión Borgward B-611 fue producido brevemente por Dinborg. Luego, otras empresas lo fabricaron y comercializaron bajo diferentes denominaciones

Derivada de la Willys Station Wagon, la Estanciera catapultó las ventas de IKA y la consolidó como fabricante de automóviles en gran escala. *Fuente: Archivo General de la Nación*

El Kaiser Carabela fue el primer auto de lujo fabricado en serie en Argentina. *Fuente: Archivo General de la Nación*

Bibliografía consultada para el capítulo 3

Antonio, Jorge, 1966, *¿Y ahora qué?*, Buenos Aires: Verum et Militia.

Belini, Claudio, 2009, *La industria peronista,* Buenos Aires: Edhasa.

Bonetto, Walter, 2005, *La industria perdida,* Buenos Aires: Fojas Cero Editora.

Cipolla, Franco, 2004, *La epopeya Kaiser-Renault,* Córdoba: Ediciones del Boulevard.

Frenkel, Leopoldo, 1992, *Juan Ignacio San Martín: el desarrollo de las industrias aeronáutica y automotriz en la Argentina,* Buenos Aires: edición del autor.

Lorenzo, Ricardo (Borocotó), 1953, *Medio siglo de automovilismo argentino,* Buenos Aires: Atlántida.

McCloud, James P., 2015, *Del Jeep al Torino: la historia de IKA,* Carapachay: Lenguaje claro Editora.

Parga, Alfredo, 1992, *Historia de una pasión: 100 años de automovilismo argentino,* Buenos Aires, Atlántida.

Picabea, Juan Facundo, "Análisis de la trayectoria tecno-productiva argentina durante la sustitución de importaciones. El caso IAME/IME", tesis de maestría.

Rettori, Luis Rafael Eliseo, 2011, *60 años de Mercedes-Benz en Argentina,* Buenos Aires: Grupo Maori.

San Martín, Francisco Guillermo, 2005, *Historia de la Fábrica Militar de Aviones,* Ediciones del Corredor Austral.

San Martín, Juan Ignacio, 2010, *Rastrojero, la semilla de la industria automotriz argentina,* Córdoba.

Simone, Mario, 2004, *Un sogno chiamato Cisitalia,* Angelini Photo Editore.

SMATA, *70 aniversario del SMATA,* 2015.

Sojit, Luis Elías y Miceli, Luis, 1956, *Enciclopedia de Oro del Automovilismo,* Buenos Aires: Editorial Sojit.

Revistas, fascículos y suplementos

Automovilismo, varias ediciones, publicación oficial del Automóvil Club Argentino.

Coche a la Vista, varias ediciones.

El País de los Argentinos, nº 83, "La industria cordobesa"; nº 181, "La industria argentina: un cuarto de siglo".

Gacetika, varias ediciones, publicación interna de IKA.

"Historia de la economía argentina del siglo veinte", nº 16, 21 y 24, *Página/12*, suplemento.

Motor, varios números.

Polémica, nº 63, "Ideología y desarrollo industrial"; nº 68, *El desarrollo industrial 1930-1963*, Centro Editor de América Latina.

Velocidad, varios números.

Páginas web

"History of Kaiser Cars (1947-1955)", en http://www.allpar.com/cars/adopted/kaiser.html.

"Frazer History", en http://www.conceptcarz.com/view/makehistory/658,0/Frazer_History.aspx.

Otros

Rastrojero. Utopías de la argentina potencia, documental realizado por Miguel Colombo, Laureano Gutiérrez y Marcos Pastor.

4 | Iniciativas privadas nacionales

Las radicaciones de Autoar, Mercedes-Benz e Industrias Kaiser Argentina y el impulso del Estado, a través de IAME, establecieron el punto de partida de la producción automotriz en serie y en grandes volúmenes en el país.

Al calor de estas experiencias que se integraron al acelerado proceso de industrialización, un puñado de empresarios argentinos sumó su esfuerzo para acompañar este desarrollo y, al mismo tiempo, no quedar afuera de un negocio que a mediados de la década de 1950 se presentaba promisorio.

La disparidad de los antecedentes y recursos de estos emprendedores determinó el tipo de vehículo a fabricar, la tecnología empleada en su producción y el volumen de la serie a producir. Desde el esfuerzo individual de mecánicos entusiastas hasta grandes talleres metalúrgicos, las propuestas fueron concebidas a partir de inéditos desarrollos propios o bien mediante el concurso de licencias extranjeras.

En el caso de las creaciones individuales, hubo decenas de emprendimientos, pero no todos han trascendido en los medios de la época y, en algunos casos, ante la falta de documentación sólo permanece la memoria oral de los protagonistas, sus descendientes o testigos.

A pesar del entusiasmo, la mayoría de estas iniciativas no pudo superar la etapa de construcción de algún prototipo experimental y las más avanzadas apenas alcanzaron la fabricación de una limitada serie de ejemplares montados antes de abandonar el proyecto industrial y cerrar las persianas. Sin embargo, dejaron el testimonio de la capacidad creadora de los profesionales, técnicos y mecánicos argentinos.

RYCSA

A los ocho años, Santo Rosati había aprendido el oficio de herrero. Su padre era el jefe de la estación Conversano en Bari y el estrecho vínculo con el mundo ferroviario resultó decisivo en su formación. En 1923, escapando a las difíciles condiciones económicas de su Italia natal, emigró a la Argentina. Al poco tiempo de arribar, había conseguido empleo como obrero de la construcción y, un par de años más tarde, ya era dueño de su propia empresa. Santo era un apasionado del arte del hierro.

En 1926 se asoció con Francisco Cristófaro para establecer un taller de fundiciones metalúrgicas al que denominaron RYCSA (Rosati y Cristófaro Industrias Metalúrgicas S.A.M.I.). Poco después de la crisis del treinta, la empresa tuvo su gran oportunidad cuando se adjudicó una licitación para comprar las cruces de hierro de las tumbas de las víctimas de la fiebre amarilla del cementerio de la Chacarita. Estas cruces se transformarían en ventanas, puertas y estructuras. El pago por la compra fue saldado con la realización de algunos portones que aún hoy abren y cierran el cementerio.

El crecimiento de RYCSA, al amparo del proceso de industrialización argentino de las siguientes décadas, le permitió consolidar, a mediados de los años cincuenta, una sólida posición a través de una diversificada producción que incluía la fabricación de puentes grúa, calderas, máquinas herramienta y construcciones metálicas en general. Contaba también con instalaciones para la producción de acero fundido, fundición gris y nodular y laminación de perfiles. Entre 1944 y 1948, la empresa había incrementado sus inversiones en activos fijos un 170 por ciento. Otra de las actividades se orientaba a la producción de maquinaria agrícola, cosechadoras y tractores. La empresa no sólo abastecía al mercado local, sino también exportaba su cosechadora de maíz modelo Druetta a Uruguay y Brasil. Las plantas industriales estaban situadas en las ciudades bonaerenses de San Nicolás, Arrecifes, Caseros (para construcciones mecánicas) y Quilmes. En conjunto sumaban setenta mil metros cuadrados de superficie cubierta. En 1953 disponía de hornos con capacidades de dos, tres, cinco y doce toneladas, y había instalado en su planta de Arrecifes un tren de laminación en caliente y en frío de diez mil toneladas. En los primeros meses del año siguiente se entregaba la primera partida de hierro laminado en los talleres de San Nicolás.

A comienzos de la década de 1950, Rosati y Cristófaro apostaron al desarrollo del mercado automotor. Sin embargo, el directorio de RYCSA no los acompañó, decisión que obligó a los socios fundadores a asumir el riesgo de la inversión con su patrimonio. Se analizaron diversas alternativas y finalmente fueron encarados tres proyectos, todos bajo la dirección técnica del ingeniero turinés Juan Rossi.

Las características técnicas y constructivas a las que deberían ajustarse los nuevos productos derivaban del análisis de las necesidades de transporte del país, hecho por técnicos de la empresa. Se determinaron dos tipos de uso corriente del automóvil. Por un lado, el de los usuarios que debían trasladarse dentro de las grandes ciudades o en sus alrededores en forma ágil, segura, con un vehículo que requiriese poco espacio para estacionar y con un bajo costo de mantenimiento, para quienes los viajes largos eran una excepción.

Por el otro lado, se consideraron las necesidades de los usuarios que recorrían largas distancias en caminos no siempre en buenas condiciones, para quienes el confort, la autonomía y la capacidad de carga eran prioritarios.

La solución para los primeros fue encontrada en la realidad europea de posguerra, cuando proliferaron vehículos caracterizados por sus reducidas dimensiones, pequeñas cilindradas y bajo consumo, popularmente denominados "microcupés". No se trató de un desarrollo propio, sino de un acuerdo de licencia con la firma italiana Società Italiana Auto Trasformazioni Accessori (SIATA) para producir localmente el pequeño Mitzi B40. Por entonces, la industria automotriz italiana lideraba en la producción de este tipo de autos.

Para el segundo caso se optó por un desarrollo local de dos vehículos medianos, un sedán de dos puertas y una pick up que compartían la misma plataforma. Los modelos fueron denominados respectivamente S 500 Gilda y C 500 Gauchito.

El 26 de enero de 1956 fueron presentados, en el Salón de Exposiciones del edificio de Yacimientos Petrolíferos Fiscales (YPF) en la avenida Diagonal Norte, los modelos Mitzi, Gilda y Gauchito junto a un prototipo del tractor T2-40. Además, se divulgaron fotografías de la cosechadora Druetta, que por razones de espacio no fue exhibida en la oportunidad.

Entre la concurrencia se destacaron directivos de la Unión Industrial Argentina, el embajador de Italia, doctor Francesco Rizzo, empresarios italianos como Piero Dusio, presidente de Cisitalia Argentina, y los señores Fezza y Peyrano de SIAM Di Tella. También concurrieron delegados de los gremios metalúrgicos afines al sector, periodistas y público en general. Los ingenieros Enrique Lutteral y Juan Rossi ofrecieron a los asistentes una amplia descripción técnica de los modelos presentados.

Para la producción automotriz se constituyó una nueva sociedad denominada Imema S.A., de la que RYCSA era el principal accionista. La planta fabril estaba ubicada en Caseros, provincia de Buenos Aires. La comercialización se inició en 1956 bajo responsabilidad de Cantieri S.A., una subsidiaria de Imema con sede en Montevideo 1171 de la ciudad de Buenos Aires. Los planes de producción para el primer año estimaban 2.500 unidades con una proyección de diez mil para el siguiente. Imema contaba con un plantel de 1.500 empleados, que incluían técnicos e ingenieros italianos. La fábrica estaba equipada con máquinas herramienta de origen nacional e italiano.

La diversificación industrial del grupo le permitía alcanzar una elevada integración nacional que incluía la obtención del mineral de hierro en sus yacimientos de Zapla y la fundición de acero para la construcción de los bloques de los motores que se realizaba en la planta de Arrecifes. La mecanización se hacía en los talleres de Imema.

Esta importante integración local de insumos y componentes impactaba positivamente en el ahorro de divisas. Los estudios de la oficina técnica de la empresa habían determinado los costos en dólares de los materiales que se debían importar, entre ellos, acero, hierro, aluminio, neumáticos y combustibles. En el Mitzi fueron estimados en 200 dólares, y resultaron en 425 y 400 dólares en los casos del Gilda y el Gauchito, respectivamente.

Si se tiene en cuenta que por entonces para importar un auto pequeño de menos de mil kilos había que pagar alrededor de 1.200 dólares y para uno mediano de más de 1.200 kilos la inversión ascendía a 2.500 dólares, el ahorro en divisas por fabricar en el país el Mitzi (419 kilos), el Gauchito (1.200 kilos) y el Gilda (1.240 kilos) era considerable.

Esta ventaja podría incrementarse aún más una vez que la industria pesada nacional estuviera en condiciones de proveer las materias primas básicas que demandaba el sector automotor como aceros especiales y chapas. Por otra parte, el mercado de exportación potencial, en particular en los países sudamericanos, generaba una promisoria expectativa de ingreso de divisas.

Sin embargo, la experiencia no superó la producción de unas decenas de automóviles de los diferentes modelos a lo largo de la segunda mitad de la década de 1950. Los acontecimientos políticos de septiembre de 1955 torcieron la suerte del emprendimiento. La política económica adoptada por la "Revolución Libertadora" restringió mucho los créditos a los proyectos industriales. Falta de apoyo financiero, la producción seriada de vehículos resultó truncada.

Concluida esta etapa, la empresa RYCSA continuó por algunos años más con sus actividades previas a su incursión en el rubro automotor, inclusive llegó a ser proveedora de partes y componentes para los aviones a reacción Pulqui construidos por IAME. En el año 1977 entró en convocatoria de acreedores y se disolvió en 1978 luego de la muerte de Santo Rosati, uno de los socios fundadores.

Mitzi B40

En diciembre de 1954, RYCSA llegó a un acuerdo de licencia con la empresa SIATA de Turín para la producción y comercialización del modelo Mitzi B40. En representación de la firma italiana, los ingenieros Giorgio y Franco Ambrosini, presidente y director técnico, respectivamente, arribaron a la Argentina para rubricar el convenio. A fines de ese año, el pequeño auto fue presentado en el autódromo de la ciudad de Buenos Aires (por entonces denominado 17 de Octubre) en el marco del certamen sudamericano de motociclismo.

Santo Rosati confiaba ampliamente en el éxito de este emprendimiento en el marco del contexto económico y social que por entonces vivía el país:

> En la nueva Argentina el problema del desarrollo automovilístico representa una parte importante del Segundo Plan Quinquenal del que es centro propulsor el IAME con su múltiple actividad en el campo de la motorización integral, valerosamente ayudado por la industria privada.

Las expectativas del industrial iban más allá del mercado local:

> En el campo industrial y comercial es nuestro propósito realizar en nuestras fábricas un plan inmediato de producción del coche proyectado por la 'SIATA Automobili', procediendo en forma rápida para llegar, no sólo a satisfacer la demanda del país, sino también exportar en Sudamérica, para proveerse de las materias primas indispensables para nuestra producción.

La empresa argentina depositaba sus mayores expectativas en este pequeño auto; por lo tanto, lanzarlo a un valor accesible de sesenta mil pesos fue considerado prioritario. "El precio será una buena sorpresa por estar al alcance de las posibilidades económicas del pueblo, y siendo, sin embargo, un coche de tres asientos, con dos puertas, cuatro ruedas y techo abrible. Vivimos en el siglo de la velocidad y del motor y, por lo tanto, es natural la aspiración del individuo de motorizarse", concluyó el empresario al anunciar la producción del nuevo modelo.

Sus características tendían a satisfacer ciertos requerimientos. Simplicidad de construcción con inversión mínima de maquinaria y materias primas. Amplia maniobrabilidad, bajo consumo y costo de mantenimiento, precio económico para ser accesible a un público mayor de usuarios. Buena capacidad de equipaje y una respuesta adecuada para evitar congestionamientos en el tráfico urbano. Sus fabricantes lo consideraban el auto ideal para profesionales que debían movilizarse ágilmente en el ámbito ciudadano.

Estadísticas de la época demuestran que el 80 por ciento de los vehículos circulaban con una sola persona en su interior; el 15 por ciento, con dos y sólo el cinco restante, con más de tres. La conclusión señalaba lo superfluo y antieconómico que era el uso de los autos de grandes dimensiones en el ámbito urbano, cuyas necesidades de transporte podían ser eficientemente resueltas por vehículos de dos o tres plazas.

El Mitzi B40 respondía a estas características. Se trataba de un pequeño vehículo de tipo microcupé, equipado con un motor bicilíndrico de cuatro tiempos, válvulas laterales y 434 centímetros cúbicos que, con una relación de compresión de 6,3:1, llegaba a 12 hp a cuatro mil rpm. Estaba ubicado sobre el eje trasero e inclinado 20 grados. Su refrigeración se efectuaba mediante corriente de aire forzada por ventilador. Su régimen, relativamente bajo, le otorgaba una notable elasticidad de marcha que le permitía desplazase en la ciudad y en directa a una velocidad de 25 km/h. Su fortaleza y simplicidad mecánica aseguraban larga duración y un bajo costo de mantenimiento.

El Mitzi alcanzaba una velocidad máxima de 85 km/h y lograba un consumo de cuatro litros de nafta cada cien kilómetros, facilitado por su bajo peso: sólo 419 kilos. La transmisión se realizaba sobre el eje trasero a través de un embrague doble disco, la caja era manual con cuatro velocidades de avance y una de retroceso, comandadas desde el volante de la dirección.

La carrocería de tipo autoportante tenía sólo 3,10 metros de extensión, 1,70 de distancia entre ejes y un ancho de 1,40. Estas dimensiones le daban una excelente maniobrabilidad y un radio de giro de sólo 4,80 metros. La parte central del techo era plegadiza, en el habitáculo disponía de un asiento único con capacidad para tres pasajeros adultos y un pequeño asiento de emergencia atrás. En el frontal ofrecía bajo el capot un amplio espacio para equipaje.

Contaba con suspensión delantera independiente por cuadrilátero, la trasera era por puente rígido oscilante. En ambas, el esquema se completaba con barras de torsión y amortiguadores telescópicos. Los frenos eran hidráulicos en las cuatro ruedas.

S 500 Gilda y C 500 Gauchito

"Gilda" y "Gauchito" eran los proyectos más ambiciosos de la empresa. Ambos fueron desarrollados íntegramente en Argentina, desde la mecánica hasta la carrocería y el chasis. Se buscaba aprovechar la misma plataforma para ofrecer diferentes versiones. Dentro de la estructura de RYCSA, el desarrollo, diseño y producción quedó a cargo de la empresa Cantieri S.A., bajo la supervisión técnica del ingeniero Rossi.

La gestación de los automóviles comenzó en 1954. El Gilda y el Gauchito fueron diseñados teniendo en cuenta tanto las necesidades de transporte del usuario argentino como las condiciones topográficas y de infraestructura del país. Para el ingeniero Rossi,

> [el auto argentino] tenía que ser más grande que el europeo, más fuerte, más alto, más sufrido y de trocha mayor. Tenía que ser distinto del coche norteamericano moderno; más liviano, más estable, tener quizá menos potencia, pero ésta aprovechable para períodos largos de funcionamiento continuo en segunda y primera (en los recorridos en tierra con lluvia y barro); de más fácil manejo, más económico en el consumo y en el mantenimiento, y esencialmente más simple, porque distinto es mantener y reparar un coche en Chicago o Buenos Aires, que al lado de una zanja en el extremo sur o norte argentino. Nuestro coche tenía que ser algo como un Ford "A", proyectado en 1956, con la exigencia del confort y de la técnica actual.

Con esa premisa fueron definidas las características técnicas principales de ambos modelos:

- Espacio para seis personas cómodas en la solución sedán y tres personas en la solución pick up.
- Velocidad máxima: entre 105 y 115 km/h.
- Peso aproximado: 1.250-1.350 kilos.
- Trocha: 1,40 metros.
- Distancia entre ejes: 2,68 metros.
- Rodado estándar: 6,00 x 16.
- Altura mínima sobre el pavimento: 25 centímetros.

El S 500 Gilda era un sedán de dos puertas, bautizado con el nombre de la esposa de Santo Rosati. También se lo presentaba como RYCA S 500. El precio de lanzamiento en 1956 fue de 130 mil pesos. La carrocería se montaba sobre un bastidor reticulado tubular. Con una distancia entre ejes de 2.680 milímetros y 1.400 milímetros de trocha delantera y trasera, ofrecía espacio para transportar cómodamente a cinco pasajeros adultos. El conjunto pesaba 1.239 kilos. Por sus prestaciones y consumo se ubicaba en un segmento mediano, con una velocidad máxima estimada de 120 km/h y un consumo de 11 litros cada cien kilómetros.

La suspensión delantera contaba con un elástico transversal con barra de compensación y la trasera, con elásticos longitudinales. La transmisión se realizaba mediante una caja manual de cuatro marchas hacia delante y marcha atrás, con embrague monodisco en seco.

El esquema bicromático de la carrocería, común en la época, presentaba el techo y la mitad superior del guardabarros trasero pintados de un color diferente al resto; la separación de ambas superficies se materializaba a través de una bagueta de aluminio.

Basada en el sedán Gilda, la pick up Gauchito, también denominada RYCA C 500, mantenía las mismas características a excepción de la potencia de su motor, reducida a 50 hp. Su cabina tenía un asiento enterizo con espacio para tres pasajeros con opción de alojar un asiento auxiliar para dos personas. La medida de

la caja era de 1.790 x 1.400 mm o bien 1.655 x 1.480 mm. En la parte superior del guardabarros contaba con dos barras longitudinales para sujetar la carga. Su capacidad de carga máxima era de 700 kilos.

A diferencia del sedán, la carrocería se presentaba en un solo color, despojada de elementos ornamentales y con una parrilla diferente en la que se destacaba en el centro el logo romboidal de la empresa con la letra "R" en tipografía gruesa. Para reducir costos tenía una sola escobilla limpiaparabrisas ubicada del lado del conductor.

En el diseño del propulsor fueron contempladas las posibilidades tecnológicas tanto de la propia RYCSA como de eventuales proveedores, en particular de las industrias mecánicas y metalúrgicas. Existía un consenso generalizado entre los empresarios del sector acerca de la dificultad de la industria argentina de entonces para ofrecer un propulsor verdaderamente confiable. El desafío no era sencillo.

El motor denominado M 504 V, común a los dos modelos, disponía de cuatro cilindros en "V" a 90 grados, con válvulas laterales, camisas postizas y cigüeñal con calado de 180 grados entre las manivelas. La cilindrada era de 1.792 cc, con diámetro y carrera de pistón prácticamente iguales. Su block estaba construido en fundición gris. Con una relación de compresión mediana, y un reducido régimen de revoluciones por minuto (cercano a las cuatro mil rpm) y velocidades del émbolo relativamente bajas, ofrecía una potencia de 55 hp para el sedán y de 50 hp para la pick up. El bajo régimen de vueltas aseguraba buen funcionamiento continuo y larga duración.

La particular arquitectura en dos filas en "V" fue elegida en virtud de que esta disposición permite un volumen exterior y un peso inferior en relación con un propulsor convencional con cuatro cilindros en línea. Además, permite reducir el largo del cigüeñal, de la caja que lo contiene y, por ende, de todo el motor; así, se reduce en proporción el número de soportes de bancada.

Para ambos modelos se había previsto como motorización alternativa el propulsor Fiat 1900-105 A y, en el caso del Gauchito, se ofrecía una opción diésel equipada con el motor Fiat 305-010.

Talleres Especializados Reparaciones Autos y Motores (TERAM)

La empresa TERAM fue fundada el 10 de septiembre de 1948 por iniciativa de Pedro Daverda y Federico De Bucourt. La sede se encontraba en San Isidro, Gran Buenos Aires. En una primera etapa se dedicó a la reparación de automóviles de origen europeo y de material rodante excedente de la guerra. Dos años más tarde, las tareas continuaron con la construcción de semirremolques a partir de chasis de camiones Chevrolet y Diamond T. Entre 1951 y 1954, incursionó en la fabricación de acoplados y remolques para usos diversos, entre ellos el volcador Agro Universal de dos ejes y tres toneladas; el acoplado playo Econom, de similares características; el remolcador TERAM con motor Willys y el pequeño acoplado para automóviles Favorit. Para el Ejército Argentino, uno de sus clientes, fueron fabricados acoplados tipo ambulancia, entregados a la Dirección de Material Mecanizado, además de una serie de acoplados semipesados. En paralelo a esta producción, la empresa desarrolló y construyó una serie de máquinas barredoras para la Municipalidad de San Isidro y zorras y zorritas para el Ferrocarril General Roca. Las actividades se ampliaron con la inauguración de un taller móvil en Lanús. Allí se recuperaron 25 ómnibus radiados del servicio de la Corporación de Transporte de la Ciudad de Buenos Aires, que fueron transformados en vehículos de vía para pasajeros y en coches vivienda con oficinas y dormitorios para inspectores del Ferrocarril General Roca.

Poco tiempo después, TERAM obtuvo en exclusividad, durante diez años, la representación de Porsche de Stuttgart, Alemania, para distribuir y comercializar sus autos en Argentina. La importación se inició con un Speedster convertible, motor de 1.286 cc, 44 hp y 145 km/h de velocidad máxima. El auto, ingresado como muestra, fue presentado en la escalinata de la catedral de San Isidro. Posteriormente, arribó una buena cantidad de Porsche 356 con techo, importados con permiso especial para ser destinados al ámbito de las competencias deportivas. En 1954 ingresaron al país varios 550 Spyder para participar en los Mil Kilómetros de la Ciudad de Buenos Aires en la categoría Sport, carrera que tuvo como ganador al piloto Jaroslaw Juhan.

Paralelamente, TERAM fue nombrada agente de CIPA S.A., empresa dedicada a la comercialización y distribución en todo el país de los automóviles y motos fabricados por la Dirección Nacional de Fabricación e Investigación Aeronáutica (DINFIA) (ex Industrias Aeronáuticas y Mecánicas del Estado [IAME]). Entre 1955 y 1956 fue proveedora de acoplados tipo vivienda, talleres y oficinas para Siemens Argentina. Se trataba de unidades de dos ejes equipadas con sillas, camas, armarios y piletas, destinados al personal, y módulos pañol para la conservación de herramientas. La empresa alemana había ganado la licitación para el tendido de cable coaxial destinado a mejorar las comunicaciones telefónicas y al servicio de la por entonces naciente televisión. Simultáneamente, proveyó a las empresas estatales Gas del Estado y Obras Sanitarias de la Nación de zorras volcables y con puente elevado. Su relación con DINFIA se amplió cuando comenzó a importar de Alemania Oriental los motores Wartburg de dos tiempos y tres cilindros. Estos propulsores fueron destinados al modelo Graciela y reemplazaron a los anteriores bicilíndricos que fabricaba IAME. Para ese entonces, las instalaciones de la empresa se habían expandido incorporando talleres en San Fernando y Capital Federal. La compañía seguía siendo dirigida por Pedro Daverda, gerente comercial, y Federico De Bucourt, gerente técnico. Los socios fundadores estaban acompañados por Gerold Dohanek, subgerente, y Arne Kooke, responsable de las relaciones públicas.

Libertador

El primer antecedente de TERAM en la industria automotriz fue la construcción en 1951 del Libertador, un vehículo utilitario con motor Willys Overland de 2.199 cc y 60 hp, dispuesto sobre el eje delantero. La transmisión era trasera y la caja de tres velocidades. Fueron presentadas dos versiones: una vidriada de tipo rural y una pick up con caja metálica. Las carrocerías, de diseño propio, estaban construidas a partir de paneles de chapas plegados y se montaban sobre bastidor. No hay registros que puedan establecer la producción total de estos vehículos.

Porsche TERAM Puntero

Luego del golpe de Estado de septiembre de 1955, muchos de los desarrollos y planes de producción de IAME fueron cancelados, entre ellos, los de la planta de construcciones plásticas donde se fabricaban las carrocerías del cupé Justicialista Sport. El 10 agosto de 1957, TERAM adquirió estas instalaciones junto con un remanente de 144 carrocerías sin terminar. En el primer año se completaron las primeras 60 unidades con algunas modificaciones técnicas. El objetivo de la empresa era desarrollar un nuevo auto deportivo a partir de la carrocería y chasis del modelo discontinuado por IAME. Se empezó a trabajar en su diseño manteniendo la mecánica original Porsche y se pidió la autorización para que el nombre fuese el apellido del famoso diseñador y constructor austríaco. De esta manera, TERAM se convirtió en la primera y única empresa del mundo que obtuvo un permiso de fabricación de un auto con la marca Porsche con la expresa aprobación de su entonces propietario Ferry Porsche, hijo de Ferdinand, el fundador.

Desde el punto de vista del diseño de la carrocería y disposición de los elementos mecánicos, se buscó transformar el auto en un verdadero Porsche asemejándolo a los modelos producidos en Stuttgart. La principal modificación respecto al deportivo de IAME fue la reubicación del motor en la parte trasera, tarea que obligó a reforzar el chasis. No sólo el motor era de origen alemán, también lo eran el grupo caja-diferencial, la dirección, el instrumental, el volante y las butacas. Estas modificaciones dieron origen a un nuevo vehículo deportivo rebautizado Porsche TERAM Puntero. El modelo terminado recibió la aprobación de Ferry, quien afectuosamente lo llamaba *Indianer Porsche* (Porsche Indio).

Originalmente fue equipado con un propulsor refrigerado por aire de 1.488 centímetros cúbicos y 56 hp con el que podía alcanzar 155 km/h de velocidad máxima. Su consumo era de diez litros de nafta cada cien kilómetros. Opcionalmente, se podía equipar con un motor de 1.582 cc, con el que lograba 160 km/h; una versión de carrera que, con la misma cilindrada, dos carburadores Solex invertidos y relación de compresión elevada a 9:1, alcanzaba una potencia de 102 hp, lo que aumentaba la velocidad a 170 km/h, según datos de su constructor.

El chasis estaba construido con perfiles de chapa de acero que formaban un bastidor a cajón. La suspensión delantera independiente era típicamente Porsche con barras de torsión y amortiguadores hidráulicos telescópicos; un criterio similar fue adoptado para el puente trasero de semiejes oscilantes, estabilizador y amortiguadores de dirección. Los frenos hidráulicos disponían de campanas de 280 milímetros de diámetro. Empleaba neumáticos de 5,00 x 16. Estaba equipado con una caja de velocidades de cuatro marchas totalmente sincronizadas y marcha atrás.

Por su parte, la carrocería, de tipo cupé para dos pasajeros, estaba construida en resina poliéster reforzada con fibra de vidrio. Su diseño fue modificado en la parte posterior para alojar el motor; se lo dotó de una tapa de acceso con rejilla de ventilación y nuevos grupos ópticos de disposición vertical montados sobre las aletas de los guardabarros. En el lateral, los cambios estéticos incluían una nueva ventanilla trasera de mayor tamaño cuya línea superior acompañaba la caída del techo dando una línea más fluida. El aire de familia se logró con un frontal más bajo, tapa del capot con aberturas para ventilación con indicadores de giro y posición, nuevos guardabarros y faros de gran diámetro que lo emparentaban con el Porsche 356.

La producción se extendió entre los años 1958 y 1963, con un estimado de 144 unidades.

Entre las variantes no concretadas estuvo prevista una versión sedán de cuatro asientos.

En paralelo al TERAM Puntero, la empresa desarrolló una serie de vehículos utilitarios livianos, además de un miniauto de características deportivas, todos equipados con motores de dos tiempos y carrocerías de plástico.

Caballero

Se trataba de un vehículo utilitario liviano con cabina de tipo frontal con espacio para dos pasajeros, construida en plástico reforzado. La versión original ofrecía una caja de carga de madera con 850 kilos de capacidad. Su diseño flexible permitía el desarrollo de versiones adaptables a diferentes usos, entre ellas furgón cerrado y ambulancia. La transmisión se realizaba a través de una caja de velocidades de cuatro marchas hacia adelante y marcha atrás, con sistema de rueda libre. La suspensión delantera era independiente mediante elásticos transversales. La trasera empleaba puente rígido con elásticos longitudinales. Estaba equipado con un motor Wartburg de tres cilindros y dos tiempos, de 900 cc y 37 cv a 4.500 rpm, enfriado por circulación de agua que le permitía alcanzar una velocidad máxima de 90 km/h. Su consumo era de 9,5 litros de combustible cada cien kilómetros.

Kombi P-70

Era un vehículo utilitario con carrocería frontal metálica. Se ofrecía en dos versiones: rural para el transporte de seis pasajeros y pick up con caja de carga de 750 kilos de capacidad y cabina para dos pasajeros. La rural tenía tres puertas laterales de acceso y una en la parte trasera. Ambas versiones se ofrecían con motor de dos tiempos bicilíndrico de 22 cv que otorgaba una velocidad máxima de 80 km/h y un consumo de 7,5 litros de nafta cada cien kilómetros. Opcionalmente, se podían equipar con el mismo propulsor Wartburg del Caballero, lo que elevaba la velocidad a 95 km/h.

Piccolo

Fue un interesante y original microauto construido con una carrocería de plástico reforzado, abierta y sin puertas, con barra estructural antivuelco y capacidad para dos pasajeros. En realidad, se trataba de una adaptación del Victoria 250 alemán, una evolución del Spatz fabricado por Bayerische Autowerke GmbH (BAG). Estaba montada sobre un chasis de tubo central con suspensión independiente en las cuatro ruedas y dirección por piñón y cremallera. El motor, de desarrollo propio, era monocilíndrico de dos tiempos y 250 cc, y desarrollaba 14 cv a 5.200 rpm. Se disponía sobre el eje trasero. El conjunto era sumamente liviano, sólo pesaba 425 kilogramos vacío y 625 con carga. Su buena relación peso-potencia le otorgaba buenas prestaciones, con una velocidad final de 97 km/h y un consumo de cuatro litros de combustible cada cien kilómetros. Era una muy buena propuesta para el transporte individual citadino y también como vehículo recreativo.

Biguá

Era el único proyecto no automotor. Se trataba de un hidrodeslizador con capacidad para dos pasajeros, algo semejante a los contemporáneos moto-ski. El casco estaba construido en poliéster reforzado y la transmisión se efectuaba mediante hélice a través de un propulsor monocilíndrico de dos tiempos y 50 cc. Su uso estaba orientado al tiempo libre y al esparcimiento con una clara intención deportiva, sensación que se acentuaba cuando se lo conducía de pie. En caso de accidente y abandono de la embarcación, estaba previsto que el timón quedara fijo en una posición que le permitiera describir círculos y de este modo evitar que el vehículo se alejara excesivamente de sus tripulantes. Sus medidas eran: eslora 1,90 metros; manga 1,10 metros y puntal 0,35 metros.

Casa Fehling

En 1862 Guillermo Fehling inició sus actividades industriales con la fabricación de carruajes. La fábrica tenía su sede en Buen Orden 721 (hoy Bernardo de Irigoyen), esquina Chile, de la ciudad de Buenos Aires. Cuando finalizaba el siglo diecinueve se convirtió en uno de los pioneros en la importación de vehículos, en particular de origen europeo. Emprendió esta actividad en 1895 con un Daimler de un solo cilindro equipado con el primer motor a explosión accionado a nafta que llegó al país. El 15 de octubre de 1897 ingresó otro auto de la misma marca, pero con motor bicilíndrico.

En 1904 Alberto Fehling (hijo de Guillermo), luego de integrar la comitiva en el pabellón argentino de la Exposición de Saint Louis (Estados Unidos), regresó con la representación de los automóviles Cadillac, los primeros de esa suntuosa marca que se comercializaron en Buenos Aires. En 1916 se sumaron a la sociedad sus hijos y la razón social cambió por Fehling Hermanos. La empresa adquirió un lujoso salón de exposición y ventas sobre la avenida Alvear y amplió su oferta con la incorporación de las marcas norteamericanas Lasalle y Oldsmobile y las alemanas Wanderer, Opel y Henschel. A partir de 1937 cesó la representación de los autos estadounidenses, pero mantuvo las de Wanderer y Henschel; además, sumó las marcas alemanas Horch y DKW. Esta actividad prosiguió en forma regular hasta el estallido de la Segunda Guerra Mundial, que interrumpió la importación abruptamente y puso en grandes dificultades económicas a la empresa. En ese lapso asumió como director Guillermo Fehling (hijo) y la empresa volvió a cambiar su denominación, esta vez por Casa Fehling S.R.L.

La realidad de la posguerra encontró a la firma dispuesta a integrar el reducido lote de fabricantes de automóviles en el país; para ese entonces, se habían incorporado a la sociedad Conrado Jeque, Casimiro J. Elustondo, Juan Hube y Carlos Fehling.

Luego de 93 años de constante actividad en el rubro, pudo hacerse realidad el sueño del fundador de la empresa: la construcción de un auto íntegramente argentino. En enero de 1956 fue oficialmente presentado "El Jefe", un vehículo mediano y económico que se ofrecía en tres versiones de carrocería: sedán de dos puertas y rural de dos o tres puertas (dos puertas en el lateral derecho y una sola en el izquierdo). Ambas rurales incluían portón trasero de dos aperturas independientes abisagradas. El precio de las versiones rural era de 86 mil pesos y la empresa brindaba un plan de pagos con facilidades que permitía adquirirlas con un anticipo al contado de 40 mil pesos.

Los vehículos estaban basados en chasis y mecánica

de los Institec producidos por IAME, inclusive el diseño de las carrocerías era similar al de los autos de la fábrica estatal.

El motor era de dos tiempos, dos cilindros y 700 cc, erogaba 24 hp y estaba dispuesto en forma longitudinal sobre el eje delantero. El consumo era de siete litros de combustible cada cien kilómetros a un promedio de 90 a 100 km/h.

La transmisión era trasera con caja manual de tres marchas y marcha atrás. Los frenos a tambor, traseros y delanteros, tenían accionamiento hidráulico. La carrocería estaba montada sobre bastidor. Sus medidas eran 4.290 milímetros de largo, 1.530 de ancho, 1.450 de alto y una distancia entre ejes de 2.400 milímetros. El conjunto vacío pesaba 950 kilos.

Los prototipos fueron exhibidos en la nueva sede de la empresa en Avenida Córdoba al 3000 de la ciudad de Buenos Aires, pero no llegaron a producirse en serie.

Fábrica Integral de Vehículos Argentinos (FIVA)

Además de la avanzada de vehículos de concepción microcupé ingresados al país desde Europa o bien montados localmente bajo licencia, algunos industriales locales intentaron dar respuesta en este segmento con automóviles de esas características, pero de concepción propia. No sólo sus rasgos de agilidad en el ámbito urbano y economía de consumo pesaban entre los argumentos para optar por ellos, sino también el constante aumento en el costo de los combustibles experimentado en los últimos años de la década de 1950, cuando sólo entre febrero de 1957 y febrero de 1958 su valor se triplicó, lo cual hizo casi prohibitivo el uso de vehículos medianos o de mayor porte.

Una alternativa a esta coyuntura fue la propuesta presentada a comienzos de 1959 por la Fábrica Integral de Vehículos Argentinos (FIVA). La firma pertenecía a los hermanos Donzino y la producción se realizaba en un taller propiedad de José Donzino, ubicado en Juramento 1230 del barrio porteño de Belgrano. La distribución y ventas de estos cochecitos se realizaba a través de Onofre Marimón y Compañía, empresa que tenía su local de ventas en Avenida Córdoba 753 de Buenos Aires.

El automóvil desarrollado a lo largo de 1958 fue concebido para satisfacer la necesidad de movilidad personal en los centros urbanos más poblados del país. Su carrocería era abierta, sin puertas ni techo, con capacidad para transportar dos pasajeros. Esta configuración le daba un cierto aire deportivo, acentuado por los faros delanteros carenados y el pequeño parabrisas en plexiglás. Su forma ovoide con una sección que se iba reduciendo hacia la cola, en función de la menor trocha trasera de sólo 35 centímetros, se conformaba con una superficie curva y fluida, la cual aportaba un aspecto aerodinámico. Las dimensiones dan cuenta de su uso citadino, con sólo 2,59 metros de longitud, una distancia entre ejes de 1,67 metros y una trocha delantera de un metro.

El auto se montaba sobre neumáticos de 4,00 x 8, de los cuales se proveían cinco. Como elementos opcionales, se ofrecían capota de lona, radiorreceptor y paragolpes.

La carrocería estaba construida en una sola pieza en resina reforzada y se montaba sobre un chasis tubular con larguero central. La suspensión en las ruedas delanteras era independiente mediante dos amortiguadores y en las traseras, con brazo oscilante y amortiguador de doble efecto. El tren delantero completo se montaba sobre rulemanes, igual que la dirección de tipo directa.

El FIVA estaba impulsado por un motor Villiers de origen inglés, monocilíndrico y de dos tiempos, con 197 cc de capacidad y una potencia de 10,5 hp. Como combustible empleaba nafta mezclada con un seis por ciento de aceite lubricante. La transmisión era de cuatro marchas hacia adelante y marcha atrás. Con un peso de sólo 140 kilos, el auto podía alcanzar una velocidad final de 95 km/h con un consumo de 3,5 litros cada cien kilómetros a una velocidad crucero de 70 a 80 km/h.

No hay datos precisos sobre el volumen total de la producción, pero se la estima cercana a las 110 unidades.

Industria Argentina de Micro Automóviles (IAMA)

Los últimos años de la década de 1950 y los primeros de la siguiente fueron propicios para la expansión de vehículos de baja cilindrada, económicos y de reducidas dimensiones. El Joseso, fabricado por la empresa argentina IAMA, respondía a esta concepción y constituyó un intento nacional de satisfacer el acceso a la primera motorización de las clases populares del país.

Joseso

A mediados de 1950, José María Rodríguez había diseñado y construido en su taller de la localidad bonaerense de Olivos unos originales minijeeps con carrocería de aluminio, bautizados "Joseso", nombre derivado del apodo de su infancia. El proyecto estaba claramente inscripto en los valores que inspiraba el Segundo Plan Quinquenal anunciado por el gobierno justicialista, lo que se hacía público en el auspicio que presentaban los laterales de los prototipos.

La carrocería del Joseso estaba íntegramente construida en aluminio, por lo tanto no era necesario pintarla ni tratarla contra la corrosión; de esta manera, se minimizaban el gasto de mantenimiento y el peso del auto. Se montaba sobre un chasis de estructura tubular. Podía transportar dos personas adultas y dos niños o una carga equivalente a 250 kilos. Estaba equipado con un motor Villiers de 8,2 hp que, gracias al reducido peso de la carrocería, consumía sólo tres litros de nafta cada cien kilómetros y desarrollaba una velocidad máxima de 55 km/h. Sólo se construyeron algunos prototipos que fueron exhibidos y probados por el público, pero su producción seriada no llegó a materializarse.

El Joseso monovolumen

En 1957 comenzó el diseño de un nuevo vehículo de dimensiones mayores que el anterior, con techo e inspirado en los microcupés contemporáneos. El proyecto estuvo a cargo del propio José María Rodríguez, quien contó con la colaboración de Roberto Antonelli, y se desarrolló en el garaje de la casa que el primero tenía en la calle Monasterio en Olivos.

Este Joseso era un pequeño auto para cuatro pasajeros con una carrocería funcional monovolumen, cuyas formas tuvieron como musa inspiradora las del Fiat 600 Multipla. Su dibujo fue obra de Roberto Antonelli, quien también fue el responsable del diseño de piezas tales como la suspensión delantera y las puntas de eje. Por su parte, el propio Rodríguez se ocupó del desarrollo del sistema de suspensión trasero, la distribución de los asientos y la elección de la planta motriz.

La carrocería estaba realizada en plástico reforzado y se montaba a una plataforma plana de acero abulonada sobre un chasis de largueros longitudinales reforzado con travesaños. De esta manera, se aseguraba la rigidez del conjunto. Su mecánica estaba confiada en un motor Villiers de origen inglés, que con 200 cc entregaba una potencia de 10 hp. La transmisión era manual de cuatro marchas hacia delante y marcha atrás. La tracción era trasera a través de una corredera que transmitía el movimiento sólo a la rueda derecha. A fines de 1959, este sistema intentó ser reemplazado por uno más convencional con diferencial, pero el proyecto no prosperó. Contaba con suspensión independiente delante y trasera tipo Cantilever.

Tratándose de un vehículo de precio accesible, su nivel de equipamiento era precario y espartano. No se incluía de serie ni radio, ni calefacción, y se llegaba al extremo de carecer de limpiaparabrisas, elemento que se ofrecía como opcional y cuya colocación quedaba a cargo de las concesionarias. Otros accesorios que las concesionarias solían instalar en forma opcional eran cubierta y cámara de auxilio, defensa y uñas de paragolpes, y cerradura y llave de tapa lateral de acceso al motor.

El interior presentaba el mismo aspecto de modestia y simplicidad. El panel de instrumentos estaba conformado por una

pieza plana construida en el mismo material que la carrocería. Sólo contaba con un velocímetro y dos luces testigos. A pesar de las reducidas dimensiones, el habitáculo tenía capacidad para cuatro pasajeros y el acceso a las plazas traseras estaba facilitado por la inclinación de los respaldos de los asientos individuales delanteros. Otros detalles de economía constructiva se apreciaban en las ventanillas de las puertas delanteras, que eran de desplazamiento longitudinal, lo que evitaba la inclusión de costosos mecanismos en el interior de las puertas. Esta solución también favorecía el aprovechamiento del espacio ya que incluía en los paneles de las puertas prácticos bolsillos portamapas. Con el mismo criterio de economía, las ventanillas traseras eran planas y fijas.

La producción de las primeras unidades se inició en 1958 en unas instalaciones ubicadas en Avenida Rivadavia esquina Blas Parera de la localidad de Ituzaingó, en el oeste del conurbano bonaerense. Por entonces, circulaba un mito en la zona acerca del curioso método al que eran sometidas las unidades para realizarles el correspondiente ablande. Según algunos testimonios, los Josesos eran atados con sogas a los troncos de los árboles del predio y se los hacía girar durante horas en esa situación con el motor en marcha.

El 7 de septiembre de 1959, el pequeño automóvil fue presentado en la sede central del Automóvil Club Argentino, donde se anunció que sería construido en serie en Río Gallegos, Santa Cruz. Los planes contemplaban completar cien unidades durante el primer mes de fabricación y alcanzar la cifra de 4.500 en el primer año. El Joseso había sido sometido a diversas pruebas a lo largo de más de 60 mil kilómetros de malos caminos sin que se reportara, según el fabricante, ningún inconveniente.

El régimen de promoción automotriz, impulsado a través del decreto 3.693 de 1959, fue el marco ideal para que IAMA S.A. presentara el nuevo producto. Su estrategia de comercialización se basaba en un accesible precio de 142 mil pesos (casi la mitad que un Fiat 600 o un Citroën 2CV), reforzada con varios planes de financiación, y en las más importantes características del Joseso: su economía de uso y bajo consumo. Con domicilio legal en Avenida Julio Argentino Roca 676 de Buenos Aires, la empresa contaba con una red de concesionarios en Capital Federal y Gran Buenos Aires, además de varias ciudades del país, entre ellas Concordia (Entre Ríos) y General Roca (Río Negro). Sin embargo, según recordaba

Antonelli en una entrevista con la revista *Ruedas Clásicas*, "junto con Rodríguez nos ocupábamos en persona de entregar los autos".

La producción se mantuvo durante poco tiempo y en forma muy artesanal. Se estima que hasta mediados de 1960, cuando cesó la fabricación, se construyeron alrededor de 40 vehículos.

Prototipos argentinos

Durante la década de 1950 y motivados por el incipiente desarrollo de la actividad automotriz, un puñado de empresarios locales y constructores particulares desarrollaron sus propias creaciones. Las intenciones fueron tan amplias como la diversidad de las propuestas. En algunos casos, se trató de iniciativas puramente experimentales, otros fueron obra del ingenio y esfuerzo individual, mientras que unos pocos formaron parte de ambiciosos proyectos de producción seriada que no pudieron concretarse.

Aerocar

El Aerocar fue un interesante y curioso vehículo experimental impulsado por una hélice de avión. Fue desarrollado y construido durante 1953 por Eugenio Grosovich y Gianfranco Bricci.

La hélice, de dos palas y casi un metro y medio de diámetro, estaba montada en la parte posterior; su eje recibía el movimiento del motor a través de una correa de sección trapezoidal.

El auto estaba equipado con un propulsor Chevrolet de cuatro tiempos y 90 hp, árbol de levas lateral y válvulas a la cabeza, ubicado sobre el eje trasero. La carrocería, totalmente metálica, era de dos puertas y estaba montada sobre un chasis de largueros laterales de sección cajón, construidos en chapa de 1,6 milímetros y unidos por travesaños soldados. Tenía una longitud de 4,30 metros y una distancia entre ejes de 2,46 metros. En su interior podía alojar hasta seis pasajeros, distribuidos en dos cómodos asientos enterizos. Para conducir el vehículo eran suficientes los pedales de acelerador y freno. El novedoso sistema de transmisión hacía innecesarios la caja de velocidad, el eje de transmisión y el diferencial, lo que contribuía a reducir el peso del vehículo, apenas superior a los mil kilos. Esta solución también facilitaba el diseño de la suspensión, que era independiente en las cuatro ruedas. El sistema disponía de paralelogramo deformable con brazo inferior más largo que el superior. Un cilindro constituía el elemento de suspensión, compuesto por nueve arandelas de caucho separadas entre sí por ocho discos de acero de un milímetro de espesor. A pesar de carecer de amortiguadores, el sistema se comportaba aceptablemente.

El Aerocar contaba con frenos hidráulicos de expansión interna con zapatas de origen Chevrolet.

Por razones de seguridad, fueron recortados los extremos de las palas, que son los que más empujan. Esta solución sumada a la utilización de una hélice de dos palas en lugar de una de tres, de paso variable y reversible, influyeron negativamente sobre la velocidad final y aceleración del coche, el cual sólo podía alcanzar una velocidad máxima de alrededor de 100 km/h, mientras que, con la aplicación de un sistema convencional, se hubiese elevado a 160 km/h.

Como contrapartida, la ausencia de roce de los tradicionales engranajes de transmisión contribuía a reducir el consumo, estimado en 17,2 kilómetros por litro a una velocidad promedio de 75 km/h.

El diseño del chasis y la suspensión le otorgaban una muy buena tenida, aun en curvas muy pronunciadas. La configuración y la disposición de los elementos de goma permitían reducir a un mínimo el momento de inercia polar de ladeo. La estabilidad del auto se veía favorecida por el empuje suave y parejo que recibían las ruedas, que, al no estar sometidas a bruscas aceleraciones, ofrecían una adherencia permanente sobre la superficie.

Sin duda se trataba de un ejercicio meramente experimental, pues su uso en el ámbito urbano era inadecuado, molesto y, sobre todo, peligroso, tanto por el nivel de ruido y viento generado por la acción rotante de la hélice como por la falta de una protección efectiva de los transeúntes y automovilistas.

El prototipo despertó curiosidad en el exterior e inclusive una empresa de California, Estados Unidos, se mostró interesada en comprarlo y producirlo en serie.

Buyatti Ingeniería Automotriz

En agosto de 1955, directivos y socios de Buyatti Ingeniería Automotriz S.A. convocaron a los medios para anunciar oficialmente el lanzamiento de un nuevo vehículo, denominado "El Ciudadano". En la conferencia de prensa, uno de sus directivos, Carlos Tagliaferro, brindó detalles sobre las características del automóvil que se proponían producir en serie. En la presentación se exhibieron partes del motor y una maqueta a escala construida en yeso en la que se podía apreciar el diseño de la carrocería.

Se trataba de un vehículo de aspecto seudodeportivo con una carrocería autoportante tipo *spider* y capacidad para tres ocupantes, que se ubicaban en un único asiento enterizo. Detrás de él se encontraba un pequeño baúl portaequipajes con 230 decímetros cúbicos de capacidad. Según sus diseñadores, el espacio disponible para pasajeros estaba justificado en estudios estadísticos realizados en los accesos a las ciudades de Córdoba, Mendoza, Santa Fe, Río Cuarto, Rosario y Tucumán en los primeros años de la década de 1950, que habían arrojado un promedio de 2,13 pasajeros por vehículo. Como conclusión, se decidió no incluir plazas traseras; con ese único asiento enterizo delantero se resolvían los problemas de movilidad urbana de un alto porcentaje de la población y, al mismo tiempo, se reducía notablemente el costo de producción del vehículo significaba menor peso y, por lo tanto, menor consumo. Si bien no eran un factor crítico en nuestras ciudades por aquellos años, un pequeño vehículo ayudaba a evitar congestionamientos urbanos. Con estas características se concretaría un auto de alcance popular, económico y de bajo costo de mantenimiento.

Desde el punto de vista constructivo, el coche disponía de una carrocería metálica que se unía al chasis de acero mediante soldadura de puntos; así, se conformaba una estructura integral que aseguraba máxima solidez y bajo nivel de ruidos.

Sus dimensiones eran 3,25 metros de largo total, 1,36 de ancho y 1,32 de altura, con una distancia entre ejes de 1,83 metros, trocha delantera de 1,14, trocha trasera de 1,11 metros y luz mínima al suelo de 0,20 metros.

Un aspecto destacable del proyecto es que había sido íntegramente desarrollado por la empresa, desde la concepción mecánica hasta la carrocería.

La propulsión se basaba en un original motor de diseño propio de cuatro tiempos, dos cilindros en "V" a 90 grados y 560 cc, el cual, con una relación de compresión de 6,3:1, entregaba una potencia de 19,5 cv a 3.800 rpm. Estaba dispuesto sobre el eje frontal y refrigerado por circulación forzada de aire. En el vano del motor se alojaba el tanque de combustible cuya capacidad era de 17 litros. La transmisión se efectuaba por embrague monodisco seco, con caja de tres marchas hacia delante y marcha atrás. La tracción trasera se realizaba por cardán. Por su parte, la suspensión era independiente adelante con amortiguadores hidráulicos y doble ballesta transversal. El tren trasero presentaba eje rígido, amortiguadores hidráulicos y ballestas de elásticos longitudinales. Los frenos eran hidráulicos en las cuatro ruedas. Empleaba neumáticos de 4,50 por 12 pulgadas. El equipamiento incluía limpiaparabrisas automático de accionamiento neumático.

El automóvil vacío pesaba 310 kilos y ofrecía una capacidad de carga de 230 kilos. Su velocidad máxima era de 100 km/h y su consumo se estimaba en 10 litros de nafta cada 170 a 190 kilómetros recorridos. La velocidad de crucero ideal se establecía entre 70 y 75 km/h.

El proyecto industrial tenía prevista la producción de dos versiones. El modelo base incorporaba techo metálico tipo *hard top* y limpiaparabrisas automático; el de lujo ofrecía detalles como techo plástico transparente, radio y equipo de calefacción. El prototipo presentado respondía a las características del modelo base; tenía carrocería abierta y parabrisas plano; sus diminutas dimensiones lo asemejaban más a una construcción lúdica que a un verdadero auto de serie.

Según los anuncios de los empresarios, los primeros ejemplares estarían disponibles hacia fines de 1955 con un precio de venta de 25 mil pesos. Sin embargo, la producción seriada no pasó de una expresión de deseos y sólo se concretó la construcción del prototipo.

Nueva Argentina

En 1951, Eladio Bolado, un industrial de General Alvear, Mendoza, construyó un auto de características deportivas de diseño propio. Si bien la intención no era la producción seriada, el auto resultó una interesante muestra de ingenio y habilidad, propia de emprendedores entusiasmados por la nueva fase industrial que nacía en el país en aquellos años.

El Nueva Argentina estaba equipado con un potente motor Mercury AB 59 de ocho cilindros, cuatro litros de cilindrada y 100 hp de potencia, ubicado en la parte delantera. Contaba con carburador de doble boca y válvulas laterales. La transmisión era trasera, con caja de tres velocidades. Los frenos eran hidráulicos a tambor en las cuatro ruedas equipadas con neumáticos de 5,70 por 16 pulgadas. El esquema adoptado para la suspensión era propio de esos años, con eje rígido tanto atrás como adelante, elásticos y amortiguadores.

Bolado diseñó una carrocería tipo convertible con líneas que recordaban a los modelos Ford estadounidenses de posguerra. El frontal tenía una parrilla amplia con gruesas barras horizontales y verticales cromadas, incluía en su parte inferior originales faros auxiliares y baguetas decorativas que envolvían los extremos de la trompa y el inicio del guardabarros delantero hasta el pasarruedas. En la parte superior, otra ornamentación acompañaba todo el ancho de la trompa y descendía hacia los laterales para copiar la curva inferior de los faros. Los cromados no se detenían ahí. Una bagueta decorativa recorría el lateral del auto desde la manija de la puerta hasta la terminación del guardabarros delantero. Una mención especial merece el diseño del voluminoso guardabarros trasero, que ensanchaba la parte posterior del auto y formaba una armónica curva ascendente en su parte superior, rematada con las típicas aletas en las que se alojaban los proyectores traseros.

Un agresivo y prominente capot avanzaba en punta hacia el frontal y su base era totalmente recorrida por una bagueta cromada. En su morro estaba la infaltable ornamentación tipo "car budges" y sobre la parte frontal se apoyaba el emblema que orgullosamente lucía en gruesa tipografía "Nueva Argentina" con un fondo de bandera argentina y un sol naciente. Por debajo y completando el cuadro, aparecía el Escudo Nacional.

La carrocería estaba montada sobre un bastidor de largueros reforzado con travesaños. Con 4,70 metros de largo, 1,85 de ancho y una distancia entre ejes de 2,70, podía transportar cómodamente seis pasajeros en sus amplios asientos enterizos. El conjunto pesaba 1.100 kilos.

El equipamiento era completo. Contaba con radio y equipo de calefacción. En el centro del tablero se encontraba la rejilla de salida de aire, flanqueada por dos cuadrantes redondos, el izquierdo para el velocímetro y el derecho con los indicadores de nivel de combustible y temperatura. En el extremo izquierdo, un reloj de mayor diámetro completaba el equipamiento. El tablero estaba forrado en cuero e incluía, además, guantera con llave. El volante, de dos rayos horizontales, estaba totalmente tapizado en armonía con los paneles de puerta y los asientos.

Don Eladio no se limitó al dibujo de la carrocería, sino que también proyectó un ingenioso sistema de admisión a través de un múltiple de dos carburadores, el cual lograba una alimentación más pareja y eficiente de los cilindros; así, aumentaba la potencia y se reducía el consumo. Con este dispositivo, la mezcla carburante pasaba a través de conductos a unas cámaras ubicadas debajo de los carburadores, de las que era aspirada directamente por cada cilindro a través de unos orificios practicados sobre la base de las cámaras. Un tubo de compensación vinculaba ambas cámaras a fin de equilibrar la cantidad de mezcla necesaria. Para precalentar la mezcla carburante, se utilizaba una cámara adicional a la que ingresaban los gases de escape. Según el tipo de combustible empleado, los múltiples podían fabricarse en hierro, acero, bronce o aluminio, y muchos fueron utilizados en competición.

La construcción demandó ocho meses de trabajo ininterrumpido y, según el propio Bolado, en relación con sus similares contemporáneos, el auto pesaba 700 kilos menos, alcanzaba 50 hp adicionales y lograba un consumo 30 por ciento menor. Su trocha delantera era 14 centímetros mayor, lo que le otorgaba mayor estabilidad.

Una vez terminados los trabajos y exhibido en distintas localidades de Mendoza, la gobernación le entregó la patente en honor al mérito y le permitió el libre tránsito. En agosto de 1951, Bolado recorrió con el Nueva Argentina y en compañía de Blas Brisoli, gobernador de Mendoza, los 880 kilómetros que lo separaban de la Casa Rosada, donde fueron recibidos por Perón, quien probó el auto en la propia Casa de Gobierno. A continuación, el presidente felicitó a su constructor y le consultó si necesitaba un crédito para comenzar a fabricar el vehículo en forma seriada. Don Eladio le respondió que sí, pero que no era su intención fabricar automóviles, sino unas máquinas diseñadas por él para la fumigación de los viñedos. Un solo llamado del mandatario de entonces alcanzó para que Bolado retornara a Cuyo con créditos del Banco Nación y el Banco de Mendoza destinados a construir una pequeña fábrica de fumigadoras.

Tiempo después, el coche fue vendido y durante muchos años nada se supo de él hasta que la hija de Bolado, Nelly, se enteró de la existencia de un auto fabricado en Mendoza mientras realizaba un viaje por el sur del país. Cuando lo encontró, lo adquirió para llevarlo de vuelta a su provincia. Desde allí fue enviado a Buenos Aires para ser restaurado en el taller de Sergio López en Ituzaingó. El trabajo se realizó bajo la estricta supervisión de Nelly, quien gracias a su memoria y a la documentación de la época, garantizó el exitoso proceso que permitió hacer rodar nuevamente esta excelente muestra de la capacidad y la creatividad argentinas.

Sport Rocchetto

Enrique Rocchetto llegó de Italia a los 18 años y muy tempranamente, en 1934, mostró con claridad su espíritu inquieto y su habilidad técnica cuando transformó una chatita Whippet 1928 en un faetón. Veinte años después redobló la apuesta inicial con la construcción de un auto de su propia creación. Para entonces, ejercía su

actividad laboral como mecánico en los talleres Liniers del Ferrocarril Sarmiento.

Rocchetto se propuso construir un automóvil sport de lujo con carrocería abierta. Comenzó a gestarlo en enero de 1954 cuando transformó en taller un galpón del fondo de su casa en Ramón Falcón al 6300 del barrio porteño de Liniers. Con máquinas herramienta simples, como un torno, una agujereadora, una soldadora autógena y un compresor, comenzó a dar volumen a las formas dibujadas previamente sobre un cartón. La construcción demandó cinco años y fue realizada en sus horas libres en forma totalmente artesanal.

El motor empleado correspondía a un Ford V8 59 AB 1940, que había sido utilizado en un chasis de colectivo. Rocchetto le introdujo algunas mejoras, como el aumento de la cilindrada, que le otorgaron mil rpm adicionales y mayor compresión. El auto fue construido con piezas de diseño propio y de vehículos de serie de origen norteamericano, como el diferencial de origen Ford y las puntas de eje Chevrolet.

Don Enrique diseñó un chasis original de estructura tubular con suspensión delantera independiente. La caja de dirección también era de diseño propio. La transmisión se realizaba con una caja manual de tres velocidades.

Por sus proporciones y dimensiones, el auto mostraba una clara influencia norteamericana; sin embargo, en su diseño intervinieron elementos estilísticos que reconocen su origen en ambas márgenes del Atlántico. El frontal con la parrilla de diseño ovoide remite a los frontales de los autos ingleses e italianos de entonces. La parte posterior, en cambio, evidencia una nítida inspiración norteamericana con una cola rematada con aletas, un recurso estilístico que impusiera Cadillac a fines de los años cuarenta. Curiosamente, este detalle no estaba previsto en el diseño original y fue incorporado al guardabarros trasero cuando el auto ya había sido terminado y disfrutado por la familia en innumerables viajes.

La carrocería fue construida íntegramente en chapa y en forma artesanal, cada panel fue logrado a golpes de martillo utilizando como base un tronco de árbol. Piezas más complejas, como los paragolpes y sus uñas, baguetas laterales decorativas, manijas y ópticas traseras, también fueron realizadas a mano.

Sus amplias dimensiones permitían transportar cómodamente seis pasajeros distribuidos en dos amplios asientos enterizos.

El conjunto pesaba alrededor de 2.500 kilos y podía desarrollar una velocidad máxima de 160 km/h. El tanque de combustible estaba alojado en el baúl y tenía una capacidad de 120 litros. Para detener o aminorar la marcha, el Rocchetto disponía de un sistema de frenos hidráulico con doble circuito.

El interior mostraba un equipamiento completo con un panel de instrumentos de seis cuadrantes (con tacómetro incluido), radio, calefacción y reloj eléctrico de 12 volts. Los colores del tapizado y del tablero armonizaban con los del exterior, en una equilibrada combinación de rojo y blanco, muy en boga en los años cincuenta.

Para proteger a sus ocupantes, el habitáculo podía cubrirse con una capota de lona de tipo "hard top" con un sistema de quita y pon. Además, el vehículo tenía dos dispositivos de seguridad antirrobo, de desarrollo propio.

El auto fue utilizado intensamente y a diario por don Enrique hasta su fallecimiento en 1973. A partir de ese momento, quedó arrumbado en un garaje durante más de treinta años y sufrió un acentuado proceso de deterioro. Pero el Sport Rocchetto tuvo una segunda oportunidad cuando Marcelo, nieto de Enrique, decidió que había llegado el momento de revivirlo. Para ello, encaró, junto con un grupo de colaboradores, un minucioso proceso de restauración de más de cuatro años que puso otra vez en marcha la creación de su abuelo.

Suton 900

En marzo de 1959, la empresa Motomec S.A. (entonces en formación) anunció el inminente lanzamiento de un automóvil de tipo cupé denominado Suton 900. Estaba impulsado por un motor Wartburg tricilíndrico de dos tiempos, 900 cc y 37 cv, el mismo que equipaba a otros vehículos de la industria nacional.

El proyecto se había iniciado en marzo de 1954 cuando se trazaron las primeras líneas de la carrocería y se realizaron los primeros estudios y planos para el diseño del chasis. El primer paso fue la construcción de un prototipo en alambre de seis milímetros para simular el volumen de la carrocería y posteriormente se realizó otra unidad completa en aluminio. Con esta unidad como patrón de referencia, se obtuvieron los moldes a partir de los cuales se construyeron varias carrocerías en material plástico. Cada una de ellas fue sometida a una serie de modificaciones hasta lograr el estilo buscado.

Una vez definido el diseño exterior del auto, se inició una segunda etapa que implicaba el equipamiento, interior, tapizado completo, accesorios, cromados y desarrollo de la plataforma mecánica. Este último aspecto fue confiado a la empresa TERAM S.R.L., a cuyo cargo estuvo la preparación del chasis. El resto de la construcción se realizó bajo la supervisión del diseñador Arnaldo Nasute, quien contó con la colaboración de Marcelo Louton.

Además de los mencionados profesionales, la ejecución del Suton fue obra de la acción conjunta de un grupo de empresas, entre ellas: Laboratorios Colorín, Mario A. Colombo (accesorios cromados), Ulivi y Bianchi y Cía. (resinas poliéster), Albatros S.R.L. (aplicación de las resinas) y Vulcania S.A. (elementos de goma).

El resultado fue un vehículo absolutamente original con una elevada integración nacional de sus componentes.

La carrocería fue construida en resina poliéster termoendurecida reforzada con tejido de fibra de vidrio de alta resistencia y fieltro. Esta construcción garantizaba una excelente resistencia al impacto y a los agentes climáticos; al mismo tiempo, el peso reducido, en relación con el acero, contribuía a mejorar la relación peso-potencia y a otorgarle al auto muy buenas prestaciones en velocidad final (130 km/h) y un contenido consumo de 20 litros cada 250 kilómetros.

La estilizada línea sobresalía por su amplia superficie vidriada con parabrisas y luneta envolventes fijados mediante burletes de goma moldeados y ventanillas traseras fijas aseguradas a la carrocería con perfiles de goma. Los cristales de las puertas se accionaban mediante un mecanismo de cremallera.

En su interior se podían alojar hasta cinco pasajeros. Los asientos delanteros disponían de un banco enterizo con respaldos reclinables individuales para facilitar el acceso a las plazas traseras. Tanto los asientos como el resto de los paneles interiores estaban tapizados en cuero extrasuave tipo Sedanap, mientras que el techo estaba recubierto en paño y el piso, en alfombra de lana. El completo panel de instrumentos incluía radio a transistores.

El baúl estaba completamente recubierto en goma rayada y en él se alojaban el tanque de combustible, la rueda de auxilio y una caja de herramientas.

Las dimensiones lo ubicaban dentro del segmento de vehículos medianos con una longitud de 4,20 metros, un ancho de 1,45 y una altura de 1,50.

La carrocería se montaba sobre un chasis de perfiles de acero tipo cajón reforzado. La suspensión delantera era de tipo independiente formada por una ballesta transversal superior y triángulo articulado en la parte inferior. La trasera, también independiente, actuaba por medio de láminas elásticas de torsión. Ambos esquemas se completaban con amortiguadores telescópicos de doble acción. Los frenos eran de tipo hidráulico en las cuatro ruedas.

La transmisión se confiaba a una caja de cuatro velocidades hacia adelante y marcha atrás con selectora de cambios ubicada debajo del volante de dirección. El embrague era de tipo monodisco accionado en seco.

La producción seriada del Suton 900 no llegó a materializarse.

Presentación oficial del Mitzi de RYCSA en los salones de YPF. *Fuente: captura de pantalla de documental Sucesos Argentinos*

Rycsa proyectó fabricar el Mitzi con licencia de la fábrica italiana SIATA. *Fuente: Folleto de época de RYCSA*

El tamaño y las prestaciones del Gilda de RYCSA se ubicaban en una posición intermedia entre los automóviles de origen europeo y norteamericano. *Fuente: archivo Coche Argentino (www.cocheargentino.com.ar)*

Pick up Gauchito. Con una capacidad de carga de 680 kilos, constituía la alternativa utilitaria del Gilda de RYCSA.

El motor M 504 V fue un desarrollo íntegramente nacional, construido con materias primas argentinas.

El Libertador de TERAM en versión cerrada de tipo rural. *Fuente: archivo Coche Argentino (www.cocheargentino.com.ar)*

El Spatz fabricado por Bayerische Autowerke GmbH (BAG) que sirvió de base para el Piccolo de TERAM.

El Porsche TERAM Puntero fue desarrollado a partir de un stock remanente de carrocerías del Justicialista Sport. Fue el único Porsche oficial construido fuera de Alemania. *Foto: Gustavo Feder*

Versión monovolumen del Joseso. *Foto: Carlos Pereyra*

La versión sedán de El Jefe se ofrecía con carrocería de dos puertas.

La rural El Jefe disponía opciones de dos o tres puertas.

El Joseso era un minivehículo con carrocería abierta construida en aluminio. Por su escaso peso, el Joseso podía ser transportado a mano. Se construyeron muy pocas unidades. *Fuente: Fotograma de audiovisual*

El Aerocar lucía una carrocería con diseño de líneas fluidas y aerodinámicas.

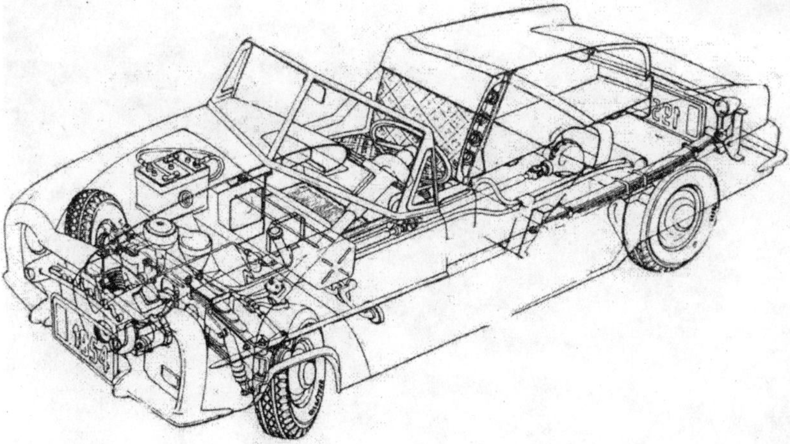

Transparencia de El Ciudadano donde se aprecia su concepción técnica.
Fuente: Revista Velocidad

Aunque parece un juguete, es el prototipo de El Ciudadano.

Componentes del motor bicilíndrico de 560 cc, de El Ciudadano.

El Nueva Argentina fue un prototipo construido por el empresario mendocino Eladio Bolado. *Fuente: archivo Coche Argentino (www.cocheargentino.com.ar)*

El Sport Rocchetto fue una construcción artesanal desarrollada durante cinco años por el obrero ferroviario Enrique Rocchetto. *Foto: Gustavo Feder*

Fuentes consultadas para el capítulo 4

Revistas

Coche a la Vista.
Motor.
Ruedas Clásicas, nº9.
Velocidad.

Otras

Folleto de la muestra "El viaje del acero", realizada en el Museo Histórico de Buenos Aires Cornelio de Saavedra en marzo-abril de 2014, en reconocimiento de la obra de la empresa RYCSA.
Documentales audiovisuales del Archivo General de la Nación.

Epílogo

La década de 1950 constituyó el eslabón que vinculó la construcción de automóviles en forma semiindustrial con la fabricación en escala. En apenas diez años, Argentina alcanzó un inédito desarrollo que incluyó la producción en plantas altamente integradas, diseños propios, adaptaciones de los vehículos a las condiciones locales y la experimentación de novedosas tecnologías. La intensidad de la actividad fabril consolidó rápidamente al país como uno de los pocos actores del rubro en el escenario mundial.

Enmarcada en un ambicioso proceso de desarrollo industrial, la producción de automóviles dispondría, a partir de 1959, de un marco legal que estimulaba la radicación de los grandes protagonistas de la industria automotriz global. Una etapa llegaba a su fin y daba comienzo a otra que determinaría las características del sector para las siguientes dos décadas. Pero eso será otro libro.

Agradecimientos

Deseo expresar mi agradecimiento por la invalorable colaboración prestada para la realización de este libro a Beatriz Palacios (Biblioteca del ACA), Carlos Quintana, Eduardo Ramírez Calonge, Guillermo Sánchez, Hugo Semperena, José Luis Murgo y Sergio Lugo.

Federico y Marlú Kirbus ya no están, pero debe constar que mucho de lo que hay en este libro es gracias a ellos.

Asimismo, han sido de especial importancia los comentarios y aportes de los participantes del Curso de Historia del Auto Argentino del Museo del Automóvil de Buenos Aires.

Y, por supuesto, vaya mi reconocimiento a los lectores de www.autohistoria.com.ar, cuya confianza y estímulo de tantos años han sido un factor relevante para concretar la publicación de esta historia del auto argentino.

Foto: Carlos Pereyra

Gustavo L. Feder

Nació en Buenos Aires en 1967. Es diseñador industrial, egresado de la Facultad de Diseño y Urbanismo de la Universidad de Buenos Aires. Es docente de la tecnicatura en Diseño Industrial con Orientación Automotriz en el Instituto Tecnológico de Motores y dicta cursos y seminarios en el Museo del Automóvil de la Ciudad de Buenos Aires.

Desde 2003 dirige el sitio web Autohistoria (www.autohistoria.com.ar) y desde 2010, la revista digital *Autohistoria*, de aparición trimestral, ambos orientados de manera exclusiva a los automóviles históricos de producción argentina.

Integra la comisión organizadora de Expo Auto Argentino, exhibición dedicada al automóvil de fabricación nacional con valor histórico que se realiza en forma ininterrumpida desde marzo de 2010.

Participa en diferentes medios en calidad de comentarista especializado en historia de la industria automotriz argentina. En la prensa gráfica, en *El Toque de Warnes* y *Ruedas Clásicas*. Es redactor de las editoriales internacionales Salvat y Planeta DeAgostini.

Como artista plástico recrea autos clásicos nacionales e internacionales mediante técnicas tradicionales y digitales.

Con la serie de libros "Un siglo de autos argentinos" –de la que éste es el segundo volumen– busca reflejar la evolución histórica de la industria automotriz en Argentina hasta nuestros días.

Colaboró con el capítulo sobre SIAM Di Tella Automotores en el libro *Torcuato Di Tella y SIAM* y es autor del libro *Falcon, un clásico hecho historia.*

Más #MotorLibros en Lenguaje claro Editora

Un siglo de autos argentinos

De la promoción a la reconversión automotriz. Fábricas de capital nacional

Gustavo Feder

ISBN: 978-987- 37643-4-9

Torcuato Di Tella y SIAM

Espíritu de empresa en Argentina

Thomas C. Cochran, Rubén E. Reina, Marcelo Rougier y Gustavo L. Feder

ISBN: 978-987-3764-23-3

El auto del pueblo

Una historia global del Volkswagen Beetle

Bernhard Rieger

ISBN: 978-987-3764-31-8

La última hazaña de Fangio

Los Torino en Nürburgring

Gustavo Adolfo Udry (h)

ISBN: 978-987-3975-00-4